R. C. ZAEHNER

DER

HINDUISMUS

SEINE GESCHICHTE UND SEINE LEHRE

GOLDMANN VERLAG

Aus dem Englischen übertragen von Gerald Frodl
Titel der Originalausgabe: Hinduism

Für Charles Monteith

Made in Germany · 12/86 · 1. Auflage dieser Ausgabe

Der vorliegende Band ist bereits unter
der Nummer 39028 bei Goldmann erschienen
Umschlagentwurf: Design Team München
Druck: Presse-Druck Augsburg
Verlagsnummer: 8692
ST/Herstellung: Klaus D. Voigt
ISBN 3-442-08692-2

INHALT

ZUR TRANSKRIPTION UND AUSSPRACHE

Die vom Verfasser gewählten
Beispiele aus der englischen Sprache wurden durch solche
aus der deutschen Sprache ersetzt.

Diakritische Zeichen wurden, soweit dies möglich war, vermieden. Eine Ausnahme bildet das Längezeichen (¯), das in so weithin bekannten Namen wie *Gandhi* (anstelle von *Gāndhī)* weggelassen wurde. Mithin verbleiben lediglich *ṁ*, *ṛ* und *ś*. *ṁ* steht für die Nasalierung des vorangehenden Vokals, *ṛ* war ursprünglich ein Vokal und nähert sich heute der Aussprache *ri*, während *ś* einen Zischlaut darstellt, der zwischen *s* und *sch* liegt, letzterem bedeutend näher. Die verschiedenen *l*-Laute des Tamil *(l, ḷ* und *ḻ)* wurden nicht unterschieden, ebensowenig die Reihe von Kakuminallauten des Sanskrit *(ṭ, ḍ, ṭh, ḍh, ṇ)* von den reinen Dentallauten *(t, d, th, dh, n)*.

Das *c* wird wie deutsches *tsch* (in Cello) gesprochen, *j* wie englisches *j* (in John). Die Vokale ähneln denen des Italienischen. Abgesehen vom *sh*, das deutschem *sch* entspricht, ist das *h* der aspirierten Konsonanten *(kh, gh, ch, jh, th, dh, ph, bh)* deutlich hörbar wie in ‚Gebhard', ‚Waldhaus' und ‚Berghütte'.

EINFÜHRUNG

‚Hindu' ist ein persisches Wort, es bedeutet einfach ‚Inder'. Somit ist Hinduismus die zum Völkernamen ‚Inder' gehörige Ableitung auf ‚-ismus'. Das Suffix ‚-ismus' wird Völkernamen selten angefügt, die wenigen Beispiele, die sich ohne weiteres einstellen, sind ‚Hellenismus' und ‚Judaismus', wobei das erstere einen Lebensstil, das zweite eine Staatsreligion bezeichnet. Welches ist nun im Falle des Hinduismus das angemessenere und richtigere? Sir Sarvepalli Radhakrishnan, der sein Leben zu einem Gutteil der Aufgabe gewidmet hat, der angelsächsischen Welt Religion und Kultur seines Heimatlandes verständlich zu machen, überschrieb eines seiner Bücher: ‚Der hinduistische Lebensstil', nicht aber: ‚Die hinduistische Religion', und das würde bedeuten, daß zumindest für ihn Hinduismus eher dem Typ ‚Hellenismus' als dem Typ ‚Judaismus' angehört und eher den einem ganzen Volk eigentümlichen Lebensstil, ein unfaßbares, nichtsdestoweniger aber wirkliches nationales Ethos bedeutet als eine Religion im westlichen Sinne des Wortes, d. h. also Gehorsam gegenüber einer Offenbarung, die als gottgegeben angesehen wird, und Verehrung Gottes in Übereinstimmung mit dem Inhalt dieser Offenbarung. Der Judaismus stellt außerdem auch ein rigoroses und ausgeklügeltes System göttlicher Gesetze dar.

Der Hinduismus ist eigentlich Hellenismus und Judaismus zugleich – sowohl Lebensstil als auch durchorganisiertes gesellschaftliches und religiöses Ordnungssystem, aber im Unterschied zum Judaismus, dessen Wesenskern Unterwerfung unter den einen Gott heißt, der persönlich, jenseitig und heilig ist und sich in der Geschichte offenbart und in ihr wirkt, ist der Hinduismus von allen die Wesenheit Gottes betreffenden dogmatischen Behauptungen völlig frei; daß Religion zuinnerst von der Existenz oder Nicht-Existenz Gottes abhängen sollte oder von der Frage, ob es einen Gott oder viele Götter gebe, wird nicht geglaubt; es ist nämlich sehr wohl möglich, ein guter Hindu zu sein, ob die jeweiligen persönlichen Ansichten nun zu Monismus, Monotheismus, Polytheismus oder gar Atheismus neigen. Darauf kommt es letzthin nicht an. Wenn also Gott oder Götter diesem merkwürdigen Komplex verschiedener Glaubensinhalte nicht Mitte sind – was ist es dann?

Die Hindus nennen ihre Religion selbst den *sanātana dharma*, den ‚ewigen *dharma*'. Damit sehen wir uns gleich zu Beginn unserer Untersuchung der schwierigen Aufgabe gegenüber, adäquate Übersetzungen für Wörter zu finden, welche Begriffe verkörpern, die sich nicht exakt definieren lassen. Kein anderes Wort ist in den heiligen Texten wichtiger oder allgegenwärtiger, und doch warnen uns ebendieselben Texte immer wieder, dieser *dharma* sei ‚subtil' und ‚sehr schwer zu begreifen'. Gerade die Ambivalenz dieses Schlüsselbegriffs verleiht dem Hinduismus einerseits das charakteristische Gepräge und versieht ihn andererseits mit einer inneren Spannung, die nie gänzlich gelöst wird.

Das Wort *dharma* wird in den bedeutenden hinduistischen Texten in zwei voneinander abgegrenzten allgemeinen Wortbedeutungen gebraucht. Zunächst bezeichnet es alles, was in den heiligen Texten selbst niedergeschrieben ist, besonders in jenen Texten, die das hinduistische Gewohnheitsrecht behandeln. Bei solchem Sprachgebrauch entspricht es annähernd dem, was wir ‚kanonisches Recht' nennen, ein Recht, das in den Gesetzesabhandlungen selbst genau umrissen, geklärt und äußerst gewissenhaft erläutert wird. In Ausweitung des Begriffes wird es auch zur Bezeichnung der religiösen Voraussetzungen verwendet, auf welche sich diese Gesetze gründen. In dieser Bedeutung ist der *dharma* keineswegs ‚schwer zu begreifen', denn er wird in dem riesigen Corpus der hinduistischen heiligen Schriften fortwährend in größter Ausführlichkeit dargelegt und läßt sich daher in seiner weitverbreiteten Nebenbedeutung am besten mit ‚Religion' übersetzen. Er ist also sowohl ‚Gesetz' als auch ‚Religion'.

‚Gesetz' und ‚Religion' sind aber nur Ausdrücke für etwas weitaus Fundamentaleres, nämlich das ewige Gesetz, welches alle menschliche und nicht-menschliche Existenz bestimmt – wir würden darunter das ‚Naturgesetz' verstehen –, und eben dieses Gesetz ist ‚subtil' und nahezu unmöglich zu begreifen. In der Naturordnung gibt es keine Schwierigkeit, denn sie umfaßt nicht mehr als die Gesetze, die in der Natur wirksam sind und heutzutage Gegenstand der Naturwissenschaften sind. Aber wie liegen die Verhältnisse bei der sittlichen Ordnung?

Etymologisch leitet sich das Wort *dharma* von einer Wurzel *dhṛ* – mit der Bedeutung ‚halten, besitzen, bewahren' her – es ist dieselbe Wurzel, von der das lateinische *firmus* – ‚fest' – und *forma* – ‚Form' – ihren Ursprung nehmen. *Dharma* bezeichnet somit die ‚Form' der Dinge in ihrem Sosein und die Kraft, die sie in ihrem Sosein und nicht anders erhält. Und wie er das ganze Universum in Einklang mit dem ewigen Gesetz *(sanātana dharma)* bestehen läßt, erhält er die Menschheit durch das ewige Sittengesetz. Hier stellt sich allerdings ein Dilemma ein, denn das Gesetz existiert auf zwei Ebenen: Einerseits ist es in den heiligen Texten niedergelegt, andererseits ist es im Herzen und im Gewissen der Menschen eingegraben. Manchmal bestehen die beiden Erscheinungsformen harmonisch nebeneinander, manchmal kommt es zu Spannungen und Konflikten.

Der Hinduismus stellt einen höchst umfänglichen und scheinbar unzusammenhängenden religiösen Komplex dar, und so muß sich, wer über den Hinduismus schreibt und die von den Hindus selbst geprägte Definition ihrer Religion als *sanātana dharma* – ‚ewiger *dharma*' – übernimmt, entscheiden, welche der beiden Erscheinungsformen des *dharma* hervorzuheben er für wichtig erachtet. Indes – auch hier befindet er sich in einem Dilemma, denn wenn er versucht, die gesamte, über vier Jahrtausende alte Geschichte des Hinduismus in etwas mehr als zweihundert Seiten zu komprimieren, wird der Leser durch eine Unsumme scheinbar in sich widersprüchlicher Details völlig verwirrt und wird dann nicht in der Lage sein herauszufinden, was an diesem *dharma,* den er erfassen will, ewig und unwandelbar ist. Wenn der Autor aber auswählt und reliefartig herausarbeitet, was er für das Wesen dieses subtilen Etwas erachtet, das so ‚schwer zu begreifen' ist, kann er leicht – und mit Recht – beschuldigt werden, ein Bild des Hinduismus zu entwerfen, das weder von Gelehrsamkeit noch von Objektivität zeugt. Er muß wählen zwischen der Erstellung eines Katalogs oder Schullehrbuchs, welches den Studierenden innerhalb eines sehr begrenzten Bereichs mit der größtmöglichen Anzahl von Einzelfakten versorgt, und dem Versuch, auf eigene Gefahr aus der Fülle seines Materials die Quintessenz zu gewinnen, die er für den ewig gleichen Nährboden hält, aus dem der üppig wuchernde Dschungel wächst, als der der Hinduismus erscheint. Eben diesen Weg beabsichtigt der Autor des vorliegenden Werkes einzuschlagen, und zwar aus Gründen, die sehr bald einleuchten werden.

Hindus weisen mitunter nicht ohne Stolz und nicht ganz zu Unrecht darauf hin, daß ihre Religion von dogmatischen Voraussetzungen frei sei und daß aus diesem Grund ihre Vergangenheit in bezug auf religiöse Verfolgungen verhältnismäßig ungetrübt sei. Religiöse Wahrheiten nehmen in ihren Gedanken nicht die Gestalt von Dogmen an: Dogmen können nämlich nicht ewig sein, sondern nur die vergänglichen, verzerrenden und verzerrten Abbilder einer Wahrheit, die nicht nur die Dogmen selbst, sondern jede Definition in Worten übersteigt. Die Leidenschaft zu dogmatischer Gewißheit, welche die Religionen semitischen Ursprungs vom Judaismus über das Christentum und den Islam bis zum Marxismus unserer Tage peinigte, nötigt ihnen nur entsetztes Nichtbegreifen ab. Diese weitherzige Toleranz und die Abneigung gegen konfessionalisierte Religiosität an sich wurde von dem ersten Moslem festgestellt, der eine gründliche Studie über das Phänomen Hinduismus zu einer Zeit verfaßte, als der Islam die ersten blutigen Streifzüge nach Indien unternahm. Im 11. Jahrhundert n. Chr. schrieb Al-Bīrūnī, der bedeutende mohammedanische Enzyklopädist:

> Sie (die Hindus) haben eine ganz andere Auffassung von der Religion als wir, insofern als wir nicht glauben, woran sie glauben, und umgekehrt. Im allgemeinen gibt es bei ihnen sehr selten Auseinandersetzungen über religiöse Themen; im äußersten Falle streiten sie mit Worten, niemals aber setzen sie ihre Seele, ihr Leben oder ihren Besitz wegen religiöser Kontroversen aufs Spiel.

Im allgemeinen stimmt dies, aber man kann das Fehlen der Dogmatik im Hinduismus überbewerten; denn im nach-vedischen Hinduismus findet man gewisse Voraussetzungen, die nur selten – wenn überhaupt – diskutiert werden. Die wichtigste ist die Lehre von der Seelenwanderung oder Wiedergeburt, die alle Sekten und philosophischen Schulen nicht so sehr als offenbartes Dogma als vielmehr als selbstverständlichen Tatbestand akzeptieren. Die Lehre selbst setzt schon eine weitere voraus, nämlich die, daß der Zustand, in den das Individuum wieder hineingeboren wird, seinerseits das Ergebnis der guten oder bösen Taten ist, die es in früheren Lebensspannen begangen hat. Und diese Handlungen sowie die Modifikationen, die sie in den Myriaden ewig sich reinkarnierender Seelen von Ewigkeiten ohne Anfang zu Ewigkeiten ohne Ende bewirken, bilden selbst den Stoff, aus dem das sittliche Universum im Unterschied zum natürlichen besteht. Allerdings läßt sich zwischen den beiden nicht einfach ein dicker Trennstrich ziehen, denn sie werden beide von demselben unausweichlichen Gesetz von Ursache und Wirkung beherrscht. Es ist das Gesetz des *karma* (‚Tat'), demzufolge jedes Handeln jeglicher Art die Wirkung einer Ursache und seinerseits Ursache einer Wirkung ist. Der gesamte Ablauf vollzieht sich im Namen des *saṁsāra,* des ‚Zyklus' oder ‚Kreislaufs', dem alles Sein in der Welt der Erscheinungen unterworfen ist, das selbst wiederum von einer in anfangslose Vergangenheit reichenden Kausalkette bestimmt und bedingt wird, dem *dharma* des Universums.

Dieser *dharma* hat weder Anfang noch Ende, weder in der Gesamtsumme alles Seienden – dem Makrokosmos – noch in der Seele des Individuums – dem Mikrokosmos: Alles ist an die Fesseln der Zeit und des Verlangens gekettet – vor allem des Verlangens zu leben und des Verlangens zu handeln (*karma* = Tat). Die Zeit selbst ist ein sich drehendes Rad, das immer wieder zu seinem Ausgangspunkt zurückkehrt, in ihr kann weder Zweck noch Erlösung sein.

Soviel wird von nahezu allen Hindu-Sekten und philosophischen Schulen als gegeben angenommen, und sie alle finden ihre gemeinsamen Voraussetzungen zutiefst unbefriedigend und beunruhigend.

Unter diesen Umständen ist es das Ziel einer jeden und aller, dem Rad der Zeit und des Handelns, das selbst von der Zeit abhängt, zu entrinnen; und daß ein solches Entrinnen möglich ist, wird von allen versichert: Man nennt es *moksha* oder *mukti* und übersetzt es unterschiedlich als ‚Entrinnen, Erlösung, Befreiung oder Emanzipation'. Es hat eine gewisse Ähnlichkeit mit der westlichen Freiheit des Geistes. Die Art, in der dieser glückselige Zustand erreicht werden kann – ob nun durch die alleinigen Bemühungen des auf sich selbst gestellten Individuums oder unter Inanspruchnahme der Gunst und Unterstützung einer höheren Macht –, und die Beschaffenheit des Zustands, in dem sich die Seele befindet, die sich aus den Fesseln der Zeit und von dem Verlangen nach lebendiger Fortdauer in der Zeit freigekämpft hat: Das sind Gegenstände, über welche die Hindus untereinander zutiefst uneins waren, wie sehr auch manche von ihnen heute die Unterschiede zu verwischen suchen. In drei fundamentalen Voraussetzungen sind sie sich jedoch alle einig, nämlich: 1) daß das Universum von der zyklischen Zeit beherrscht wird, 2) daß die Seele des Individuums als Mikrokosmos von demselben Gesetz von Ursache und Wirkung beherrscht wird wie der Makrokosmos und 3) daß die Befreiung von dieser in ständigem Wandel befindlichen Daseinsform endlich allen möglich ist.

Der Leser ist nun mit vier Fachausdrücken vertraut, die in diesem Buch ständig wiederkehren werden: *dharma, moksha, saṁsāra* und *karma.* Daneben gibt es noch einen weiteren, dessen Einführung an dieser Stelle zweckmäßig sein dürfte: nämlich das Wort *brahman.*

Dieser Ausdruck wird Hauptgegenstand des zweiten Kapitels sein; das rechte Verständnis dieses Wortes wird zum richtigen Verstehen des Hinduismus als Ganzem führen, denn der ‚klassische' Hinduismus, dessen Grundvoraussetzungen wir oben knapp umrissen haben, wird auch Brahmanismus genannt, die Religion des *brahman;* und *brahman* kann entweder den ewigen Nährboden des Universums bedeuten, aus dem der ‚ewige' *dharma* hervorgeht, oder das geistige Vorrecht der Brāhmanen-Kaste, welches die Basis für den Überbau des gesamten hinduistischen Gesellschaftsgefüges bildete. Somit besteht ein Kausalzusammenhang zwischen dem ewigen *brahman,* dem Urgrund alles Seins, und der Brāhmanen-Kaste, und aus ebendiesem Grund wurden die Brāhmanen als Götter betrachtet, die auf Erden wandeln. Wir werden zu dieser Beziehung in einem späteren Kapitel zurückkehren; vorläufig müssen wir uns auf den Ausdruck *brahman* allein beschränken.

In den ältesten Texten läßt sich *brahman* grob dem ‚Heiligen' gleichsetzen – als heilige Formel, heiliger Gesang, heilige Handlung. Später, da man das ‚Heilige', wie es sich im Ritual kundtut, als die bindende Kraft empfand, die den vergänglichen Menschen mit dem Ewigen verknüpft, wurde es immer mehr zur Darstellung des Ewigen, wie es jenseits von Raum und Zeit in sich ruht und wie es sich in der Welt der Erscheinungen manifestiert. Es bezeichnet daher in der Terminologie des klassischen Hinduismus sowohl den *Zustand*, welcher der befreiten Seele *(moksha)* wesenseigen ist, als auch die Quelle, aus der die gesamte Erscheinungswelt ihr Sein ableitet. Es ist das Bindeglied zwischen der Welt des *saṁsāra*, die von Raum und Zeit, von Ursache und Wirkung abhängt, und der *moksha*, die diese vier sämtlich überwindet: Es ist sowohl ewiges Sein als auch der ‚ewige' *dharma*, denn dieser *dharma* ist das Gesetz, das seine Wurzeln im Ewigen hat und zugleich die Welt des *saṁsāra* beherrscht, die in ihrem jeweiligen Zustand von den unzähligen Einzel-*karmas* oder Handlungen von Einzelwesen gebildet wird.

Brahman, dharma, moksha, saṁsāra, karma: dies sind die Schlüsselbegriffe des klassischen Hinduismus. Keiner entspricht in irgendeiner Weise unserem Gottesbegriff, und so geschah es nicht ohne Grund, wenn Al-Bīrūnī, der große mohammedanische Polyhistor, der den Hinduismus im Original-Sanskrit gründlich studiert hatte, erklärte, die Hindus hätten „eine ganz andere Auffassung von der Religion als wir, insofern als wir nicht glauben, woran sie glauben, und umgekehrt"; denn der Islam – der Hintergrund, vor dem Al-Bīrūnī sein Werk verfaßte – war selbst ein Zweig, der aus jüdischem Stamm entsprossen war, und diesem gerann die ganze Religion zu ehrfurchtsvollem Gehorsam gegen den einen heiligen und jenseitigen Gott, der ganz anders war als seine Geschöpfe. Dem Hinduismus, wie ihn Al-Bīrūnī kennenlernte, waren das Wesen Gottes und sogar seine Existenz Angelegenheit von zweitrangiger Bedeutung.

Als geschichtliche Erscheinung läßt sich der Hinduismus nach üblicher und zweckmäßiger Weise in vier unterschiedliche Epochen einteilen, deren früheste – ihr bedeutendstes literarisches Denkmal ist der Rig-Veda – ausgesprochen polytheistisch ausgerichtet und den Religionen anderer indo-europäischer Völker deutlich verwandt ist. Aus dieser entwickelt sich sodann ein pantheistischer Monismus, der dem All seinen Mittelpunkt im Einen gibt oder es diesem völlig gleichsetzt; in seiner extremsten Form wird die Seele des menschlichen Einzelwesens mit dem Absoluten identifiziert. Das bedeutet praktisch, daß die Götter entthront werden und die menschliche Seele ihre Stelle einnimmt. Es handelt sich hierbei um jene Gestalt des Hinduismus, die erst neuerdings sowohl in Indien als auch weit über seine Grenzen hinaus in der westlichen Welt zu neuem Leben erweckt wurde und alles Gewicht auf *moksha,* die Befreiung der menschlichen Seele von Zeit, Raum und Materie, legt. Darin sehen viele die höchste religiöse Wahrheit, die sämtliche Formen der Religion, sowohl die hinduistische als auch alle anderen, nur in unvollkommener und vergänglicher Weise manifestieren.

Die dritte Phase, vielleicht die bedeutendste, umfaßt die innerhalb des Hinduismus sich vollziehende Entwicklung starker monotheistischer Tendenzen einerseits und die Verfestigung und Erstarrung des Kastensystems andererseits. Die vornehmliche Beschäftigung mit der Befreiung der Seele von der Bindung an Zeit und Materie weicht einer verzückten Anbetung Gottes, d. h. der großen aus der Tradition bekannten Götter Vishnu und Śiva, die nun ihren Anhängern als höchstes Sein und absoluter Herr gelten. Diese Religion liebender Hingabe oder *bhakti* wurde zum praktizierten Glauben der Volksmasse und ist es bis auf den heutigen Tag geblieben. Es war nicht leicht, sie in den umfassenden Plan des klassischen Hinduismus einzufügen mit ihrer nahezu deterministischen Auffassung der Erscheinungswelt und ihrer Betonung der *moksha* als letztes Ziel des Menschen. Wie diese Anpassung vollzogen wurde, werden wir im Folgenden sehen.

Allzu oft schon wurde gesagt, der Hinduismus als solcher betrachte die Welt als Trugbild. Das traf für den Hinduismus als Ganzes noch nie zu, sondern nur für eine – allerdings gegenwärtig vorherrschende – Schule der Vedānta-Philosophie, die ihrerseits nur eine von sechs philosophischen Schulen ist; hingegen galt es niemals für die heiligen Texte selbst oder für den Volksglauben. Nichtsdestoweniger ist es richtig, wenn man sagt, daß innerhalb der hinduistischen Religion eine doppelte Spannung besteht und – mit Ausnahme der frühesten Epoche – immer bestanden hat: Auf der einen Seite steht das Streben nach Befreiung von dieser Welt, die alle als Endziel des Menschen anerkennen, auf der anderen des Menschen Verpflichtung, das zu tun, was *in* dieser Welt recht ist – die Spannung zwischen *moksha* und *dharma;* und an zweiter Stelle folgt die Spannung zwischen zwei Typen des *dharma,* dem *sanātana dharma* oder absoluten Sittengesetz, das nie genau umrissen werden kann und doch als absolut gültig erfahren wird, und dem *dharma* der Kaste und des kanonischen Rechts, wie es in den verschiedenen Gesetzbüchern niedergelegt ist. Diese Spannungen werden auf höchst augenfällige Weise sichtbar im *Mahābhārata,* dem großen Epos Indiens, das mit seinen gewaltigen Dimensionen eine Zusammenfassung aller Schattierungen und Nuancen der klassischen hinduistischen Lehre umschließt, und zwar sowohl ihrer orthodoxen Äußerungen als auch der erbitterten Proteste, welche diese hervorriefen.

Der Hinduismus ist – oder war – ebensosehr Gesellschaftssystem wie Religion. Seine Grundvoraussetzungen – die Seelenwanderung, das Rad der Geburt, des Todes und der Wiedergeburt und die Hoffnung auf Befreiung von dieser Bindung – wurden bereits gestreift. Damit ist der weltanschauliche Rahmen gesetzt, in dem er sich bewegt. Die Gesellschaftsordnung war schon seit den frühesten Zeiten das Kastensystem, und dieses ist bis vor kurzem immer starrer und komplizierter geworden und wurde zugleich in immer stärkerem Maße mit dem Hinduismus an sich gleichgesetzt. Noch vor etwa hundert Jahren galt bei den Orthodoxen die Anerkennung des Kastensystems als einziges verläßliches Kriterium bei der Entscheidung, ob einer Hindu war oder nicht. In Glaubenssachen spielte es keine Rolle, ob man an einen oder viele Götter glaubte oder an gar keinen, auch kam es nicht darauf an, wie man die ‚Befreiung' deutete oder ob man sie geradezu ablehnte, solange man nur die der jeweiligen Kaste vorgeschriebenen Pflichten erfüllte. Dies war eines der Merkmale des Hindu; das andere, weit weniger verläßliche, weil kaum feststellbare, bestand in der vorgeschriebenen Anerkennung des Veda als offenbarte Wahrheit. Mißachtung der Kaste oder Ablehnung des Veda hieß, sich außerhalb des Bereichs des Hinduismus zu stellen. Das und nicht seine philosophischen Ansichten schlossen den Buddha und den von ihm begründeten *dharma* von der hinduistischen Religionsgemeinschaft aus.

Die vierte Phase des Hinduismus erleben wir heute: Sie bringt die Absage an den formalen Aspekt und die Rückbesinnung auf die geistige Substanz. Diese Aufwertung des Hinduismus wurde von den Reformbewegungen des neunzehnten Jahrhunderts vorbereitet, aber sie erreichte und rührte das Gemüt des ganzen indischen Volkes erst mit der Ankunft eines Heiligen, der alles zu verkörpern schien, was das Beste am Hinduismus war: Mahātma Gandhi. Er nämlich stellte sein ungeheures Ansehen in den Dienst eines Angriffs auf eine Erscheinung, die von allem, was in Indien zu den vornehmsten Geistern zählte, seit Jahrhunderten als Krebsgeschwür am Herzen seiner Religion empfunden wurde: zunächst das Kastensystem selbst und sodann seine häßliche Folgeerscheinung, die Schaffung eines entrechteten religiösen Proletariats, der Kastenlosen oder Unberührbaren. Gandhi deckte die schreiende Diskrepanz zwischen den beiden *dharmas*, dem ‚ewigen Gesetz', das so ‚schwer zu begreifen' ist, aber in das soziale Gewissen Indiens eingegraben war, und demjenigen, welcher nun als ein von Menschen geformter *dharma* erkannt wurde, welcher eine Gesellschaftsordnung sanktionierte, die sich zur monströsen Ungerechtigkeit entwickelt hatte. Die Spannung, die Jahrhunderte hindurch zwischen den beiden *dharmas* bestanden hatte, wurde rücksichtslos ans Tageslicht gehoben; es ist daher kein Zufall, daß Gandhi den Tod von der Hand eines orthodoxen Hindu fand.

War es früher einmal möglich, den Hindu als eine Person zu bestimmen, die ihren Kastenpflichten nachkommt und den Veda als geoffenbarte Wahrheit akzeptiert, so kann diese einfache Formel heute nicht mehr befriedigen, denn der Hinduismus ist heute in stärkerem Maße als jede andere Religion einem Gestaltwandel unterworfen: Was einst als wesentlicher Bestandteil galt, fällt einem Aussonderungsprozeß zum Opfer, aber der harte Kern bleibt, und mit diesem Kern beschäftigt sich das vorliegende Buch in erster Linie.

Das Corpus der heiligen Schriften des Hinduismus ist äußerst umfangreich. Es zerfällt in zwei unterschiedliche Kategorien von höherer und minderer Heiligkeit: *śruti* und *smṛti*. Der erste dieser beiden Ausdrücke heißt wörtlich ‚Hören', der zweite ‚Gedächtnis'. Die *śruti* bestehen aus den Veden selbst, und diese werden als ewig angesehen, als das ewige ‚Wort', wie es von den *Ṛshis* oder ‚Sehern' vor undenklichen Zeiten gehört wurde: Es ist ewige Wahrheit, ewige ‚Weisheit' oder ewiges ‚Wissen', denn dies bedeutet das Wort *veda*. Jeder Veda läßt sich in der überlieferten Form nach historischen Gesichtspunkten in drei Schichten gliedern: die *Saṁhitās* oder ‚Sammlungen' von Hymnen und Formeln, die *Brāhmanas* oder Texte zu den Opferhandlungen und die *Āranyakas* oder ‚Waldbücher', welche in den *Upanishaden* gipfeln, esoterischen Abhandlungen, die in den Symbolismus des Opferkults einzudringen suchen.

Die Veden spiegeln in ihrer Gesamtheit die ersten beiden Phasen des Hinduismus wider, die wir oben unterschieden haben. Von diesen ist hier nur die erste von historischem Interesse, denn der *Rig-Veda*, die älteste von den Saṁhitās oder Sammlungen, verkörpert einen extravertierten und lebensbejahenden Religionstypus, der bald in einer introvertierten und esoterischen Glaubensform untergehen sollte, die einen der wesentlichen Bestandteile aller späteren Entwicklungsstadien dieser vielgestaltigen Religion ausmacht. Der Wendepunkt wird mit den Upanishaden erreicht und mit ihrer doppelschichtigen Suche nach dem ewigen ‚Selbst' *(ātman)* im Menschen und dem ewigen Urgrund des Universums außer ihm *(brahman)*.

Dieser Aspekt des Hinduismus, sein ‚pantheistischer Monismus', wurde in der Neuzeit vielleicht zu hoch veranschlagt, denn wenn er auch ohne Zweifel bedeutsam ist, stellt er doch nur einen Strang unter vielen dar, die erst zusammen den prachtvollen Bildteppich ergeben, als welcher sich der Hinduismus darstellt; mit den Upanishaden enden nämlich die *śruti,* und die *smṛti* beginnen.

Smṛti, das ‚Gedächtnis', steht als ewige Wahrheit mit den *śruti* theoretisch auf einer Stufe, es umfaßt alles, was vom Volk ‚im Gedächtnis bewahrt' und von Generation zu Generation weitergetragen wird. Was eigentlich genau als *smṛti* einzuordnen ist, wurde niemals mit derselben Strenge bestimmt wie dies im Falle der *śruti* geschah, welche die Veden umfassen und sonst nichts. Andererseits enthalten die *smṛti* nach allgemeiner Auffassung die *Sūtras* (Aphorismen, gewöhnlich philosophischen Gehalts), die Gesetzbücher (Bücher über den *dharma* im engeren Sinne), die *Purānas* (umfangreiche mythologische Werke in Versform, die den einen oder anderen der großen Götter lobpreisen) und schließlich – last not least – die beiden Epen, das Mahābhārata und das *Rāmāyana.*

Mitten im Mahābhārata verborgen, ruht der bedeutendste, einflußstärkste und erhellendste aller heiligen Texte der Hindus, die *Bhagavad-Gītā,* der ‚Gesang Gottes'. Dieses Werk bezeichnet einen Wendepunkt im Hinduismus, denn hier wird zum ersten Male ein völlig neuartiges Element hinduistischer Geistigkeit spürbar: Gottes Liebe zum Menschen und des Menschen Gottesliebe. Der Rig-Veda hatte viele Götter gekannt, aber keiner von ihnen erlangte eine unbestrittene Vorrangstellung wie etwa Zeus in Griechenland oder Jupiter in Rom. Im Gegenteil: die alten Mythen verloren ihre Lebensfülle, an ihrer Stelle traten unpersönliche Begriffe auf wie das *brahman,* mit dem dann sowohl der Urgrund des Alls wie das, was an der menschlichen Seele unsterblich ist, gemeint war. Gewiß – in den Upanishaden schimmern die ersten Anzeichen einer theistischen Interpretation des Universums auf, aber erst im Mahābhārata, mehr noch in der Bhagavad-Gītā, löst sich Gott allmählich vom Universum, dessen Materie und bewirkende Ursache er noch immer ist, und tritt dem Menschen als Person der Person entgegen. Damit stellt die Bhagavad-Gītā gewissermaßen die Wasserscheide dar, die den pantheistischen Monismus der Upanishaden von dem glühenden Theismus der späteren volkstümlichen Kulte trennt. Wenn sie auch nicht zu den *śruti* gezählt wird, bildet sie doch den Brennpunkt, um den in Zukunft der ganze Hinduismus kreisen sollte, und ihre Anziehungskraft ist so allumfassend, daß sie nicht nur die Orthodoxen zu treuer Gefolgschaft gewann, sondern auch moderne und modernistische Hindus und nicht zuletzt Mahātma Gandhi selbst. Sie ist der heilige Born, aus dem natürlich die volkstümlichen Kulte der verzückten Hingabe an Gott (sei es nun Vishnu oder Śiva) strömen. Seit der Zeit der Gītā wird der Hinduismus in steigendem Maße monotheistisch, wenn auch das pantheistische Fluidum bleibt und sogar in der Neuzeit noch sehr lebendig ist.

Aber ganz abgesehen von der Gītā, faßt das Mahābhārata, das riesenhafte Epos der Inder, in dem die Gītā nur ein winziger Teil ist, den Hinduismus so vollkommen zusammen, wie dies kein anderes Buch zu leisten hoffen kann, und zwar nicht nur, weil darin ganze Abschnitte ausschließlich religiöser Erörterung gewidmet sind, sondern auch, weil der Held, Yudhishthira, das dem Hindu bewußte Dilemma zwischen den zwei *dharmas* verkörpert, die oben skizziert wurden. Und sein Dilemma ist insofern noch viel quälender, als er selbst der Sohn und die Verkörperung des Gottes Dharma ist, der über Rechtschaffenheit und Wahrheit wacht. Er ist indes immer wieder gegen seinen Willen und besseres Wissen gezwungen, Dinge zu tun, die er als unrecht erkennt, weil sie entweder einen wesentlichen Bestandteil seiner religiösen Pflicht *(dharma)* als Krieger darstellen oder weil ihm solches Tun von Krishna geboten wird, der selbst der menschgewordene höchste Gott ist, dessen Befehle zu mißachten Blasphemie bedeutete.

Es heißt oft, der Hinduismus sei von seiner Suche nach ‚Befreiung' so besessen, daß er zu Problemen wie Alltagsmoral oder zwischenmenschlichen Beziehungen sehr wenig zu sagen habe. Die Ursache dafür liegt zum Teil darin begründet, daß vielen modernen hinduistischen Apologeten selbst die angemessene Betrachtungsweise offenbar fremd ist, sowie in einer Überbetonung der philosophischen Seite des Hinduismus, die, so wichtig sie ist, doch nicht das Gemüt des Durchschnitts-Hindus berührt oder einen religiösen Widerhall in ihm auslöst. Es ist außerdem zurückzuführen auf die Neigung, das von den Upanishaden geprägte Element des Hinduismus auf Kosten der weltlicher und diesseitiger ausgerichteten Seite zu betonen, die wir in den Epen finden. Während wir nämlich im Mahābhārata den Hinduismus als Ganzes in seinen tausendfältigen Schattierungen im Kleinen dargestellt finden, wird uns im Rāmāyana gezeigt, wie sich der Hindu das vollkommene Leben vorstellt: so wie es vom Gott Vishnu in seiner Menschwerdung als Rāma gelebt wurde. Wir müssen uns also an die Epen wenden, wenn wir die hinduistische Auffassung von *dharma*, der ‚Rechtschaffenheit', der ‚Sittlichkeit' oder dem ‚tugendhaften Verhalten', wie es auf diese Welt anzuwenden ist, verstehen wollen. Die Spannung zwischen *dharma* und *moksha* wird vielleicht niemals gelöst, aber wenigstens in diesem großen Epos spüren wir, daß die beiden Begriffe als zwei Aspekte derselben Sache empfunden wurden, daß der *dharma* im Sinne von ‚rechtem Handeln' natürliche Folge und Vorspiel zur Teilhaberschaft am Unendlichen war.

Die Epen und die Purānas sind die großen Schatzkammern des andachtsfrommen Hinduismus, sie bezeichnen das Ende der ‚klassischen' Periode, während der das Sanskrit die Sprache der heiligen Schriften gewesen war. Der offizielle Hinduismus, der sich auf den Veda als heiliges Buch und einzige Quelle unfehlbarer Weisheit stützte, war in zunehmendem Maße mit dem Kastensystem gleichgesetzt worden, das selbst hervorgebracht und erhalten wurde von der höchsten Kaste, den Brāhmanen, und nur den drei Klassen der ‚Zweimalgeborenen' stand der Zugang zu solcher rettenden Weisheit offen. Der niedersten Klasse, den Śudras, war jeder Zugang zu den Veden verboten, ebenso den Frauen und natürlich den Kastenlosen. So entwickelte sich hauptsächlich zur Befriedigung der Bedürfnisse dieser religiös entrechteten Personengruppe eine ausschließlich erbaulicher Andacht gewidmete Religion in der Literatur der *smṛti*, denn diese teilte mit den Veden nicht die absolute Heiligkeit und stand somit allen offen, und das gleiche galt auch für die Botschaft von Gottes Liebe zu allen Menschen, die frei war von Rücksicht auf Kastenunterschiede.

Da sich dieser neue Religionstypus an alle Menschen wandte und nicht allein auf die höheren Kasten beschränkt war, setzte die Entfaltung einer ausgedehnten Literatur in den verschiedenen indischen Regionalsprachen ein, so wie sich im protestantischen Europa im Anschluß an die Reformation die Kirchenlieddichtung in den Landessprachen entwickelte. Gewiß bewahrte das Sanskrit seine Sonderstellung als heilige Sprache par excellence, aber was im Hinduismus den stärksten Lebensbezug hatte, fand nun seinen Ausdruck in Sprachen, die alle Menschen verstehen konnten. Damit, mit dem Triumph der *bhakti,* der liebenden Anbetung eines persönlichen Gottes, setzt die dritte Phase des Hinduismus ein, sie spricht auch aus den Theologien der späteren vedantinischen Philosophen, die sofort die klassische monistische Ontologie ablehnten, die vom großen Śankara im neunten Jahrhundert nach Christi Geburt entwickelt wurde.

Die letzte Phase beginnt mit der britischen Besetzung, sie gipfelt in einem entschlossenen Angriff auf das ganze Kastensystem, dem Gandhi während seines späteren Lebens das ganze Gewicht seiner unermeßlichen moralischen Autorität lieh. Großenteils dank der christlichen Missionstätigkeit gewann der Hinduismus in zunehmendem Maße Interesse an einer gerechten Ordnung der Gesellschaft – am gesellschaftlichen *dharma* – und damit an sozialen Einrichtungen und der Abstellung krasser sozialer Ungleichheiten, die auf uralten Tabus basierten und von der Autorität des Glaubens sanktioniert wurden. Der Kampf zwischen Altem und Neuem, in welchem allem Anschein nach das Neue schließlich triumphieren muß, wie langwierig und erbittert die Auseinandersetzung auch sein mag, ist noch immer im Gange. Der Hinduismus durchlebt ein Stadium der Krise, welche geradezu die Voraussetzungen bedroht, auf welche er bisher gegründet war, und noch ist es nicht soweit, daß man sehen könnte, auf welche Weise und in welche Richtung er sich wandeln wird; aber eine Wandlung muß er an sich vollziehen, da in der weitgehend industrialisierten Gesellschaft, die Indien schon aufzusaugen beginnt, die mit dem Kastenbegriff verknüpften Tabus nicht fortbestehen können. Auch würden – mit Ausnahme der starrsinnigsten Orthodoxen – heute nicht mehr viele an ihnen festhalten wollen. Das kann nicht heißen, daß der *sanātana dharma*, der ‚ewige *dharma*', der das vorzügliche geistige Charakteristikum des indischen Volkes ist, verschwinden wird; denn ebendieser *dharma*, so ‚subtil' und ‚schwer zu begreifen' er sein mag, verleiht dem Hinduismus in allen Phasen den bitter-süßen Beigeschmack – den Anhauch von Selbstvergessenheit und Entsagung gewiß, aber auch das Mitschwingen eines Verlangens nach Rechtschaffenheit in einer sündhaften Welt und einer steten Sehnsucht nach der Wahrheit, wo immer sie zu finden sein mag. Diese Wesenstönung findet ihre unvergleichliche Verkörperung in der legendären Gestalt Yudishthiras, des sanften und mitleidsvollen ‚Königs der Rechtschaffenheit', und in der historischen Erscheinung Mahātma Gandhis, der verkündete, daß Gott die Wahrheit sei.

ERSTES KAPITEL

VEDA

Die heilige Sprache der Hindus ist das Sanskrit, dieses wiederum stellt eine Fortentwicklung und Formalisierung des älteren ,Vedischen' dar, in dem die Veden abgefaßt sind. Es ist eine indoeuropäische Sprache, von der sehr enge Verbindungen zu der Gruppe iranischer Sprachen führen, die im Gesamtraum des ersten Persischen Reiches gesprochen wurden. Die Indo-Iranier stellten die östlichste Völkergruppe der Indoeuropäer dar, und Inder wie Iranier bezeichneten sich als *āryas* (,Arier') mit einem Ausdruck, der später die Bedeutung ,Edelmann' oder ,Herr' annahm und die Verschiedenheit und den Gegensatz zu den unterworfenen Bevölkerungsteilen bezeichnete. Der Zeitpunkt, zu dem diese Arier in Indien eindrangen, ist Gegenstand allgemeiner Vermutungen. Der Vorgang wurde von den Forschern irgendwo zwischen 4000 und 1000 vor Christi Geburt angesetzt; heute hat es den Anschein, als ob die Meinungen übereinstimmend auf der zweiten Hälfte des zweiten Jahrtausends vor Christi Geburt zur Ruhe gekommen wären.

Die erste datierbare Inschrift, welche sich auf jene fernen Zeiten bezieht, stammt nicht aus Indien, nicht einmal aus dem Iran, sie kommt vielmehr aus einem türkischen Dorf in Ostanatolien mit Namen Boghaz Köy. Dort entdeckte man den Text eines Vertrages zwischen dem Hethiter-König Shuppiluliumash und dem König von Mitanni, Mattiwaza. Der Name des letzteren ist indo-iranisch, der Träger betete indo-iranische Gottheiten an. Dieser Vertrag stammt aus der ersten Hälfte des vierzehnten Jahrhunderts, in ihm werden vier Götter erwähnt (in leicht abweichender Form), die in den Veden eine hervorragende Rolle spielen: Varuna, Mitra, Indra und die Nāsatyas. Die Tatsache, daß dieses indo-iranische Volk, das einen Dialekt sprach, der dem Indischen offenbar näherstand als dem Iranischen, in Ostanatolien auftrat, wurde von manchen als Beweis dafür gewertet, daß die indo-iranischen Volksstämme im vierzehnten Jahrhundert vor Christi Geburt noch in Bewegung auf ihre endgültigen Wanderziele hin begriffen waren. Wenn das zuträfe, hätte der Arier-Einbruch nach Indien kaum vor dem zwölften Jahrhundert vor Christus stattfinden können. Größere Wahrscheinlichkeit dürfte jedoch dafür sprechen, daß die Mitanni ein selbständiger Zweig der indo-iranischen Völkergruppe waren, der sich zu einem früheren Zeitpunkt vom Gros abgespalten hatte. Wenn das stimmt, bleiben wir in bezug auf die Datierung des Eindringens der Arier in Indien weiterhin auf Vermutungen angewiesen.

Noch vor nicht allzu langer Zeit stellten die Veden unsere einzige Quelle für die vor-arische Kultur Indiens dar, und von den vedischen Dichtern konnte man kaum erwarten, daß sie von den Völkern, deren Unterwerfung man betrieb, in schmeichelhaften Ausdrücken sprechen würden. Diese waren – so berichten sie uns – dunkelhäutig, stumpfnasig und häßlich, ihre Religion schloß die Verehrung des Phallus mit ein (RV, 7.21.5 : 10.99.3). Aber mit den Ausgrabungen auf dem Terrain von Mohenjo-Dāro und Harappā im Industal wurde unser Wissen von den vorarischen Völkern Nordindiens beträchtlich erweitert. Das waren nun keineswegs Barbaren, wie die Lektüre des Veda vermuten lassen könnte, sie besaßen vielmehr eine hochentwickelte Stadtkultur, der des zeitgenössischen Mesopotamien vergleichbar. Im Unterschied zu ihren Überwindern waren sie des Lesens und Schreibens mächtig, aber alle Versuche, ihre Schrift zu entziffern, erwiesen sich bisher als vergeblich. Was wir über ihre Religion erfahren können, ist daher ausschließlich auf das beschränkt, was aus ihren ikonographischen Überresten erschlossen werden kann.

Kenner der indischen Religion waren lange Zeit beeindruckt von dem krassen Unterschied zwischen der diesseitsbetonten Religiosität des Rig-Veda, dessen Verwandtschaft mit den Schwesterreligionen der anderen indo-europäischen Völker sofort spürbar wird, und der Innerlichkeit der Upanishaden sowie den Überspanntheiten der späteren theistischen Kulte, in welchen die Stellung des höchsten Wesens von vedischen Nebengöttern usurpiert wurde, deren Rolle im heiligen Kanon keinen Hinweis darauf enthielt, daß ihnen dereinst derartige Bedeutung zufallen sollte. Es schien, als gäbe es keine andere Erklärung für dieses Phänomen als die, daß die Religion der unterworfenen Völker wiederauferstanden war und, wie dies häufig geschieht, die Religion der Sieger in etwas verwandelt hatte, das als deren Eigentum überhaupt nicht mehr erkennbar war.

Der Phallus-Kult etwa ist ein besonders treffendes Beispiel. In der Religion der im Zeichen des Veda lebenden Arier spielte er keine Rolle, in der Religion einer späteren Zeit hingegen wird nicht nur der ithyphallische Gott Śiva im ganzen Lande verehrt, sondern auch sein Symbol, der Phallus, wird weithin angebetet und als Sinnbild der Gottheit in Ehren gehalten. Zumindest diese Erscheinung könnte mit annähernder Sicherheit als Rückkehr zu vor-arischen religiösen Übungen erklärt werden, denn der Veda selbst erwähnt die Phallus-Verehrung als etwas für die Feinde der Arier Charakteristisches. Diese ganz natürliche Folgerung wurde nun bestätigt durch die Entdeckung von Siegeln in Harappā, welche gerade solch einen ithyphallischen Gott darstellen. Dieser ist in sitzender Haltung abgebildet, mit an den Körper angezogenen Beinen und einander berührenden Fersen; sein Haupt wird von einem Hörnerpaar überragt, und auf einem der Siegel ist er von Elephant, Tiger, Nashorn und Büffel umgeben. All das scheint den Rudra-Śiva späterer Zeiten vorwegzunehmen, denn die Haltung, in der er sitzt, gehört zu denjenigen, welche die Yogis bis heute bevorzugen, und Śiva selbst ist trotz des aufgerichteten Phallus der große Yoga und Schutzherr der Asketen. Ebenso ist er schon im *Atharva-Veda* als *paśupati*, ‚der Herr der Tiere', bekannt und steht in engster Verbindung zum Stier, dessen Hörner ihn auf dem Siegel aus Harappā zieren.

Unter den Funden aus Harappā fallen Figurinen von gewöhnlich nackten oder halbnackten Frauen auf; Gelehrte haben in diesen Darstellungen einer Mutter-Gottheit gesehen. Eine solche Göttin ist für die Religion Mesopotamiens typisch, hingegen fehlt sie auffälligerweise im Pantheon der Veden. In der späteren Literatur jedoch erscheint eine Göttin dieser Art wieder in Gestalt der schrecklichen Göttin Durgā oder Kālī, der Gefährtin Śivas, die bis heute besonders in Bengal Gegenstand eines weitverbreiteten Kultes ist. Auch kamen zahlreiche zapfenförmige Gegenstände zum Vorschein, die schwerlich irgend etwas anderes als einen Phallus darstellen können, und dieser ist, wie wir festgestellt haben, Śivas Sinnbild par excellence. Daraus ersehen wir, daß die klugen Vermutungen älterer Gelehrter durch das von der Archäologie zutage geförderte neue Beweismaterial bestätigt wurden. Vieles, was für den ‚klassischen' Hinduismus typisch ist, stammt nicht von den eindringenden Ariern, sondern von der Urbevölkerung, die sie besiegten.

Es hat sich eingebürgert, von der Religion des Rig-Veda zu sagen, daß sie im Gegensatz zum späteren Glauben lebensbejahend, diesseitsbetont und dynamisch sei, und darin steckt viel Wahres. Aber der Rig-Veda läßt sich schwerlich von den übrigen Veden trennen, denn er ist nichts weiter als eine Sammlung *(saṁhitā)* von Strophen *(ṛks)*, die für den Gebrauch des *Hotṛ* gesammelt wurden, der nur einer von den vielen Priestern war, die das Opfer zelebrierten: der Priester, der für die Invokation der Götter zuständig war. Neben dem *Hotṛ* fungierten der *Udgātṛ*, der ‚Priester, der laut singt', und der *Adhvaryu*, der Priester, der für die heilige Handlung oder das Opfer selbst verantwortlich war. Der erstere benützte eine Sammlung *(saṁhitā)* von ‚Gesängen' *(sāman)*, die als *Sāma-Veda* (der ‚Veda der Gesänge') bekannt wurde und inhaltlich fast vollständig dem Rig-Veda entnommen wurde, während der letztere den *Yajur-Veda* (den ‚Veda des Opfers') benützte, von dem mehrere revidierte Texte existieren, die aber weit jüngeren Datums sind und wahrscheinlich nicht die Form des Opfers widerspiegeln, das zur Zeit des Rig-Veda üblich war.

Für einen Gelehrten von heute ist es wahrscheinlich unmöglich, den Sinngehalt einer ‚primitiven' Religion zu rekonstruieren, besonders, wenn es sich um die der Veden handelt, die viele Gegebenheiten als selbstverständlich voraussetzen, bei deren Beschaffenheit wir auf Vermutungen angewiesen sind. Der Versuch, die Religion der Veden als ‚Naturanbetung' zu deuten, wie dies zur Zeit der Hochblüte des Veda-Studiums im neunzehnten Jahrhundert allgemein geschah, schlug fehl, weil ein beträchtlicher Teil des Belegmaterials der Einfügung in diesen enggezogenen Rahmen hartnäkkigen Widerstand leistete. Ähnlich verhielt es sich mit der philologischen Methode (die jetzt von Thieme und anderen wiedererweckt wird), nach welcher das Wesen jeder gegebenen Gottheit einzig aus der Etymologie des Namens gedeutet wird: sie versagte ihrerseits nicht nur, weil die Etymologie an sich oft zweifelhaft ist, sondern auch, weil ein Gott wie ein Mensch wächst und sich zu einer Gestalt entwickelt, die viel mehr umfaßt als der Name allein. In jüngerer Zeit konzentrierte sich die Aufmerksamkeit auf die ethnologische Betrachtungsweise, welche dazu neigt, sozialen Tendenzen, wie sie in bestimmten Gesellschaftsordnungen existieren, besonderes Gewicht beizumessen und die in den Mythen geschilderte göttliche Gesellschaft durch Analogie mit der Gesellschaftsstruktur der von den Anbetern des jeweiligen Gottes gebildeten Gesellschaft zu erklären.

Diese Methoden sind sämtlich einwandfrei und wertvoll, aber ihrem Wesen entsprechend unvollkommen; nur wenn sie kombiniert werden, besteht die Wahrscheinlichkeit, daß sie wenigstens ein annähernd zutreffendes Bild von der Glaubenswelt geben, in welcher der Inder der Veden sich bewegte. So war zum Beispiel die naturalistische Schule der Ansicht, daß man das Pantheon der Veden grob in drei Klassen von Göttern einteilen konnte: Himmelsgötter, Götter der Luft und Götter der Erde. Die Dreiteilung wird von der ethnologischen Schule übernommen, aber diese sieht die Unterscheidung nicht so sehr in der zwischen Himmel, Luft und Erde, als in der zwischen den drei Klassen, in welche die Gesellschaft der Veden eingeteilt worden zu sein scheint: Brāhmanen (Priester), *Kshatriyas* (Krieger, zu denen auch die ‚Könige' oder Stammeshäuptlinge gerechnet wurden) und *Vaiśyas* (die Masse des gemeinen Volkes, Landvolk und Handwerker). Unglücklicherweise hat der Hauptexponent dieser Richtung, M. Dumézil, diese zu Recht vollzogene Unterscheidung wieder in Unordnung gebracht, indem er eine eigene Funktion der ‚Oberherrschaft' für die Brahman-Priester einsetzte. Das ist überflüssig und entwertet außerdem seine gesamte Beweisführung. Die Dreiteilung der göttlichen Gesellschaft ist nichtsdestoweniger gültig, aber wie so oft in Glaubensdingen, handelt es sich auch hier nicht um einen Fall des ‚Entweder-Oder', sondern um einen der Entsprechung, der Analogie und wechselseitigen Verbindung. So erklärten schon die Inder der Veden selbst, daß die drei großen Klassen der Priester, Krieger und Bauern identisch seien mit dem Feuergott Agni, dem Gott der Krieger Indra und den *viśve devāḥ* oder ‚All-Göttern', wobei das göttliche ‚Volk' dem gemeinen Volk der Menschenstämme entsprach.

Die Mythologie der Veden beschäftigt sich nicht nur mit Naturmythen, mit an Aufgabenkreise gebundene Gottheiten, deren ‚ursprüngliche' Funktion aus der Etymologie ihrer Namen abgeleitet werden kann, und mit der Gesellschaftsstruktur einer Stammesgesellschaft, sondern auch mit der Verschmelzung und Einordnung all dessen in ein geordnetes Ganzes, welches der Veda *ṛta*, ‚die rechte Ordnung' und die ‚Wahrheit', nennt und die späteren Texte mit *dharma* bezeichnen werden. Professor Renou hat daher gewiß recht mit seiner Feststellung, daß Bergaigne, einer der bedeutenden französischen Gelehrten des neunzehnten Jahrhunderts, „uns die richtige Methode gezeigt habe, und zwar die Methode, die im Aufsuchen von Entsprechungen zwischen der Welt der Menschen, die das Opfer darbringen – also dem Mikrokosmos –, einerseits und der ‚ätherischen' Welt der Götter (der Empfänger des Opfers) – dem Makrokosmos – andererseits besteht. Die Pflicht der *Ṛshis* (jener alten Weisen, von denen man glaubte, daß sie den Veda ‚gehört' hatten) war es, für das ordnungsgemäße Funktionieren der Welt und des religiösen Zeremoniells zu sorgen, indem sie die Aufeinanderfolge kosmischer Ereignisse, die *ordo rerum,* in ihren Handlungen wiedererstehen lassen und auch in der Bilderwelt, die sie empfangen haben. Der Ausdruck *ṛta* ist eine Bezeichnung der kosmischen Ordnung, von welcher die Ordnung, die Moral und das gesellschaftliche Verhalten der Menschen abhängen", und diese menschliche Ordnung scheint in der indo-iranischen Gesellschaft auf eine mehr oder weniger strenge Unterscheidung zwischen Priestern, Kriegern und Landvolk gegründet gewesen zu sein. Diesen ursprünglichen drei Klassen wurde später eine vierte hinzugefügt, die der *Śūdras*, der ‚Diener' oder ‚Sklaven'. Das Rohmaterial für diese große Klasse oder Kaste wurde mit ziemlicher Sicherheit aus den Reihen der besiegten vorarischen Völker rekrutiert; so sah man schließlich, daß diese Vierteilung der Gesellschaft einer ähnlichen Einteilung bei den Göttern entsprach.

Aber weder in den Veden noch im späteren Hinduismus gibt es irgend etwas fertig Vorfabriziertes; Feststellungen lassen sich niemals unbesorgt ohne Einschränkungen machen, denn jene alten Weisen neigten bei der Lobpreisung ihrer Gottheiten dazu, diesen Eigenschaften beizulegen, die von anderen Gottheiten entliehen wurden. In dem jeweils angesprochenen Gott sahen sie mit Vorliebe den größten von allen, und diese Haltung führte zur direkten Identifikation des einen Gottes mit dem anderen oder mit allen. „Was nur das *Eine* ist, benennen die Redekundigen vielfach. Sie nennen es Agni, Yama, Mātariśvan" (RV, 1.164.46). Aber so verwirrend diese Neigung auch sein mag, gewisse Götter bewahren trotzdem charakteristische Unterscheidungsmerkmale, die fehl am Platz wirken, wenn sie auf andere Gottheiten übertragen werden.

Von den vedischen Göttern brauchen uns hier nur sechs aufzuhalten: Varuna, Indra, Agni, Soma, Rudra und Vishnu; und zwar Rudra und Vishnu deshalb, weil sie sich später – jeder auf seine Weise – zum höchsten Wesen entfalten sollten, Varuna, weil er allgemein als die höchste ethische Hervorbringung der Inder des Veda betrachtet wird und weil er der himmlische Brāhmane schlechthin zu sein scheint, und Indra schließlich, weil er unter den Göttern der volkstümlichste ist und am häufigsten angerufen wird und weil er unter den Göttern sowohl Kriegerkönig als auch – in der naturalistischen Interpretation seines Tuns – ein Sturmgott ist. Agni und Soma ihrerseits sind Erdgötter insofern, als der eine das Feuer *ist* und der andere Pflanze *ist,* die im Ritual hingeopfert wird. Im Falle dieser beiden besteht kein Unterschied zwischen dem vergöttlichten Objekt des Kultes und dem Gott, dessen äußeres und sichtbares Zeichen der Kultgegenstand ist. Bei beiden läßt sich eine naturhafte Grundlage nicht leugnen.

In Agni kommen göttliche und menschliche Welt der Verschmelzung am nächsten, denn Agni ist der Gott, welcher als Feuer das Opfer verzehrt und es als Priester den Göttern dort oben darreicht: Er ist der Mittler zwischen Göttern und Menschen. So wie seine ‚Geburt' auf Erden durch das Zerbrechen der beiden Reibhölzer bewirkt wird, wobei das obere das männliche und das untere das weibliche darstellt, so ist er in der Perspektive des Makrokosmos der Sohn des Himmels *(Dyaus,* vgl. griech. *Zeus)* und der Erde. Er ist nicht nur der Priester, der Götter und Menschen im Opfer zusammenführt, er ist auch das Element, das die drei Welten verknüpft: Im Himmel wird er stets aufs neue als Sonne wiedergeboren, in der Lufthülle wird er in den Wassern entflammt, nämlich in der Gewitterwolke, und gelangt schließlich in Gestalt des Blitzes zur Erde hernieder, wo sein feuriges Sein von Menschenhand entzündet wird. Seine dreifache Geburt entspricht dem dreifachen Gefüge des Universums; diese Dreiteilung wird uns als Grundthema alles Seins auch in späteren Zeiten immer wieder begegnen. Wieder ist er allgegenwärtig – im Himmel, in der Luft und auf der Erde – und ist ewig: Er ist der erste, der je das Opfer leitete, kein Opferpriester ist älter als er, und doch bleibt er trotz dieses Alters immer ‚sehr jung'. Er ist das Sinnbild für die Erneuerung aller Dinge und das wechselseitige Verknüpftsein aller Dinge. Obwohl er größer ist als Himmel und Erde und alle Welten, auch ein mächtiger König, ist er auch ein demütiger Hausherr: Er ist das häusliche Feuer, das noch heute den Mittelpunkt des Familienrituals darstellt, andererseits ist er Gast in den Wohnstätten der Menschen. Er ist zugleich sehr groß und sehr klein, sehr alt und sehr jung und vereinigt die Gegensätze in sich in einer Weise, die später für die hinduistische Denkweise durchwegs charakteristisch werden sollte. Im Himmel geboren, steigt er zur Erde herab; auf Erden wiedergeboren, verschlingt er als Mund der Götter das Opfer und zieht er als Priester die Götter herab, damit sie am Opfermahl teilhaben. Er ist Begegnungsort der Götter und Menschen und das vereinigende Band zwischen beiden; indem er als Sonne, Feuer und Blitz alles in Himmel, Luft und Erde durchdringt, ist er aber auch der „Nabel der Erde" (RV, 1.59.2), heilige „Mitte" der Familie, des Stammes und letztlich des ganzen Universums.

Die Gestalt Agnis erweist sich unter dem mythologischen Gesichtspunkt als aufschlußreich, denn sie zeigt, wie das Feuer als physikalisches Element einem mythologischen Gefüge Gestalt geben kann, dessen Ziel es ist, ein vollständiges planvolles Gefüge wechselseitiger Verbindungen zwischen der menschlichen Welt von Familie und Stamm einerseits und der großen und so oft feindlichen Umwelt anderseits zu entfalten und beide zu einer natürlichen Einheit zusammenzuknüpfen. Treffpunkt ist der Opferaltar, auf welchem das Feuer als Priester im Namen der Götter das Opfer verzehrt und dadurch ihre Tugend in die Menschenwelt überträgt, deren Stellvertreter der Priester ist.

Ebenso verhält es sich mit Soma. Er ist eine Gottheit mit unbestreitbar natürlicher Grundlage. Sowohl in Indien als auch im Iran waren die Pflanze Soma (iranisch ‚Haoma') und das Feuer unerläßliche Bestandteile der Opferhandlung. Aus den Texten geht hervor, daß die Pflanze von gelblicher Farbe und in den Bergen zu finden war; aus ihrem Saft wurde eine berauschende Flüssigkeit bereitet, die Göttern und Menschen Kraft und langes Leben spenden sollte: Es war der Trank der Unsterblichkeit. In den Hymnen an Soma wird der Vorgang, bei dem der Saft durch einen wollenen Filter in ein mit Milch und Wasser gefülltes Faß gepreßt wird, mit allen möglichen himmlischen Erscheinungen verglichen, mit denen er zunächst nichts zu tun zu haben scheint. Diese Vergleiche, die manchmal eigentlich Identifikationen sind, werden in der späteren vedischen Literatur (den Brāhmanas und den früheren Upanishaden) wiederholt und vertieft und bereiten den Weg für die bedeutendste aller Identifikationen – die der menschlichen Seele mit dem Absoluten an sich –, die dem Hinduismus trotz heftiger und ständig wiederkehrender Gegenströmungen über Jahrhunderte hinweg anhaften sollte. So wird der Wollseiher, durch welchen der Saft der göttlichen Pflanze geseiht wird, mit dem Himmelszelt gleichgesetzt, und das Durchseihen und Ausgießen des Saftes über Wasser und Milch, die ihn aufnehmen, soll jede Art kosmischer Vorgänge stellvertretend darstellen. Weil der Saft flüssig ist, wird er mit dem Regen verglichen und ihm gleichgesetzt, Soma wird der Herr der Ströme und der Sohn der Wasser. Weil die Pflanze von goldener Farbe ist, wird sie mit dem Blitz verglichen, und das durch das Pressen verursachte Geräusch wird mit dem Gewitter verglichen. In Gestalt der Sonne füllt sie Himmel und Erde mit ihren Strahlen. Noch erstaunlicher mag sein, daß sie nicht nur mit einem Stier verglichen, sondern selbst zum Bullen wird, und das Hinabträufeln in die milchige Wasserfülle im Bottich wird mit der Befruchtung einer Kuhherde verglichen. Regen, Sturm, Sonne und Fruchtbarkeit: all das fällt mithin in den Tätigkeitsbereich dieses seltsamen Wesens, das Pflanze und Gott zugleich ist; man sieht den ganzen Kosmos in dieser einzigen Handlung, dem Auspressen der Somapflanze, beschlossen.

Sie Seihe, welche den Saft filtert, wird, wie wir gesehen haben, mit dem Himmelszelt verglichen, ja sie *ist* eigentlich der Himmel. Der Soma ist „im Nabel des Himmels . . . in der Schafwolle" (RV, 9.12.4), er „durchläuft, sich läuternd, die Lichter des Himmels, die Schafwolle" (ibid., 9.37.3) oder „läuft mit der Sonne um die Wette, am Himmel sich läuternd, in der Seihe" (ibid., 9.27.5). In keinem dieser Bilder spürt man irgendein Mißverhältnis, denn die kultische Handlung schafft eine magische Beziehung zum gesamten Kosmos, und die wollene Seihe wird so zur Mitte des Universums, sie wird eins mit dem Himmel. So kommt es, daß die goldene Pflanze, obwohl sie auf den Bergen der Erde zum Leben erwacht, auch „des Himmels Kind" (ibid., 9.38.5) ist, und obwohl sie „dem Kruge entgegenwiehernd rinnt", ist sie auch „des Himmels Herr in hundert Strahlen" (ibid., 9.86.11).

All dies und anderes mehr hat seinen Ursprung letztlich im ritualen Auspressen und Seihen der Somapflanze. Der filtrierte Soma war indes im höchsten Maße berauschend und befeuerte die Götter zu bedeutenden Taten gegen ihre Feinde und die Feinde des arischen Volkes. Der mit Soma in engste Verbindung gesetzte Gott ist Indra, der Krieger-Gott par excellence; und weil ihm der übermäßige Genuß von Soma die zur Überwindung seiner Feinde nötige Kraft verleiht, wird Soma zum mächtigen Krieger, und in gleichem Maße, wie Indra sich im Pantheon einer Art Vorrangstellung nähert, wird auch der Soma mit seiner Schöpfergabe in Verbindung gebracht. Durch Assoziation und Querverbindung hat jeder Gott am Wirken seiner Genossen teil: Ein jeder verschmilzt mit dem anderen, und endlich wird jeder im All aufgehen.

Gegen Ende der Rig-Veda-Epoche war Indra zum größten aller Götter aufgestiegen. Wie Agni und Soma ist er ein ambivalentes Wesen. Lange Zeit wurde er vor allem als Gott des Sturmes angesehen; später wurde seine Würde als Kriegergott der Arier betont, und noch später wurde seine konstruktive Kraft, Ordnung in einer zerrütteten Welt wiederherzustellen, in den Vordergrund gerückt. Andererseits glauben manche, die latente Spannung, die zwischen ihm und dem anderen großen Gott des Veda, Varuna, besteht, sei eine Widerspiegelung einer echten Spannung, die zwischen den Brāhman-Priestern und den Kshatriya-Kriegern in ihren gesellschaftlichen Beziehungen auf Erden besteht. Mythologie im griechischen Sinne des Wortes ist im Rig-Veda selten zu finden, indes stellt Indra die Ausnahme zur Regel dar, denn er wird ständig in mythologische Kämpfe verwickelt. Sein Widersacher im Kampf wird gewöhnlich *Vṛtra* genannt, Indras ständiger Beiname ist *vṛtra-han*, der ‚Schläger des Vṛtra'. Aber *vṛtra* (als Neutrum) wird auch in allgemeiner Bedeutung als ‚Hinderung, Versperrung' oder – nach Gershevitch – als ‚Kraft' gebraucht. So ist Indra im wesentlichen der ‚Brecher der Widerstandskraft (seiner Feinde)', der ‚Zerstörer ihrer Kraft'. Vṛtra, der ‚Umfassende', ist der Dämon, der das Wasser einkerkert, und als solcher kann er als der Dämon der Trockenheit angesehen werden; aber er ist auch der Herr über neunundneunzig Festen, was den Gedanken nahelegt, er sei ein irdischer Feind. Wie dem auch sei – die hervorragendsten Episoden aus dem Mythos berichten, daß Indra die Festungen zerschmettere und Vṛtra erschlage:

Das Wasser wird erlöst, die Sonne kann wieder scheinen, Vṛtras riesige Viehherden werden befreit.

Dieser Mythos läßt sich auf dreierlei Weise deuten. Einmal ist Indra einfach der Krieger-Gott der Arier, und Vṛtra (der auch im Neutrum Pluralis erscheint) bedeutet einfach die zu überwindende Widerstandskraft des Feindes. In diesem Falle sind die Berge, die Indra zerschmettert, feindliche Festungen, die Flüsse, die er befreit, die Flüsse des Industals, das von den Ariern überrannt wurde, während das Vieh, das er freiläßt, keine mythologische Verkörperung des Wassers oder der Sonnenstrahlen darstellt, wie manche auslegen, sondern ganz wörtlich Vieh, das durch die siegreichen Arier ‚befreit' wurde. Im zweiten Falle ist es eine mythologische Erklärung des Gewitters, in der Vṛtra als Dämon der Trockenheit erscheint, Indras Keule als der Donnerkeil, der das Wasser befreit, die Dunkelheit zerstreut und die Sonne wieder scheinen läßt. Die dritte Möglichkeit umschreibt die gewaltsame Wiederherstellung der kosmischen Ordnung, die zeitweilig gestört war. Der durch Vṛtras Einschließung des Wassers zum Chaos herabgewürdigte Kosmos wird wiederum erlöst, Indra kann die Welt neu schaffen und formen. Keine dieser Deutungen fügt sich nahtlos dem Mythos an, aber das dürfen wir gar nicht erwarten. Den eindringenden Ariern mag es ohne weiteres erschienen sein, daß die Eroberung neuer und fruchtbarer Landstriche und die dadurch bedingten Kämpfe sowohl die kosmische Neuschöpfung jungen Lebens aus einem abgesunkenen Universum als auch die Heftigkeit des Gewitters ‚nachahmten', das der Vorbote erneuerten Lebens ist. Manchmal ist Indra, der mit blondem Haar und Bart stärker vermenschlicht wirkt als irgendein anderer Gott, einfach der oberste Kriegsherr der Arier, der die Dasyus oder Dāsas, die vor-arische Bevölkerung des Industals, niederringt und unterwirft; in dieser Eigenschaft wird er eher als ‚Mann' *(nara)* bezeichnet denn als Gott. Zu anderen Gelegenheiten ist er viel mehr als das, denn die Tötung des Vṛtra führt nicht nur zur Erlösung des Wassers und zur Befreiung des Viehs, sondern auch zur Wiederherstellung der Ordnung in der Welt. In dieser Eigenschaft nähert er sich schon dem Wesen eines Schöpfergottes.

In mancher Hinsicht nimmt Indra Krishna vorweg, den menschgewordenen Gott des großen Epos, denn wenn er auch zum Range eines Königs der Götter (im klassischen Sanskrit bedeutet das Wort *Indra* einfach ‚Herr' oder ‚König') aufsteigen sollte, sind seine Anfänge doch bescheiden und seine Wesensart offensichtlich menschlich: Bis zum Ende bleibt er ein Held, wenn auch ein mit allen Attributen der Gottheit ausgestatteter Held – er ist der Herakles der vedischen

Mythologie. Wie bei Herakles und übrigens auch bei Krishna ist Indras Kindheit mit Schwierigkeiten überhäuft. Er wird nicht auf die übliche Weise geboren, sondern entspringt der Seite seiner Mutter. Einmal zur Welt gekommen, ist er niemandem erwünscht und wird von allen gefürchtet; seine Mutter versucht, ihn zu verstecken, und überläßt ihn seiner eigenen Umsicht, wie ein „ungelecktes Kalb" (RV, 4.18.10). „Unter den Göttern fand (er) keinen Erbarmer" (RV, 4.18.13), denn Indra war ein Held von furchterregender Leibeskraft, der die ältere Ordnung aller Dinge umzustürzen drohte. Bei seiner Geburt befiel Gebirge, Himmel und Erde ein Zittern, alle Götter fürchteten sich. Kaum geboren, beraubt er schon Tvashṭṛ, seinen Vater, des Soma und nimmt sofort einen ungeheuer tiefen Zug davon, der „hundert Kühe wert" ist. Derart gestärkt, dehnt sich seine Gestalt zu solchen Ausmaßen, daß sie die beiden Welthälften erfüllt; sofort erschlägt er Vṛtra, das heißt, er zerstört alles, was ihn behindert, und gibt den Gewässern freien Lauf. Daraufhin wendet er sich seinem Vater zu, den er „am Fuße packt und zerschmettert" (RV, 4.18.12).

Im kosmischen Bereich kann dieser Mythos nur bedeuten, daß Indra eine ältere kosmische Ordnung, die verfällt, zerstört. Dabei handelt es sich um einen Vorgang, der in alle Ewigkeit stattfindet, denn Indras Geburt, das Hinabgießen des Soma, die Tötung des Vṛtra und die Befreiung des Wassers finden gleichzeitig statt. Dieser kosmische Kampf wird in dem Kampf der arischen Eindringlinge mit den Dāsas, der selbst eine Form des Opfers ist, widergespiegelt und erneut vollzogen. Daneben ist vielleicht noch eine dritte Deutung des Mythos möglich, denn Tvashṭṛ, Indras Vater, wird anderswo mit Varuna identifiziert, dem All-König, der durch Zauberkraft regiert, und zwischen beiden besteht den ganzen Rig-Veda hindurch eine spürbare Spannung. Varunas Wesensmerkmale sind, wie wir sehen werden, die eines Brāhman-Priesters, dessen Macht ihre Wurzel im heiligen Wort hat, während Indra unter anderem offensichtlich die Personifizierung des Kriegerstandes darstellt. Der vorgestellte Mythos und die Rivalität, die zweifellos zwischen Indra und Varuna besteht, mögen ohne weiteres den Kampf darstellen – er wird nie gänzlich entschieden –, der zwischen den beiden höheren ‚zweimalgeborenen' Kasten, den Brāhmanen und den Kshatriyas, ausgetragen wird.

Indra ist der Held, *vīra* (vgl. lat. *vir*), der ‚männlichste der Männer'; und so rasch sein Aufstieg zur Vorrangstellung im Pantheon der Veden auch vonstatten gegangen sein mag, bleibt er doch bis zum Schluß ein Held, ein Gottmensch, nicht ausschließlich Mensch oder nur Gott. Er ist in sehr realem Sinne der vedische Vorläufer des Krishna aus dem großen Epos. Seine Beziehungen zu den Menschen sind sehr eng: Er ist ihnen ‚Freund', ‚Bruder', ‚Vater und Mutter'. Er ist ungeheuer freigebig und braust leicht zornig auf – typischer Gott der Krieger –, seine Günstlinge sind nicht die im Rig-Veda so oft erwähnten priesterlichen Familien, sondern kämpfende Männer. Sein Durst nach Soma ist nahezu unstillbar, nicht anders ist sein Hunger nach dem Fleisch der Stiere beschaffen. Seine Kraft ist unermeßlich, seine Freigebigkeit kennt keine Grenzen, denn er verteilt ja die Kriegsbeute.

Indras ständige Gefährten sind die Maruts. Wie er sind auch sie jugendliche Krieger, aber sie sind daneben noch die Geister des Gewitters. Während nämlich Indras Deutung als Sturmgott oft sehr gewaltsam konstruiert wird, läßt sich die enge Verbindung der Maruts mit Donner und Blitz, Wind und Regen nicht leugnen, werden sie doch allzu oft im Zusammenhang mit diesen Erscheinungen erwähnt, wenn sie diese nicht gar selbst verkörpern. Sie halten den Blitz in Händen, er ist ihr Speer. Ihre goldrädrigen Streitwagen glänzen im zuckenden Licht des Blitzes, wenn sie wie der Sturmwind dahinbrausen. Sie schütten den Regen in Strömen hinab und schaffen so Dunkelheit und bedecken das Auge der Sonne. Sie sind unverkennbar Gewittergötter. Allerdings wurde die Vermutung geäußert, es handle sich bei den Maruts um das himmlische Gegenstück zu einem Bund junger Stammesangehöriger – wir würden von einer Kommandotruppe sprechen –, die dem Kriegerkönig persönlich zugeteilt war. Jedenfalls sind sie fast ebenso vollständig vermenschlicht wie Indra selbst, ihre Gewohnheiten sind recht seltsam. Sie lieben es, sich mit goldenen Ornamenten zu schmücken, einander sauberzuscheuern und einander den Rücken abzulecken. Sie sind unberechenbar und heiter, aber auch zornig wie die Schlangen. Sie sind stets anwesend, wenn Vṛtra erschlagen wird, und stacheln den großen Indra durch ihre Gesänge an.

Während also nicht der geringste Zweifel daran bestehen kann, daß die Maruts Sturmgötter sind, die wie der Blitz zugleich verspielt und schrecklich sind, die mit den Stimmen des Windes und des Donners singen und unermeßliche Regengüsse ausschütten, besteht kein Grund zu bestreiten, daß die Erscheinungsformen des Sturmes vielleicht an das Verhalten des arischen Elitekorps auf der Erde erinnert haben könnten. Im kosmologischen Bereich verkörpern sie vielleicht auch die Kräfte der Erneuerung und Wiedergeburt, die der Zerstörung der alten Ordnung folgen, denn wie Indra sind auch die Maruts ewig jung.

Somit repräsentieren Indra und die Maruts sowohl die ewige Erneuerung des Kosmos durch die gewaltsame Zerstörung der alten, einengenden Ordnung, die alljährliche Erneuerung des irdischen Lebens mit der Ankunft der Regenzeit, als auch die Unterjochung der irdischen und himmlischen Feinde der Arier. Indra selbst ist auch die Vergöttlichung des kämpfenden Helden, des Kshatriya.

Anders als Varuna, der König ist kraft göttlichen Anrechts, ist Indra König durch das Recht des Siegers: Er ist König, weil er Vṛtra bezwungen hat; er ist der „Anführer der menschlichen Völker und der göttlichen Stämme", denn er „wehrte den Vṛtra ab *durch das Mittel der Stärke*" (RV, 3.34.2–3). Und gerade durch diese heldische Tapferkeit überragt er, der Unwiderstehliche, alle Götter (ibid., 3.46.3). Die älteren Götter werden seiner göttlichen Glorie und königlichen Würde unterworfen (ibid., 7.21.7), keiner vermag seine Taten und Absichten zunichte zu machen. Selbst die Maruts bekennen: „Nicht ist einer, der dir gliche, unter den Göttern bekannt – weder einer, der noch geboren wird, noch ein Geborener" (ibid., 1.165.9). Er ist jetzt sowohl All-Herrscher *(saṁrāj)* wie Varuna als auch rechtmäßiger König *(svarāj):* Er ist König über Götter und Menschen, „der Herr all dessen, was lebt, was atmet", (ibid., 1.101.5) und „für die ganze Welt das Auge des Auges" (ibid., 10.102.12). Er ist die Personifizierung des Triumphs der Elementargewalt, der Krieger, der seine Königswürde der Kraft des eigenen Arms verdankt.

Indra hat sich seine Königswürde angemaßt, Varuna hingegen, der große *Asura*, der Hüter des kosmischen Gesetzes, war von Anbeginn Weltherrscher. Selbst zur Zeit der Indoeuropäer wurden die Götter in zwei Klassen eingeteilt, die *devas* und die *asuras* (im Iranischen *daēvas* und *ahuras).* Im Iran wurde dann die entschiedene Trennung vollzogen, die *ahuras* verschmolzen in die Gestalt Ahura Mazdāhs, des Weisen Herrn, des Schöpfers des Himmels und der Erde, während die *daēvas* zu Dämonen herabsanken. In Indien ereignete sich gerade das Gegenteil. Im Rig-Veda wird keine ausnahmslos gültige Unterscheidung gezogen, aber der Ausdruck *asura* wird vor allem auf die Gruppe der höchsten Götter, genannt *Ādityas*, angewandt, deren Haupt Varuna ist, der *asura* par excellence und Herr des Universums, während Indra, Agni, Soma und die meisten übrigen Götter vornehmlich *devas* genannt werden. Indras Aufstieg vollzieht sich im Rahmen eines umfassenderen Entwicklungsprozesses, in dessen Verlauf die *devas* allmählich die *asuras* als regierende Macht im Universum verdrängen. So bedeutet das Wort *asura* bereits in der spätesten Schicht des Rig-Veda und im

Atharva-Veda Dämon, und diese Bedeutung hat es seither beibehalten.

Erste Anzeichen dieses Konfliktes sind schon im Rig-Veda sichtbar. Zwischen den beiden großen Göttern Indra und Varuna herrschte zunächst Eintracht, aber das Zusammenwirken verwandelt sich bald in Rivalität, und die Nebenbuhlerschaft führt zur Niederlage des Asura-Königs. Im Rig-Veda 7.82–85 wirken die beiden Götter gemeinsam, aber ihre Funktionen sind grundverschieden. Gemeinsam werden sie angerufen, die Dāsas zu schlagen, aber jeder soll dies auf die ihm eigene unterschiedliche Weise tun. Indra fällt den Gegner im Kampf, Varuna überwindet ihn, indem er über das kosmische Gesetz wacht. Varuna gegenüber sind alle Schuldbeladenen zu Ehrerbietung verpflichtet, während sich Indra damit begnügt, mit den Maruts unter großem Gepränge dahinzureiten. Varuna ist als Hüter des Gesetzes und der Wahrheit leicht zu erzürnen, während Indra seinen Freunden weiträumige Wohnsitze schenkt. Varuna ist Weltenherrscher, Indra ist Monarch aus eigener Machtvollkommenheit *(svarāj)*. Bis zu diesem Punkt gibt es zwar Gegensätze, aber keinen Zwist. In einem anderen Gesang (RV, 4.42) jedoch tritt die Rivalität zwischen dem *deva* und dem *asura* offen zutage: Varuna wendet sich an Indra mit der ausdrücklichen Feststellung seiner absoluten Oberherrschaft:

„Ich Varuna bin der König", sagt er, „mir waren zuerst die Asurawürden bestimmt. ... Ich Varuna bin (auch) Indra. Diese beiden weiten tiefen, festgegründeten Räume kenne ich in ganzer Größe (und) alle Geschöpfe wie Tvashtṛ; ich habe die beiden Welten zustande gebracht und erhalte sie. Ich ließ die triefenden Gewässer anschwellen, im Sitz des (ewigen) Gesetzes halte ich den Himmel. Nach dem Gesetz ist der Sohn der Aditi (Varuna) der gesetzmäßige (Herr) und er hat die Erde dreifach verbreitert."

Varuna gründet seinen Anspruch auf unumschränkte Herrschaft auf das Gesetz (*ṛta*, das vedische Gegenstück zum späteren *dharma*); Indra hingegen beruft sich auf nackte Gewalt:

„*Mich* rufen die Männer *(naraḥ)*, die gut zu Roß wettfahren, an, mich, wenn sie in der Schlacht umringt sind. Ich errege den Streit, ich der freigebige Indra; ich wirble Staub auf, bin von überwältigender Stärke. Ich habe das alles getan; keine göttliche Macht hält mich, den Unwiderstehlichen, auf. Wenn mich die Somatränke, wenn mich die Lieder berauscht haben, dann bekommen die beiden unbegrenzten Räume Furcht."

All das läßt Varuna gelten, aber er dankt nicht ab: Immer noch ist er der unumschränkte Weltherrscher, der kraft des Gesetzes regiert.

Bei der Lektüre der Gesänge des Rig-Veda wird immer deutlicher, daß Indras Sieg mit nichts so große Ähnlichkeit hat wie mit einer Sicherung der Nachfolge. Attribute, die vorher Varuna eigen gewesen waren, gehen nun auf Indra über. Varuna ist der Hüter des Gesetzes, der kosmischen Ordnung und der Wahrheit *(ṛta)*, der geschworene Feind aller Falschheit – er ist es, der die Sünde bestraft. Daher maßt sich Indra ebenfalls die Verwaltung des Gesetzes an (RV, 1.133.1). Aller Falschheit bar (ibid., 3.32.9), „verbrennt er all die großen Lügengeister" (ibid., 1.133.1), schärft seine Pfeile gegen die Lüge und vertreibt unsere Sünden (ibid., 4.23.7). Selbst die Wunderkraft oder List *(māyā)*, die Varuna kennzeichnet, geht auf ihn über, und zur Krönung verleihen ihm alle Götter den Rang eines *asura*, dessen er sich durch die Vernichtung Vṛtras würdig erwiesen hat.

Als *asura* wird er zum Schöpfer und Erhalter des Universums, das er noch überragt, denn die beiden Welten kommen nur der Hälfte seines Wesens gleich. Himmel und Erde werden auch als sein Gürtel dargestellt. Das ist bereits für späteres kosmologisches Denken typisch: Der höchste Gott durchdringt das ganze Universum, er überragt es aber auch schon, das All ist nur ein Bruchteil seiner selbst. Erschaffung bedeutet jedoch in Indien niemals Schöpfung *ex nihilo*, sie begreift vielmehr die Ordnung einer bereits existierenden Materie in eine dem Intellekt durchschaubare Form. In diesem Sinne schafft Indra Himmel und Erde, aber Himmel und Erde können ihn auf keine Weise umfassen oder enthalten.

Indras Erhöhung zur Würde eines *asura* rettete jedoch diese göttliche Rangklasse nicht vor der Degradation. Ihr Abstieg wird an der Gestalt Varunas selbst auf bewegende Weise in RV, 10.124 beschrieben, wo Agni, der göttliche Priester, Varuna um Indra willen verläßt.

Indra spricht: „Agni! Komme zu diesem unserem Opfer, das fünf Gänge, drei Schichten, sieben Fäden hat! Du sollst unser Opferfahrer und Anführer sein. Schon zu lange hast du im währenden Dunkel gelegen."

Und Agni erwidert: „Heimlich mich davon machend gehe ich, der Gott, von dem Ungott, die Unsterblichkeit vor mir sehend. Wenn ich ihn, der freundlich war, unfreundlich verlasse, so gehe ich von der eigenen Freundschaft zu der fremden Sippe. ... Ich sage dem Vater Asura ein freundliches Wort: Von dem Ausschluß vom Opfer gelange ich jetzt zu einem Anteil am Opfer. Viele Jahre war ich in ihm tätig. Da ich Indra erwähle, verlasse ich den Vater."

Indra spricht: „Die Asuras sind jetzt ihrer Zauberkraft *(māyā)* verlustig gegangen. Wenn du, Varuna, mich lieben willst, so tritt, o König, der das Unrechte vom Rechten scheidet, die Oberherrschaft meines Reiches an!"

Der Dichter erklärt sodann: „Varuna ließ die Gewässer frei, da er keine Macht mehr besaß. ... Diese folgen seiner höchsten Indramacht; er wohnt bei ihnen, die sich nach eigenem Ermessen ergötzen. Während sie ihn wie die Clane ihren König erwählten, haben sie sich spröde von Vṛtra abgewandt."

Wie alle Götter ist auch Varuna seinem Wesen nach ambivalent, und dies wird nirgends deutlicher als hier. Obwohl er Hüter des Gesetzes ist, welches mit Gerechtigkeit und Wahrheit gleichbedeutend ist, nimmt er nichtsdestoweniger seine Zuflucht zur List *(māyā)*, wie dies Vṛtra und andere Feinde der Götter tun. Es dürfte daher nicht ganz und gar überraschend sein, daß er in diesem Gesang mit ebendiesem Vṛtra tatsächlich oder scheinbar identifiziert wird. Und doch besitzt Varuna eigenständige Bedeutung, weil er einerseits beanspruchen kann, ein ausschließlich ethischer Gott zu sein – was für Indra und alle übrigen zweifellos nicht gilt –, weil er der Hüter des *ṛta* ist, des vedischen Vorläufers des späteren *dharma*, und weil ihm andererseits Attribute zukommen, die nach seinem Verblassen von Rudra-Śiva, dem Großen Gott eines späteren Zeitalters, übernommen werden.

Varuna ist ein Weltenherrscher, er teilt diesen Status mit einem weiteren höchsten Gott: Mitra. Wir haben festgestellt, daß *Vṛtra* ursprünglich nichts weiter als Hindernis bedeutete und daß der Drache Vṛtra, den Indra erschlägt, nichts weiter als eine Verkörperung dieser Vorstellung ist. So bedeutet auch *mitra* (Neutrum) ursprünglich Vertrag, und Mitra ist damit in erster Linie die Verkörperung des Vertrages. Varuna leitet seinen Namen wahrscheinlich von derselben Wurzel her wie Vṛtra: *vṛ-*, einhüllen, und man hat die Vermutung geäußert, daß er den Eid verkörpert. In diesem Zusammenhang ist es vielleicht bemerkenswert, daß schon im Rig-Veda eine ständige Ambivalenz zwischen dem Persönlichen und dem Unpersönlichen besteht. Die Götter sind sowohl physische Erscheinungen wie Agni und Soma und ethische Begriffe wie Mitra und Varuna, als auch deren anthropomorphe Entsprechungen; sie sind sowohl alles durchdringende Wesenheiten als auch konkrete Wesen mit genau umrissenen physischen und moralischen Qualitäten. Diese Ambivalenz zwischen Persönlichem und Unpersönlichem wird in verschärfter Form in den Upanishaden und im klassischen Hinduismus wiedererscheinen, sobald die Beschaffenheit des höchsten Wesens untersucht wird, wenn es also – mit Martin Buber – um die Frage geht, ob man den Gott als ein ‚Du' oder ‚Es' nennen soll.

Wie auch immer die Etymologie zu Varunas Namen lauten mag, im Rig-Veda ist er eine unzweifelhaft persönliche Gottheit: Er ist der Bewahrer des *ṛta,* des Gesetzes und der Wahrheit im Kosmos. *Ṛta* ist das vedische Äquivalent des späteren *dharma* und läßt sich ebenso schwer durch eindeutige Begriffe fassen. Es ist das Gesetz, welches das All regiert, das Gesetz, welches im Ritual und bei der Opferhandlung wirksam ist, und schließlich das Sittengesetz, welches mit gleicher Unparteilichkeit das Verhalten der Menschen regelt. Die ‚Sünde' *(enas, agas)* ist eine Verletzung des Gesetzes, es kann sich dabei entweder um ein Versehen im Ritual oder um ein ‚Mißverständnis' des Sittengesetzes handeln. In beiden Fällen wird der Verstoß als Beleidigung Varunas angesehen.

Die ausschließlich physischen Wesenszüge, die Varuna zugeschrieben werden, scheinen von zweitrangiger Bedeutung zu sein, und es ist durchaus unklar, warum er sogar im Rig-Veda mit Wasser und Regen in enge Beziehung gesetzt wird. Wie Indra läßt Varuna die Flüsse fließen und wie die Maruts läßt er Regen vom Himmel strömen; aber in der Art und Weise, in der diese Gottheiten die gleiche Funktion ausüben, besteht ein deutlicher Unterschied. Indra muß einen schrecklichen Kampf bestehen, um die Gewässer zu befreien, Varuna gelingt dies mühelos durch seine ‚Zaubermacht' *(māyā).* Die Hervorbringung des Regens durch die Maruts wird immer von einem Höchstmaß an Gewalttätigkeit, Lärm und Aufruhr begleitet, Varuna aber braucht nur seine *māyā* in Anspruch zu nehmen. Indra und die Maruts sind Krieger, Varuna ist der leidenschaftslose Priesterkönig, der seine Macht nicht aus physischer Kraft, sondern aus der Magie ableitet.

Varuna ist Herr des Alls: Er ist in jeder Hinsicht ein orientalischer Monarch. Sein von tausend Säulen getragenes goldenes Haus befindet sich im Himmel, und dort sitzt er und überschaut die Taten der Menschen. Die Sonne, sein Auge, ist auch sein Späher: Sie sieht alles, was geschieht, und berichtet es Varuna und Mitra, den beiden Monarchen. Wie die indischen Könige späterer Zeiten hält Varuna eine Unmenge von Spähern, die ‚nie getäuscht und weise' sind und einzig die Aufgabe haben, von den Missetaten der Menschen zu berichten.

Varuna ist der Hüter des Gesetzes, das er selbst aufgerichtet hat, er bringt Ordnung in einen chaotischen Kosmos. „Der allwissende Asura hat den Himmel gestützt und die Ausdehnung der Erde abgemessen. Alle Welten nahm der Oberkönig in Besitz" (RV, 8.42.1). Sobald die Welten eingerichtet sind, werden sie durch sein Gesetz voneinander getrennt und an Ort und Stelle festgehalten, Sonne, Mond und Sterne folgen ihrer regelmäßigen Bahn in Übereinstimmung mit seinen Vorschriften. Er steht ja dem Naturgesetz vor und erhält den regelmäßigen Rhythmus in seinem wohlgeordneten Reich. Die Anweisungen des Varuna sind festgelegt und unabänderlich, nicht einmal die Götter können sie überschreiten. Er und Mitra sind die Hüter des *ṛta* (Gesetz, kosmische Ordnung und Wahrheit), „die Herren der Wahrheit, des Lichts, die durch Wahrheit Wahrheitsmehrer sind" (RV, 1.23.5).

Ṛta, dessen Hüter Varuna ist, läßt sich als ‚kosmische Ordnung', ‚Gesetz', ‚Wahrheit' oder ‚Wirklichkeit' übersetzen. Es ist sowohl das geordnete All in seinem Sosein als auch die Ordnung, die es durchdringt; und diese Ordnung kann auf das sittliche Verhalten der Menschen genauso angewendet werden wie auf den Makrokosmos des Himmels und der Erde und auf das Opfer, das den Makrokosmos im kleinen spiegelt. Aber ein Unterschied bleibt. Die Ordnung des Himmels und der Erde, der Zeitalter und Jahreszeiten, die unter Varunas Leitung ihrem regelmäßigen Lauf folgen, ist wahrnehmbar und bestimmt, während der Sittenkodex, von dem sich die Menschen leiten lassen sollen, nur teilweise bekannt ist, denn „die Götter lieben das Verborgene und hassen das Augenfällige", und Varuna stellt keine Ausnahme zur Regel dar.

Varuna ist ‚listig' – *māyin* –, d. h. im Besitz von *māyā* oder Zaubermacht, und aus diesem Grund muß man sich ihm voll Furcht und mit äußerster Vorsicht nähern. Die Menschen wissen, daß Varunas unwandelbare Vorschriften existieren, aber sie wissen nicht, wie sie lauten. Varuna ist ein ‚moralischer' Gott, wie europäische Gelehrte nicht müde werden, uns zu erläutern, aber die Beschaffenheit seines Sittengesetzes bleibt verhüllt. Daher sündigen die Menschen im Dunkeln, und während sie sündigen, umstrickt sie Varuna mit seinen ‚Fesseln' und sucht sie mit seinem Zorne heim. Die Sünde ist die Fessel, mit der Varuna die Menschen umfängt, und was er im Zorne fesselt, kann er in seiner liebenden Güte wieder lösen. „Löse die oberste Schlinge von uns, o Varuna, löse die unterste ab, löse die mittlere auf!" (RV, 1.24.15) ruft der Sünder. „Dann wollen wir, Sohn der Aditi, in deinem Dienste vor Aditi sündlos sein." Dieses Festbinden und Auflösen der Fesseln der Sünde ist im Rig-Veda Vorrecht des Varuna und des Mitra allein; und die heilige Scheu, die *Angst,* die gottesfürchtige Demut, welche diese ‚Schlingen' einflößen, steht in dem ganzen Corpus der Vedenliteratur einzig da. Solches Schuldbewußtsein, solches ehrfürchtige Erschauern im Angesichte eines gerechten, aber unerforschlichen Gottes wird uns erst wieder begegnen, wenn wir zu den erbaulichen Gesängen der tamilischen Heiligen gelangen, die zwischen dem sechsten und zehnten Jahrhundert in Südindien wirkten. Im Falle Varunas aber wird die heilige Scheu nicht durch Liebe gemildert, sie wird nur von der Hoffnung auf Vergebung beschwichtigt. Dieses ruhelose Bewußtsein eines aus Unwissenheit begangenen Unrechts und die Hoffnung auf Vergebung und Erlösung von unfaßbaren Banden spricht in höchst eindringlicher Weise aus dem Gesang in RV, 7.86.

> Erst durch seine Größe (sind) die Geschöpfe weise (geworden), der die beiden Welten, obwohl sie so weit sind, auseinander gestemmt hat. Er hat hoch nach oben den Himmel gestoßen, doppelt dem Himmelsgestirn (einen Anstoß gegeben), und er hat die Erde ausgebreitet. Und ich gehe mit mir selbst darüber zu Rate: Wann werde ich wohl dem Varuna nahe kommen? Wird er frei von Groll sich meines Opfers freuen? Wann werde ich wohlgemut seine Gnade schauen? Ich frage mich neugierig nach der Sünde, ich wende mich an die Kundigen, sie zu befragen. Auch die Weisen sagen mir ganz dasselbe: Dieser Varuna grollt dir. Was war das größte Vergehen, Varuna, daß du deinen Freund, den Sänger, töten willst? Sage mir das an, du Untrüglicher, Eigenmächtiger! Ich möchte (dem) zuvorkommend von Sünde befreit unter Verbeugung die Abbitte tun. Erlaß uns die väterlichen Sünden, erlaß uns, was wir selbst getan. Laß, o König, den Vasishtha los, (der gebunden ist) wie ein Dieb, der Vieh stiehlt, laß ihn los wie das Kalb vom Stricke. Nicht ist die Verfehlung eigener Wille, o Varuna; es ist der Branntwein, der Zorn, der Würfel und Unverstand! Der Ältere ist an der Verfehlung des Jüngeren (schuld). Selbst der Schlaf ist kein Ablenker des Unrechts. Ich will dir dienstbar sein wie ein Knecht dem Lohnherrn, ich dem ungeduldigen Gotte, von der Sündenschuld befreit.

Wie der *dharma* späterer Zeiten ist Varunas *ṛta* ‚subtil' und ‚schwer zu begreifen'. Der Mensch ist an die Sünde gekettet, ihn binden Varunas Schlingen, und nur Varuna kann ihn erlösen; er aber begreift nicht das Wesen dieser Gefangenschaft. Wir werden feststellen, daß die Menschen im klassischen Zeitalter auf eben solche Weise von den ‚Schlingen' des *dharma* an sich oder von denen der Zeit oder von denen des großen Gottes Śiva umstrickt sind. Varuna wurde durch Indra entthront und zum Rückzug in die Vergessenheit gezwungen, aber seine Vorschriften und sein *ṛta*, Ordnung, Wahrheit, Rechtschaffenheit und das Gesetz des Kosmos, sollten in dem ‚subtilen' *dharma* späterer Zeiten weiterleben, seine *māyā*, die ‚Zaubermacht', durch die er wirkt und handelt, sollte in die Schöpferkraft des Rudra-Śiva umgewandelt werden, später dann in die Täuschung, die uns glauben macht, daß die Erscheinungswelt wirklich sei. Seine ‚Schlingen' aber sollten nicht so sehr als Verkörperung der Sünde als vielmehr als das Symbol unserer irdischen Existenz an sich weiterbestehen. Sie werden die Fesseln, die den Menschen in einer vergänglichen und elenden Welt an Wiedergeburt und ebenso vielfältigen Tod ketten – Fesseln, die ein unerforschlicher Gott knüpft und die nur er allein wieder lösen kann. Varuna trat sehr bald vom Mittelpunkt der Bühne ab, aber was in ihm am reinsten sein Wesen verkörperte, sollte auf den großen Gott Śiva übergehen, die beunruhigendste und am stärksten vom Numinosen geprägte Gestaltwerdung des Göttlichen, die der Hinduismus je hervorbringen sollte.

Rudra, für den ‚Śiva', der ‚gütige' oder ‚wohltuende', anfangs nur einen Beinamen darstellte, war selbst eine vedische Gottheit. In gewisser Hinsicht ist er eine übersteigerte Wiederholung Varunas. Varuna erweckt sowohl Grauen als auch die Hoffnung auf Erlösung vom Grauenvollen; Rudra flößt Schrecken ein, aber höchst paradoxerweise auch eine wehrlos dem Schrecklichen und seiner Faszination geöffnete Empfindlichkeit. „Er kann töten und lebendig machen; er kann schlagen und kann heilen; und ist niemand, der aus seiner Hand errette." Die Worte des Deuteronomiums gelten für Rudra ebenso wie für Jahwe. Rudra erscheint in der Umwelt des Rig-Veda befangen; er wird selten mit anderen Göttern in Verbindung gebracht mit Ausnahme der Maruts, die auch ‚Rudras' heißen und seine Söhne sind. Er, der göttliche Bogenschütze, wandelt einsam seine Bahn und sucht jemanden, den er verschlingen kann. Er, „der Asura des großen Himmels" (RV, 2.1.6) und Allherrscher, schießt seinen Pfeil auf wen er will, und seine Pfeile bringen Tod und Krankheit, „Fieber, Husten und Gift" (AV, 11.2. 22). Selbst die Götter fürchten, er könnte sie vernichten, denn es gibt nichts Stärkeres als ihn. Er ist so zornig und unberechenbar, daß sogar jeder Fußfall seiner Verehrer ihn in Zorn versetzen kann oder ein unbeholfen abgefaßter Lobgesang. Der Zorn eines solchen Gottes läßt sich nie ganz besänftigen, und was bestenfalls zu hoffen bleibt, ist, daß seine Pfeile in eine andere Richtung gelenkt werden, vorzugsweise gegen die Feinde, die man hat. Ist Rudra schon im

Rig-Veda schrecklich und einer, „der wie ein wildes Tier aufspießt" (RV, 2.33.11), so zeigt er sich in den späteren Veden und den Brāhmanas noch weit fürchterlicher. Dort ist er „schwarz, dunkelhäutig, mordlustig und fürchterlich" (AV, 11.2.18), ein „Räuber, Schwindler und Betrüger, der Herr der Diebe und Räuber" (VS, 16.20–21).

Aber Rudra hat auch eine andere Seite: Er verletzt, um heilen zu können, er ist zornig, aber auch gnädig. „Wie der Knabe gegen den lobenden Vater, so habe ich mich (gegen dich), Rudra, verneigt, wenn du nahst" (RV, 2.33.12). Er ist nämlich nicht nur der große Zerstörende, er ist auch der göttliche Arzt, dem tausend Heilmittel zu Gebote stehen. Seine Hand ist „mildtätig, heilend und kühlend" (RV, 2.33.7), sie nimmt die Leiden hinweg, die andere Götter geschickt haben. In Rudra berühren sich die Gegensätze, aber noch sind sie nicht versöhnt, und dies ist einer der Gründe, die dazu führten, daß sich dieser schreckeneinflößende Gott als Rudra-Śiva zu seiner ganzen Größe entfalten konnte, denn in Śiva sollten sich alle Gegensätze nur treffen, um überwunden und versöhnt zu werden.

Im Atharva-Veda hat Rudra bereits den Namen *paśupati*, ‚Herr des Viehs' erhalten; und gerade in dieser Gestalt verehrten ihn seine Anhänger in späterer Zeit besonders gern, denn sie fühlten sich als Rudras Herde und sahen in dem Gott den Gott der Gemeinde. Rudra ist jedoch nicht nur der Herr des Viehs, sondern auch der alles naturhaft wilden Lebens, und diesen Wesenszug hat er vielleicht dem Glauben der vor-arischen Bevölkerung entlehnt; denn ein solcher Gott, der von wilden Tieren aller Art umgeben ist, erscheint auf den Siegeln aus Harappā. Aber wie dem auch sein mag: klar scheint zumindest, daß der Rudra der Veden, der schreckliche ‚Herr des Viehs', der in Bergen und Wäldern haust, mit dem ithyphallischen Yogin auf den Siegeln von Harappā verschmolz und mit diesem die gespenstische, widerspruchsvolle und faszinierende Gestalt des späteren Śiva bildete.

Śiva und Vishnu sind die großen Götter des klassischen Hinduismus. Śiva wird, wie wir gesehen haben, in dem vedischen Rudra vorgebildet. Wie liegen die Dinge nun bei Vishnu? Im Rig-Veda werden ihm nur sechs von 1017 Gesängen gewidmet; drei von diesen teilt er mit Indra, und aus ihnen erfahren wir nichts weiter, als daß er mit drei weitausholenden Schritten die Ausmaße der Erde bestimmt und die Himmel stützt. Die ersten beiden Schritte können von den Sterblichen nachvollzogen und gesehen werden, aber den dritten und höchsten kennt nur Vishnu. Ein anderes Mal schreitet er den Erdkreis ab und verteilt, was er als Wohnstatt der Menschen ausgeschritten hat. Es scheint klar, daß die drei Schritte Vishnus im Zusammenhang meist die Erde, den Himmel und alles Jenseitige darstellen sollen; für den dritten Schritt wird dem Menschen die Gemeinschaft mit Vishnu verheißen.

All das ist nicht sehr ergiebig. Die drei Schritte Vishnus scheinen anzudeuten, daß der Gott auf solche Weise den Kosmos räumlich umgrenzt: Er setzt der endlichen Welt die Schranke. Und so setzt er im zeitlichen Bereich die 360 Tage und Nächte in Bewegung, „wie ein sich selbst drehendes Rad". Darin liegt vielleicht eine andeutungsweise Vorwegnahme der Lehre vom *saṁsāra*, dem endlosen Fluß der Materie in der ewig wiederkehrenden zyklischen Zeit. Dieses sich ewig bewegende All wird durch Vishnu im Sein erhalten, wenn er es auch mächtig überragt, denn er wächst „über jedes Maß hinaus am Leibe, seine Größe erreicht keiner" (RV, 7.99.1).

Man findet im Rig-Veda wohl Hinweise auf die künftige Gestaltung mancher Erscheinungen, aber es handelt sich nur um Andeutungen und zaghafte Ankündigungen. Indra stellt in mancher Hinsicht vorwegnehmend Vishnus Inkarnation als Krishna dar, Rudra trägt schon viele Wesenszüge des späteren Śiva, Varuna schließlich erweist sich als noch ergiebiger. Daneben deutet das *ṛta* schon auf den späteren, komplexeren *dharma* voraus, aber das ist auch alles. Es fehlt jede Spur einer Mutter-Göttin, die doch später eine so hervorragende Stellung einnehmen sollte, auch hören wir nichts von den Schlüsselbegriffen *brahman*, *moksha*, *saṁsāra* und *karma*. Der Rig-Veda richtet den Blick noch auf seine indo-iranische Vergangenheit zurück: Die Schlüsselbegriffe des Hinduismus müssen erst noch in Erscheinung treten.

ZWEITES KAPITEL

BRAHMAN

Die Welt des Rig-Veda war noch die Welt der indo-europäischen Mythologie, Indras Aufstieg zum Rang eines ‚Königs der Götter' auf Kosten Varunas weist enge Parallelen zur Verdrängung des Kronos durch Zeus in der griechischen Mythologie auf; und so wie Zeus seine Vormachtstellung in späterer Zeit behaupten sollte, war es auch Indra beschieden, während der klassischen Epoche der unangefochtene Fürst der Himmlischen zu bleiben. Sein Sieg erwies sich jedoch als vergeblich, denn mit dem Ausgang der Epoche des Rig-Veda wurden die Götter, deren Bedeutung immer schon mit dem Opfer verknüpft gewesen war, diesem sehr schnell untergeordnet, und das Opfer selbst, das nicht nur als rituelle Darstellung der kosmischen Ordnung aufgefaßt wurde, sondern auch als notwendige Begleiterscheinung dieses Ordnens, ohne welches der Kosmos selbst auseinanderfallen würde, büßte seine das Denken der Menschen beherrschende Rolle ein. Die alten Mythen und die ihnen zugeordneten Rituale verloren ihre lebendige Farbigkeit. Die Götter waren abgetreten, noch gab es keine neuen Götter, die man an ihre Stelle setzen konnte.

Man verfällt der Neigung – auch wir konnten ihr im letzten Kapitel nicht entgehen –, den Rig-Veda von den übrigen vedischen Schriften und damit erst recht von den Schriften *(smṛtis)* des klassischen Hinduismus zu isolieren; bis zu einem gewissen Grade läßt sich dies auch nicht vermeiden. Aber für die Inder der vedischen Epoche selbst lag die Bedeutung des Rig-Veda wie die der anderen Veden nicht so sehr im Text an sich als in dem Gebrauch, der davon beim Opfer gemacht wurde. In der Überlieferung gibt es vier Veden: Rig-Veda, Sāma-Veda, Yajur-Veda und Atharva-Veda. Von diesen stehen die drei ersten in unmittelbarem Zusammenhang mit dem Opfer, sie sind ‚Sammlungen' *(saṁhitās)* oder Handbücher, die von den verschiedenen Typen der zelebrierenden Priester benutzt werden, wobei mit *rig* die ‚Worte' gemeint sind, die der mit dem Rezitieren betraute Priester verkündete, der *sāma* den ‚Gesang' der singenden Priester bedeutet und der *yajus* die zum Opfer gehörige Formelsammlung umfaßt, die der Adhvaryu verwendete, welcher der eigentlichen Opferhandlung vorstand. Außerdem fand das Opfer unter der allgemeinen Oberaufsicht eines Brāhmanen statt, der gewöhnlich schweigend dabeistand.

Der Sāma-Veda ist fast nur aus Strophen zusammengesetzt, die dem Rig-Veda entlehnt wurden, er kann den Religionshistoriker daher nicht auf Grund eigenständiger Bedeutung interessieren. Der Yajur-Veda ist – anders als Rig-Veda und Sāma-Veda, die beide nur aus Versen bestehen – teils in Prosa, teils in Versform abgefaßt. Außerdem liegt er in zwei revidierten Textausgaben vor, die gemeinhin als der ‚Weiße' Yajur-Veda (auch als *Vājasaneyī Saṁhitā* bekannt) und der ‚Schwarze' Yajur-Veda geläufig sind, welch letzterer in drei Ausgaben existiert, deren bedeutendste die *Taittirīya Saṁhitā* ist. Der erstere besteht ausschließlich aus Prosa- und Versformeln, während letzterer reiches, der Erläuterung dienendes Material enthält, das in die Opferformeln eingestreut wurde. Dieses exegetische Material kannte man unter der Bezeichnung *Brāhmana*. Das Wort wird von *brahman* abgeleitet, einem Ausdruck, der aus anderem Anlaß in der Einführung gestreift wurde und weiter unten eingehender zu besprechen sein wird. Im Augenblick muß es genügen, wenn wir feststellen, daß *brahman* in diesem Zusammenhang einfach ‚heilige Formel' oder ‚heilige Handlung' bedeutet und daß ein *Brāhmana* ein Text ist, der diese Formeln und Handlungen kommentiert. Das Wort *Brāhman(a)* jedoch bezeichnet auch eine Person (gebräuchlicher ist die Bezeichnung ‚Brahmin'), welche das Heilige sowohl beaufsichtigt als auch verkörpert. Im Schwarzen Yajur-Veda sind, wie wir festgestellt haben, die Brāhmana-Texte nicht von den eigentlichen Formeln getrennt. Im Falle des Weißen Yajur-Veda trifft dies jedoch nicht zu, sein Brāhmana (das riesige *Śatapatha* Brāhmana oder ‚Brāhmana der hundert Pfade') stellt ein zwar abhängiges, aber doch eigenes Werk dar. Das gleiche gilt für den Rig-Veda und den Sāma-Veda, die jeweils zwei Brāhmanas von Bedeutung als Anhang aufweisen.

Von diesen ‚Drei Veden' unterscheidet sich der Atharva-Veda grundlegend, dessen Entstehung sicher in spätere Zeit fällt, da unsere frühesten Texte nur drei Veden erwähnen. Er befaßt sich nicht direkt mit dem Opferritual, sondern mit persönlicheren Angelegenheiten: mit Beschwörungen und Zaubersprüchen jeder denkbaren Art, Zauberformeln, welche Dämonen vertreiben, Krankheiten heilen oder die Liebe einer Frau einbringen sollen. Im Altertum wurde die Echtheit des Atharva-Veda mitunter bestritten, und der unverhüllt magische Grundton, der ihn größtenteils durchzieht, hat einige moderne Wissenschaftler zu der Schlußfolgerung geführt, daß er nicht arischen Ursprungs sei. Überdies besteht eine merkwürdige Ähnlichkeit zwischen den Veden und den großen Klassen oder Kasten, in welche die primitive Gesellschaft der Arier eingeteilt gewesen zu sein scheint. Es gilt als ziemlich sicher, daß die Arier selbst ursprünglich nur in drei Klassen eingeteilt waren, die man als die ‚Zweimalgeborenen' kannte, weil sie allein die Initiation empfingen, die als zweite Geburt galt; es waren dies die Brāhmanen (Priester), die Kshatriyas (‚königliche' Krieger) und die Vaiśyas (das gemeine Volk aus den Dörfern). Die vierte Klasse, die Śudras (‚Diener' oder ‚Sklaven'), wurde wahrscheinlich später hinzugefügt und rekrutierte sich aus den besiegten Völkern der Ureinwohner. Somit spricht auch dies für die Möglichkeit, daß der Atharva-Veda aus der vorarischen Bevölkerungsschicht hervorging und aus diesem Grunde seinen Status als Veda nur mit Mühe erringen konnte.

Die Brāhmanas bieten nicht nur einen fortlaufenden Kommentar zur Opferhandlung, sie bewahren auch reiches mythologisches Material über den Ursprung des Alls und seine Entwicklung vom undifferenzierten Chaos zum geordneten Kosmos. In ihnen wird die Schöpfung an sich als Opferhandlung gesehen. Indes – am Ende der Brāhmanas erscheinen Werkteile, die sogenannten *Āranyakas* oder ‚Waldbücher', die zwar von der Opferhandlung nicht völlig losgelöst sind, aber dem Inhalt nach esoterisch sind und sich bewußt mit dem innersten Wesen des Menschen und des Alls, dem er als Bestandteil angehört, beschäftigen. Diese verschmelzen ihrerseits mit den rein spekulativen Upanishaden, die den *Vedānta* ausmachen, das ‚Ende des Veda', und trotz ihrer späteren Entstehungszeit eigentlich das wirklich heilige Buch des klassischen Hinduismus darstellen. Sie bestimmen den ‚pantheistischen' und ‚monistischen' Grundton, der dem Hinduismus in sämtlichen Phasen sein eigenartiges Gepräge verleiht; ihre Bedeutung kann schwerlich übertrieben werden.

Es gehörte einmal zum guten Ton, die nach innen gerichtete Geistigkeit der Upanishaden der handfesten Sachbezogenheit der den Opferpriester unterweisenden Brāhmanas gegenüberzustellen. Darin zeigt sich aber eine allzu grobe Vereinfachung, denn es gibt keine absolut gültige Trennungslinie zwischen Saṁhitā und Brāhmana oder zwischen Brāhmana und Upanishaden: Sie fließen unmerklich ineinander über, und die ältesten Spekulationen über Ursprung und Wesen des Menschen als Mikrokosmos, des Universums als Makrokosmos und der geheimnisvollen Identität, die, wie man glaubte, zwischen den beiden bestand, basieren auf Überlegungen, die jenen gleichen, die einen so hervorragenden Wesenszug der Brāhmanas darstellen und Opfer und Universum zum Gegenstand haben. In den beiden ältesten Upanishaden, der *Bṛhadāranyaka* und der *Chāndogya*, wird diese enge Verbindung besonders deutlich, und es geht aus diesen Abhandlungen sehr klar hervor, daß sich die Identifizierung der menschlichen Seele *(ātman)* mit dem Absoluten *(brahman)*, in der die Upanishaden gipfeln, aus den rein magischen Identifizierungen einzelner Details der Opferhandlung mit verschiedenen Gegenständen aus der Erscheinungswelt entwickelt.

Derartiges spekulatives Denken ist im Rig-Veda selten, aber es ist ihm auch nicht ganz fremd. Im zehnten und letzten Buch, dem man gewöhnlich eine spätere Entstehungszeit zuschreibt, herrscht es vor, aber es ist schon in den sogenannten ‚Rätsel'-Hymnen der früheren Bücher vorhanden, wenn auch in verhüllter Form, deren vollständiger Sinn sich noch unserem Verständnis entzieht. Auf einer früheren Stufe des Rig-Veda wird die Schöpfung als Formung und

Ordnung der ungeformten Materie betrachtet, die oft als ‚Holz' bezeichnet wird – eine merkwürdige Entsprechung zu dem im gleichen Sinne gebrauchten griechischen *hylè*. Von dieser schöpferischen Tätigkeit wird oft in Ausdrücken gesprochen, die dem Bereich des Hausbaus angehören, sie wird einer Vielzahl von Göttern zugeschrieben, darunter Varuna, Indra und Vishnu. Man läßt diese das Universum fast ebenso ‚ausmessen' und entwerfen, wie ein Architekt ein Haus ausmißt und konstruiert.

Gegen Ende der Periode des Rig-Veda jedoch wird klar, daß die Vielgötterei mit ihren immer weniger voneinander unterscheidbaren Göttern allmählich Verwirrung stiftete, denn die späteren vedischen Seher gewannen in steigendem Maße Interesse an der Frage, was das einheitliche und vereinheitlichende Prinzip im All bilde, und bei diesem Suchen stellte die Vielzahl der Götter ein Ärgernis dar, welches manche Probleme erst schuf, aber keine löste. So schrumpften mit der neuen Denkweise die Persönlichkeiten der verschiedenen Götter ein, und übrig blieb wenig mehr als bloße Namen, die allesamt eine einzige Realität bezeichnen. „Sie nennen (sie) Indra, Mitra, Varuna, Agni, und es ist der himmlische Vogel Garutmat. Was nur das *Eine* ist, benennen die Redekundigen vielfach. Sie nennen es Agni, Yama, Mātariśvan" (RV, 1.164.46). Hier gleitet der Polytheismus der Veden bereits unmerklich in den klassischen hinduistischen Pantheismus hinüber.

Diese Verwischung der Unterschiede zwischen den Göttern hat unter anderem die Folge, daß es keinem gelang, sich zum höchsten Schöpfer und Erhalter des Universums aufzuschwingen: Keiner wurde mit dem Einen Wesen identifiziert, das, wie man glaubte, die Mannigfaltigkeit hervorbrachte und erhielt. Diese Funktion wurde eigentlich vielen von ihnen zugeschrieben, aber man war nun der Ansicht, daß die dem Gott zugewiesene Funktion wichtiger sei als der Gott selbst, und so kam es, daß funktionale Götter ins Dasein traten, deren Namen die schöpferische Funktion bezeichneten, die sie auszuüben hatten. So stoßen wir auf Viśvakarman, den ‚Allmacher', Prajāpati, den ‚Herrn der Geschöpfe', und Bṛhaspati oder Brahmanaspati, den ‚Herrn des Brahman oder der heiligen Kraft', und schließlich Purusha, die ‚männliche Person', dessen Opfertod den vielgestaltigen Kosmos erstehen läßt. Diese Schöpfungshymnen aus dem späteren Rig-Veda bezeichnen einen neuen Anfang: Sie verarbeiten nicht mehr Material aus der Überlieferung, sondern sind eigenständige und persönliche Versuche, eine befriedigende Lösung des Rätsels vom Ursprung des Alls zu finden. In den beiden Hymnen an Viśvakarman (RV, 10.81, 82) erscheint wieder die alte Vorstellung vom göttlichen Künstler, der die Welt aus bereits vorhandenem ‚Holz' formt, aber sie wird jetzt verbunden mit der Zuschreibung der Vaterschaft an den Gott. Eine Schöpfungshymne an Brahmanaspati (ibid., 72) jedoch geht noch weiter: Hier schweißt Brahmanaspati die Welten zusammen wie ein Schmied, aber das Rohmaterial, mit dem er arbeitet, ist das ‚Seiende', und das ‚Seiende' wiederum erwächst aus dem ‚Nichts'. Was der Dichter unter ‚Nichts' verstand, wissen wir nicht; sei es, daß er wörtlich das Nichts meinte (welches der späteren Entwicklung des Hinduismus fremd ist) oder daß er sich etwas so Unbestimmtes und Chaotisches vorstellte, daß es ganz und gar nicht als ‚Seiendes' bezeichnet werden konnte. In beiden Fällen bleibt der alte Dualismus erhalten, der Dualismus zwischen chaotischer, formloser Materie und einem mit Verstand begabten Urheber, der ihr eine dem Intellekt faßliche Gestalt gibt.

Im zehnten Buche des Rig-Veda sind drei Gesänge enthalten, welche den pantheistischen Monismus der Upanishaden vorwegnehmen, und zwar RV, 10.90, 121 und 129. Im Abschnitt 10.121 verleiht der Dichter seiner Empfindung Ausdruck, die ihm die mythologischen Götter unzulänglich erscheinen läßt; er tastet nach einem wirklichen Gott, dem Verehrung nicht bloß mit Rücksicht auf die Überlieferung erwiesen wird, sondern weil er der Schöpfer des Alls und als solcher ein der Anbetung würdiges Objekt ist. „Wer ist der Gott, dem wir mit Opfer dienen sollen?" fragt er. „Im Anfang wurde er zum goldenen Keim", antwortet es. „Geboren ward er der alleinige Herr der Schöpfung." Der Schöpfergott selbst geht sodann aus dem gestaltlosen chaotischen Stoff hervor: „Als da die hohen Gewässer kamen, das All im Keim empfangend, den Agni erzeugend, da entstand er daraus, der alleinige Lebensgeist der Götter." Dieser goldene Keim, der, wie wir in der letzten Strophe erfahren, Prajāpati ist, der ‚Herr der Geschöpfe', wird somit nach seiner Geburt mit dem All identifiziert, er ist das All und auch der Lebensgeist, der es durchdringt, er ist der Tod und auch die Unsterblichkeit; aber er ist auch Schöpfer und Erzeuger des Himmels und der Erde, König und Herr über alles, was da lebt und atmet, Herrscher über alle Dinge gemäß rechten und gültigen Gesetzes *(satya dharma)*. Dieser Mythos nimmt schon einen Großteil der kosmologischen Spekulation voraus, der wir in den älteren Upanishaden begegnen, die Verschmelzung von Theismus und monistischem Pantheismus, die für den Hinduismus so sehr typisch ist, erscheint hier zum ersten Male. Das Licht der Bewußtheit, das im goldenen Keim (der Sonne) und im Feuer symbolisiert wird, erhebt sich aus den ‚Gewässern' der bewußtseinslosen Materie, wird mit der Materie eins als ihre Lebenskraft, bringt Ordnung in das Chaos und regiert und beaufsichtigt es durch festgegründetes Gesetz, durch den *dharma,* welcher der *Habitus* des Kosmos ist, das ist, was ihn zusammenhält und sein läßt, was er ist (*satya* = ‚wahr', von *sat,* ‚was ist'). Prajāpati, der Herr der Geschöpfe, ist somit sowohl transzendentaler Gott, der nach dem Gesetz regiert, als auch immanenter Gott, der das Leben alles Lebendigen ist: Er ist Gott der Vater und auch Gott der Heilige Geist, als Herr der Geschöpfe aber vor allem der erstere.

Nicht weniger berühmt und nicht weniger ‚fruchtbar' ist das Schöpfungslied aus RV, 10.129 in seiner ehrfürchtigen Rätselhaftigkeit:

Weder Nichtsein noch Sein war damals; nicht war der Luftraum noch der Himmel darüber. Was strich hin und her? Wo? In wessen Obhut? Was war das unergründliche tiefe Wasser?
Weder Tod noch Unsterblichkeit war damals; nicht gab es ein Anzeichen von Tag und Nacht. Es atmete nach seinem Eigengesetz ohne Windzug dieses *Eine.* Irgendein Anderes als dieses war weiter nicht vorhanden.
Im Anfang war Finsternis in Finsternis versteckt; all dieses war unkenntliche Flut. Das Lebenskräftige, das von der Leere eingeschlossen war, das *Eine* wurde durch die Macht eines heißen Dranges geboren.
Über dieses kam am Anfang das Liebesverlangen, was des Denkens erster Same war. – Im Herzen forschend machten die Weisen durch Nachdenken das Band des Seins im Nichtsein ausfindig.
Quer hindurch ward ihre Richtschnur gespannt. Gab es denn ein Unten, gab es denn ein Oben? Es waren Besamer, es waren Ausdehnungskräfte da. Unterhalb war der Trieb, oberhalb die Gewährung.
Wer weiß es gewiß, wer kann es hier verkünden, woher sie entstanden, woher diese Schöpfung kam? Die Götter (kamen) erst nachher durch die Schöpfung dieser (Welt). Wer weiß es dann, woraus sie sich entwickelt hat?
Woraus diese Schöpfung *(visṛshthi)* sich entwickelt hat, ob er sie gemacht hat oder nicht – der der Aufseher dieser (Welt) im höchsten Himmel ist, der allein weiß es, es sei denn, daß auch er es nicht weiß.

In diesem Gesang, so ergebnislos er bleibt – gerade diese Ergebnislosigkeit läßt ja die religiöse Atmosphäre der Upanishaden vorausahnen – tauchen zwei Ideen auf, die später breite Entfaltung finden: zunächst die Hervorbringung der Schöpfung durch die Hitze und an zweiter Stelle der Vorrang des Begehrens im schöpferischen Prozeß. Das Wort für ‚Hitze‘ *(tapas)* wird in der Sprache einer späteren Zeit auch im Sinne von ‚Askese‘ oder ‚asketischen Übungen‘ gebraucht, und in der gesamten langen Geschichte des Hinduismus wurden asketische Übungen, oft bis ins Groteske übersteigert, mit höchster Ehrfurcht und heiliger Scheu betrachtet, denn man schreibt ihnen die Erzeugung übernatürlicher Kräfte zu, die man im Guten wie im Bösen nutzen kann: sie können schöpferisch und auch zerstörerisch wirken. In den Schöpfungsmythen der Brāhmanas und der älteren Upanishaden erfahren wir immer wieder, daß Prajāpati die Schöpfung zum Sein erhebt, indem er sich die härtesten Kasteiungen auferlegt, während in der späteren Literatur die Götter selbst durch die Kasteiungen heiliger Männer beunruhigt werden, da solche Kasteiungen jene mächtiger machten als diese an sich waren. Sexuelles Begehren *(kāma)* sollte später als Urtrieb, der die Erscheinungswelt seiend erhält, betrachtet werden; es ist die hinter dem *saṁsāra* stehende Kraft. Dem klassischen Hinduismus war der *saṁsāra*, die diesseitige Welt, wenn schon nicht böse an sich, dann doch immerhin so wenig gut, daß sie *moksha* oder das ‚Entrinnen‘ aus ihr zur einzig echten Erlösung alles Seienden machte. Das Begehren, immerhin weniger gründlich verdammt als im Buddhismus, insofern als ihm eine angemessene Stelle im hinduistischen *dharma* zugewiesen wird, erfährt allgemeine Verurteilung, *weil* es schöpferisch ist und daher das Rad des Seins fortbestehen läßt. Jedoch weder in den Schöpfungsliedern des Veda noch in den Upanishaden finden wir dieses Zurückweichen vor den Kräften des Lebens: In diesem Stadium war der Hinduismus keine Religion der Weltverneinung. Er stand auf der Schwelle zwischen Weltbejahung und Weltverneinung, ungewiß, nach welcher Seite hin sie überschritten werden sollte; noch im Atharva-Veda konnte das Begehren als Erstgeborener der Schöpfung begrüßt werden (AV, 9.2).

Es gibt im Rig-Veda noch eine weitere Schöpfungshymne, die später in den Brāhmanas eine intensive Fortentwicklung erfahren sollte, weil sie die Schöpfung als eine Opferhandlung sichtbar werden läßt, als Selbstaufopferung des ersten Wesens, das damit die Welt in ihrer Vielfältigkeit hervorbrachte. Dieses Wesen wird einfach *Purusha*, der ‚Mann‘, genannt; das Wort wurde dann in der späteren Literatur zur Bezeichnung sowohl des Höchsten Wesens als ‚Person‘ als auch der unsterblichen Substanz der menschlichen Seele. Die einzige Hymne, in der es gefeiert wird, das *Purusha-*

sūkta, weist insofern über die bisher betrachteten Schöpfungsgesänge hinaus, als es darin keinen Schöpfergott gibt, der einen schon vorhandenen Urstoff formen könnte. ‚Gott' und ‚Materie' sind in diesem Falle eins, und das Eine ist ein urtümlicher Riese – das Urwesen –: Opfer und Prototyp allen Opferns.

> Tausendköpfig, tausendäugig, tausendfüßig ist Purusha; er bedeckte vollständig die Erde und erhob sich noch zehn Finger hoch darüber. Purusha allein ist *diese* ganze Welt, die vergangene und die zukünftige, und er ist der Herr über die Unsterblichkeit (und auch über das), was durch Speise noch weiter wächst. Solches ist seine Größe und noch gewaltiger als dies ist Purusha. Ein Viertel von ihm sind alle Geschöpfe, drei Viertel von ihm ist das Unsterbliche im Himmel. Zu drei Vierteln stieg Purusha empor, ein Viertel von ihm verjüngte sich hienieden. Von dem aus ging er nach allen Seiten auseinander und (erstreckte sich) über alles, was Speise ißt und was nicht ißt.

Soweit ist das Schema bekannt: Gott ist nicht nur das Universum, er wächst auch darüber hinaus. Im Falle Purushas macht die Erdenwelt nur ein Viertel seines Wesens aus, die übrigen drei Viertel stellen die Unsterblichkeit dar, sie bleiben von dem kosmischen Opfer, das sich nun ereignen soll, unberührt.

> Als die Götter mit Purusha als Opfergabe das Opfer vollzogen, da war der Frühling dessen Schmelzbutter, der Sommer das Brennholz, der Herbst die Opfergabe. Ihn besprengten (weihten) sie als das Opfer auf dem Barhis (Opfergras), den am Anfang geborenen Purusha. Diesen brachten die Götter, die Sādhyas und die Ṛshis (Seher) sich zum Opfer.

Aus diesem allerersten Opfer, dem Prototyp allen Opferns, gewann alles seine Existenz, die Tiere auf dem Feld, die Tiere des Waldes, die Tiere der Luft, *Ṛc, Sāman* und *Yajus*, also die Sangesweisen der drei Veden, Pferde und Rinder, Schafe und Ziegen. Weiterhin entstanden die vier großen Klassen oder Kasten (die hier zum ersten Male erwähnt werden) aus verschiedenen Teilen des Körpers: die Brāhmanen aus dem Mund, die Kshatriyas oder Krieger aus den Armen, die Vaiśyas oder Landleute aus seinen Schenkeln und die Śudras oder Sklaven aus seinen Füßen. Ebenso wurde der Mond aus seinem Geiste geboren, die Sonne aus dem Auge, Indra und Agni aus dem Mund, Vāyu, der Gott des Windes, aus seinem Atem, der Luftraum aus dem Nabel, der Himmel aus seinem

Haupte, die Erde aus seinen Füßen und die Weltgegenden aus seinem Ohr: „So regelten sie die Welten" (RV, 10.90.14).

Die Welt ist somit nichts anderes als der verstümmelte Körper des Urwesens: das vollendete Opfer; und jedes Opfer ist nur Wiederholung und Erneuerung des Schöpfungsaktes. In den stofflichen Überresten des Opfers, so belehrt uns der Atharva-Veda (11.7), ist der ganze Kosmos, der geistige ebenso wie der materielle, enthalten: Himmel und Erde, Götter und Veden, die ganze Opferordnung selbst genauso wie der *dharma* und die Wahrheit, denn der Opferaltar „ist die äußerste Grenze der Erde; dieses Opfer ist der Nabel der Welt" (RV, 1.164.35).

Das *Purusha-sūkta* verbindet zwei Elemente, die für die spätere Spekulation der Brāhmanas und Upanishaden grundlegend sind: (1) Schöpfung ist Opfern, und (2) der Mensch des Makrokosmos ist der Prototyp des Menschen im Mikrokosmos, seine verschiedenen Teile entsprechen den verschiedenen Organen des menschlichen Einzelwesens: zwischen Mensch und Welt besteht eine Seinsanalogie, und da Schöpfung im Bereich des Makrokosmos ein Opfer ist, stellt dieses im Bereich des Mikrokosmos erneuerte Opfer einen schöpferischen Akt dar, welcher den geordneten Fortbestand des Alls garantiert.

Das *Purusha-sūkta* ist wahrscheinlich mythologischer Überrest eines dereinst vollzogenen Menschenopfers. Die Brāhmanas wissen jedoch nur von Tieropfern, und diese wurden in riesigen Mengen dargebracht. Daneben gab es das Soma-Opfer, auf welches schon verwiesen wurde, auch waren Darreichungen von Milch und Gemüse allgemein üblich; sie haben vielleicht in jener Epoche zum ersten Male blutige Opfer abgelöst. Ursprünglich scheint das Opfer einem dreifachen Zweck gedient zu haben: es war ein Geschenk an die Götter, für das man Gegengaben erwartete – langes Leben, Kinderreichtum, Wohlstand, Gesundheit, Sieg und was es sonst Gutes auf Erden gibt; es sollte ‚Sünden' wegnehmen, die durch Berührung unantastbarer Gegenstände oder durch fehlerhafte Ausführung des Rituals begangen worden waren; schließlich war es ein Gemeinschaftsmahl, das man mit den Göttern teilte und in dem ihre Vortrefflichkeit durch das geweihte Fleisch, den Soma oder sonstige Opfergaben auf die Gläubigen überging. Während der Epoche der Brāhmanas wurde der eigentliche Ritus wichtiger als die Götter, denen er geweiht war, das Opfer hörte auf, Sühneakt zu sein, und wurde allmählich als etwas angesehen, das in sich selbst kosmische Bedeutung trug. Die Götter, die so weit davon entfernt waren, Empfänger eines dargebotenen Opfers zu sein, wurden zu bloßen

Mit-Zelebrierenden neben den Menschen bei dieser so wesentlichen schöpferischen Tätigkeit. Die Unterscheidung von Göttern und Menschen wurde allmählich verwischt; schon im *Purusha-sūkta* stellen wir fest, daß Götter und Seher *(Ṛshis)* als Gleichberechtigte auftreten. Eben diese *Ṛshis* ‚hörten' ursprünglich die Veden zu Anfang aller Zeit, sie und die ‚Väter' setzten als erste das Opfer ein als genaue Nachahmung eines bereits existierenden Urbildes (RV, 10.130).

Wenn Opfer und Weltlauf in gewissem Sinne identisch sind, dann wird es wichtig sein, daß diese bestehenden Entsprechungen oder Übereinstimmungen richtig verstanden werden. So widmen die Kompilatoren der Brāhmanas einen Großteil ihrer Mühe der Aufgabe, das Einssein jedes einzelnen Opfergegenstandes mit kosmischen Erscheinungen zu beweisen; manchmal ist es der Feueraltar, mitunter das Opferpferd, dann wieder sind es die im Sāman-Ritual artikulierten Laute. Jeder Teil der Opferhandlung ist in irgendeinem Sinne mit dem ganzen All identisch. Diese ‚magische' Alldeutung beginnt mit dem *Purusha-sūkta* des Rig-Veda; im Atharva-Veda ist sie bereits fest begründet. In einer den Ochsen lobpreisenden Hymne (9.7) lesen wir:

> Prajāpati und der höchste Gott sind seine Hörner, Indra sein Haupt, Agni seine Stirn, Yama sein Hals. König Soma ist sein Hirn, der Luftraum sein Oberkiefer, die Erde sein Unterkiefer. Der Blitz ist seine Zunge, die Maruts sind seine Zähne ... *Brahman* und *kshatra* (‚königliche Geschlechter') sind seine Hüften, Kraft seine Schenkel ... Das Denken ist sein Herz, Weisheit seine Leber, vorgeschriebene Ordnung *(vrata)* sein Herzbeutel, Hunger sein Bauch, Genuß sein Mastdarm, die Berge seine Eingeweide, der Zorn seine Nieren, Entschlossenheit seine Hoden, Nachkommenschaft sein Penis.

Und so fort.

Dieses eine Beispiel mag genügen, den leidenschaftlichen Eifer zu veranschaulichen, von dem die Autoren des Atharva-Veda und der Brāhmanas besessen waren, mehr oder weniger alles im ganzen weiten Universum des Geistes, der Seele und der Materie mit den Einzelteilen eines heiligen Tieres oder eines anderen geheiligten Gegenstandes zu identifizieren. Größere Bedeutung kommt der hier auftretenden Verwendung des Wortes *bráhman* zu, das so bald zum Schlüsselbegriff der vedischen Religion werden sollte. Die Etymologie dieses Wortes ist noch umstritten, jedoch läßt sich die herkömmliche Verbindung mit *bṛhat,* ‚groß, ausgedehnt', schwerlich aufrechterhalten, da sie ganz und gar nicht mit der ältesten Bedeutung des Wortes in Einklang zu bringen ist, die ‚heiliges Wort' oder ‚heilige Formel' lautet und, durch Ausweitung des Begriffes, Veda im allgemeinen. Es wird mit Vāc in Zusammenhang gebracht, dem ‚Wort', das aus einem Mann einen *Brahmánen* (einen vom *bráhman* Besessenen) macht und sich zudem zum Urprinzip des Universums erklärt (RV, 10.125).

In den kosmologischen Hymnen des Rig-Veda, die wir bisher zitiert haben, war das Urprinzip des Universums ein personifiziertes Wesen: Purusha, der Goldene Keim oder Prajāpati. Es besteht jedoch auch eine gegensätzliche Tendenz, welche sich in den Brāhmanas und den Upanishaden entwickelt, nämlich die, irgendeine unpersönliche Macht oder Wesenheit in die Stellung eines höchsten Prinzips und Seinsgrundes des Alls zu erheben. Im Rig-Veda war es, wie wir gesehen haben, Vāc, das ‚Wort', das diese Rolle übernahm; im Atharva-Veda wird dieselbe Rolle von Atem, Begehren, Zeit und – ausgerechnet – den Überresten des Opfers gespielt. Das gleiche gilt für *bráhman*, die ‚heilige Rede'; es ist somit weitgehend dem Zufall zu verdanken, daß das *bráhman* das Feld behauptete, und zwar vor ‚Atem' oder ‚Nahrung', die beide in den älteren Upanishaden wiederholt als das ‚Höchste' gepriesen werden. Andererseits war es vielleicht doch nicht nur eine Fügung des Zufalls, sondern ein Ergebnis der natürlichen Entwicklung der gesellschaftlichen Schichtung in der vedischen Gesellschaft; denn in der zitierten Passage aus dem Atharva-Veda wird dem *bráhman* das *kshatra* gegenübergestellt, der ‚heiligen Rede' die irdische Gewalt. Dies bezieht sich natürlich auf die beiden höheren Klassen oder Kasten der Brāhmanen und der Kshatriyas.

An dieser Stelle wird es nützlich sein, einen Augenblick innezuhalten und die verschiedenen mit der Wurzel *bṛh-* zusammenhängenden Wörter zu betrachten, denen wir bisher begegnet sind. Zunächst gibt es zwei Wörter gleicher Schreibung, die sich durch verschiedenen Akzent unterscheiden: *bráhman* und *brahmán* (Nom. Sing. *brahmā*). Das erste, ein Neutrum, bedeutet die ‚heilige Rede', die wir bereits behandelt haben, das zweite, ein Maskulinum, vor allem ‚einen von der Macht der heiligen Rede oder des heiligen Wortes Durchdrungenen', und eine solche Person kann entweder ein Gott oder ein Mensch sein. In jenem Falle kristallisierte sich das göttliche *brahmán* in eine einzige Gestalt dieses Namens, welche Orientalisten mit Vorliebe Brahmā nennen (wobei sie den Gebrauch des Nominativ Singular dem der Wurzel vorziehen, um Verwechslungen auszuschließen). Dieser Brahmā sollte sich im späteren Glaubenssystem zum Schöpfer schlechthin entwickeln. *Brahmán* konnte sich jedoch auch auf einen Mann beziehen – einen Brahminen oder Brāhmanen –, aber in dieser Bedeutung wurde der Terminus allmählich durch das verwandte Wort *Brāhmana* ersetzt, das ein Mitglied der höchsten, der priesterlichen Kaste bezeichnet oder eben den Brāhmanen, wie wir ihn in diesem Buch nennen werden. Das Wort *Brāhmana* ist auch Bezeichnung der heiligen Texte aus dem Corpus der Veden, auf die wir gelegentlich schon Bezug genommen haben.

Dieses philologische Einschiebsel ist wohl gerechtfertigt, weil es, wie zu hoffen steht, nicht nur Verwirrungen in der Vorstellung des Lesers beseitigen wird, sondern auch veranschaulicht, wie es nicht nur möglich, sondern geradezu logisch folgerichtig war, daß die Brāhmanen einer späteren Epoche als Götter betrachtet wurden, die unter Menschen wandeln. Ursprünglich waren sie nichts weiter als Priester, denen die Rezitation des heiligen Wortes *(bráhman)*, des Veda, anvertraut war; aber sobald sich das *bráhman* als unwandelbares und ewiges Fundament des Alls etabliert hatte, erlangte die Bedeutung des Brāhmanen buchstäblich unbegrenzte Ausmaße. So mußte sich die Kriegerkaste der Kshatriyas trotz ununterbrochenen Kampfes um die Vorherrschaft mit dem zweiten Platz zufriedengeben, weil die Brāhmanen den Anspruch auf den Besitz einer unveränderlichen und zeitlosen Seinsdimension erheben konnten, die jenen versagt blieb. Daß diese Dimension an ihnen oft nichts weniger als sichtbar war, ist weitgehend verantwortlich gewesen für jene innerhalb des Hinduismus bestehende Spannung zwischen dem, was ist, und dem, was sein sollte, zwischen dem ‚ewigen *dharma*', der unsichtbar *ist*, und dem *dharma*, der von den Brāhmanen auf Erden entwickelt wird.

Ausgehend von der ‚heiligen Rede', gewann *bráhman* die allgemeinere Bedeutung einer ‚heiligen Kraft' an sich. „Wer das *bráhman* im Menschen kennt, kennt den höchsten Gott" (AV, 10.7.17). Das *bráhman* im Menschen ist also das gleiche wie das *bráhman* in Gott – das *bráhman* in Brahmanaspati, dem ‚Herrn des Brahman'. Von überragender Bedeutsamkeit für die Entwicklung der Idee vom *bráhman* ist der Gesang 10.2 im Atharva-Veda. Dieser mutet fast wie ein Anhang zum *Purusha-sūkta* an, denn er greift die Vorstellung von Purusha in doppeltem Sinne wieder auf: als eines Urwesens im Bereich des Makrokosmos und als des Einzelwesens im Mikrokosmos. „Wodurch", so fragt der Dichter, „gelangt man zum höchsten Gott? ... Womit mißt man das Jahr?" „Es ist das Brahman, das den höchsten Gott erlangt ... Es ist das Brahman, welches das Jahr mißt." Wieder ist es also das Brahman, welches Götter und das Volk der Götter durchdringt, es ist die wahre irdische Macht *(kshatra)*. „Die Erde wird vom Brahman erhalten, Brahman ist der Himmel über uns, es ist die Lufthülle, der weite Himmelsbogen, der fernhin gespannte." Das Brahman wird somit dem absoluten Sein gleichgesetzt, welches das ganze All durchdringt und den Menschen in den Stand setzt, „in alle Himmelsrichtungen zu wachsen". Durch das Brahman ist er allgegenwärtig, denn das Brahman wird „von Unsterblichkeit eingehüllt", der Mensch selbst *(purusha)* ist die „Stadt des Brahman".

Dieser Gesang enthält implicite die Auffassung, daß der Mensch durch seine Teilhaberschaft am Brahman mit dem Universum von gleicher Ausdehnung ist. Im Brahman berühren sich Makrokosmos und Mikrokosmos, aber diese Vereinigung wird nur im Brāhmanen vollkommen erreicht, der das Gefäß des Brahman ist, oder im Brahmacārin, dem ‚Mann, der dem Pfad des Brahman folgt', d. h. dem jungen Brāhmanen-Studenten. Schon im Atharva-Veda hat damit die Apotheose des Menschen eingesetzt.

In einem überschwenglichen Gesang (AV, 11.5) wird der Brahmacārin kraft des Brahman, das er in sich trägt, als Prajāpati, Schöpfer des Himmels und der Erde, gepriesen. „Er zieht aus, die beiden Welthälften in Bewegung zu setzen; in ihm werden die Götter gleichgesinnt. Er erhält Himmel und Erde und erfüllt seinen Lehrer mit der Inbrunst der Askese *(tapas)*... Er ist der Erstgeborene des Brahman, ... aus ihm werden geboren das höchste brāhmanische Brahman, alle Götter und die Unsterblichkeit." Hier ist die Identifizierung des Mikrokosmos mit dem Makrokosmos vollkommen; der Brahmacārin, den man auf Erden als jungen Studenten des Veda kennt und sieht, wird geradewegs mit dem Schöpfer und Erhalter des Himmels und der Erde in seinen sämtlichen Aspekten identifiziert: Als Prajāpati versöhnt er in sich die Götter, als Student erfüllt er seinen Lehrer mit asketischem Eifer. Das Brahman ist sein Ursprung, aber er gebiert seinerseits das Brahman: Er verkörpert das Sein in seiner Gesamtheit, sowohl die Unsterblichkeit als auch das zeitliche Dasein. Die Identifizierung der mikrokosmischen Menschen mit dem Universum und sogar mit dem Schöpfer des Universums hatte bereits ihre äußerste Grenze erreicht.

Das Brahman ist eines und doch vielzählig: Schon in den Brāhmanas wird dies gelehrt. „Ich preise, was gewesen ist und noch kommen wird, das große Brahman, das unvergängliche Eine – das vielgestaltige Brahman, das unvergängliche Eine; denn wahrlich, alle Götter, alle Wesen gehen in jenes Unvergängliche ein: Es ist sowohl das Brahman als auch der *kshatra* (die Brāhmanen- und die Kshatriya-Kaste). Das Brahman ist Agni (der Priestergott) und der *kshatra* Indra (der Kriegergott); und die Allgötter sind Indra und Agni" (ŚB, 10.4.1.9). Aber die Allgötter sind auch das Landvolk; also spiegeln sich im Brahman die drei großen Klassen, in welche die Gesellschaft der Arier eingeteilt war, und diese Klassen sind ihrerseits Spiegelungen des Brahman. Kennzeichnenderweise werden die Śudras überhaupt nicht erwähnt. Diese Textstelle ist bedeutsam, denn sie zeigt die enge Wechselbeziehung, die schon zu einem so frühen Zeitpunkt zwischen der transzendentalen Ordnung des zeitlosen und ‚unvergänglichen' Seins, in dem alles eins ist, und der Gesellschaftsstruktur der brahmanischen Gesellschaft als existent empfunden wurde; die letztere empfängt dabei die Bestätigung ihrer ewigen Gültigkeit durch die erstere.

Man hat oft gemeint, die große Leistung der Upanishaden bestehe in der sogenannten Brahman-Ātman-Synthese, d. h. in der Identifizierung der Individualseele *(ātman)* mit dem Urgrund des Alls *(bráhman)*. Aber das ist eine allzu grobe Vereinfachung, denn in vielen Stellen wird mit *ātman* nicht die Einzelseele, sondern die ‚Seele des Alls' bezeichnet, es ist daher nur ein weiteres Wort für das Brahman. Eine solche Sinngleichsetzung der beiden Ausdrücke stellt eine reine Tautologie dar. Soweit es überhaupt möglich ist, die Lehren der Upanishaden zusammenzufassen, müßte man sagen, daß sie die tiefste Schicht des subjektiven ‚Ichs' mit dem Fundament des objektiven Universums gleichsetzen; beide können mit Brahman oder Ātman bezeichnet werden oder schließlich auch als Purusha, der entweder der Mensch als Einzelwesen oder der kosmische Mensch ist. Diese Vorstellung ist im Atharva-Veda und in den Brāhmanas schon skizziert, die Upanishaden führen den Gedankengang nur im Anschluß an diese fort. In einem der dunkelsten Gesänge des Atharva-Veda (10.8) wird schon die Identität zwischen objektivem Brahman und subjektivem Ātman sichtbar. Der Gesang beginnt mit einer Anrufung des höchsten Brahman, „der allem vorsteht, was war und was noch sein wird", der Himmel und Erde voneinander scheidet, der zugleich „diese ganze (Welt), die lebt und atmet und den Ātman besitzt", verkörpert. Das ist der Makrokosmos. Der Gesang schließt jedoch nicht mit dem Makrokosmos, sondern mit dem Mikrokosmos, dem Menschen:

> Die Lotosblume mit neun Toren (der menschliche Körper), die von den drei Gunas verschlossen ist, welches beseelte Geheimnis *(yaksha)* darin steckt, das kennen fürwahr die Brahmankenner.

Wunschlos, weise, unsterblich, von selbst geworden, von Lebenssaft gesättigt, an nichts Mangel leidend, wer diesen erkannt hat, der fürchtet sich nicht vor dem Tod, ihn den weisen, alterslosen, ewig jugendlichen Ātman. (Geldner, S. 109)

Hier tritt uns die ganze Lehre der Upanishaden in nuce entgegen: Es ist die Erkenntnis eines unsterblichen Etwas innerhalb der menschlichen Seele, das am unsterblichen Brahman, welches den gesamten gegenständlichen Kosmos erhält und beseelt, teilhat, mit ihm wesensgleich oder tatsächlich identisch ist. Wie diese Beziehung im einzelnen zu verstehen war und welchen Raum – wenn überhaupt einen – sie Gott beließ: dieses Problem sollte den klassischen Hinduismus ununterbrochen beschäftigen.

Brahman – Ātman – Purusha: diese drei Termini bezeichneten am Ende der von den Brāhmanas bestimmten Periode und zu Beginn der Ära der Upanishaden dasselbe: Alle drei können entweder die Essenz der menschlichen Seele meinen, die unsterblich ist, weil ihr Sein jenseits der Zeit liegt, oder das ewig gleiche Fundament des Alls, das zugleich Ursprung allen Wechsels ist. So lesen wir in einer mit Recht berühmten Stelle aus dem *Śatapatha* Brāhmana (10.6.3), die fast wörtlich in der *Chāndogya* Upanishad (3.14) wiederholt wird:

Er soll das Wahre als Brahman verehren. ... Dieser möge das Selbst *(ātman)* verehren, das aus Denken besteht, das den Atem als Leib hat, das Licht als (seine) Gestalt hat, das den Raum als Selbst hat, das nach Wunsch Gestalt annimmt, das schnell wie das Denken ist, das wahrhaften Entschluß hat, wahrhaften Mut hat, das alles riecht, alles schmeckt, das nach allen Himmelsrichtungen hin durchdrungen ist, das dieses All erlangt hat, das ohne Rede ist, das ohne Absicht ist. Wie ein Reiskorn oder wie Gerste oder wie Hirse oder wie ein Hirsekornkern, so ist dieser ‚Mann' *(purusha)* im Selbst, der aus Gold besteht. Wie ein Licht ohne Rauch, so ist es größer als der Himmel, größer als der Raum, größer als diese Erde, größer als alle Wesen. Dies ist das Selbst des Atems. Dies ist mein Selbst. Zu diesem Selbst werde ich, von hier fortgehend, werden.

(Ruben, S. 118 f.)

Oder – in den Worten der *Chāndogya* Upanishad:

Dies mein Selbst in meinem Herzen ist dieses Brahman. Zu ihm (dem Selbst) werde ich, von hier abgeschieden, werden!

(Ruben, S. 194)

Zur Zeit der Upanishaden bezeichnete das Wort *bráhman* gewöhnlich das Absolute, also das, was in einer Welt steten Wandels unwandelbar bleibt, behielt jedoch daneben seine ursprüngliche Bedeutung bei, nämlich die der ‚heiligen Rede' in dem speziellen Sinne, welchen sowohl die Veden als auch die als Hüter des Veda wirkende Brāhmanenkaste ihm gegeben hatten. Den Weisen der Upanishaden genügte dies jedoch nicht, sie versuchten daher genauer zu definieren, was dieses Etwas war. Für die *Taittirīya* Upanishad war die Nahrung das Grundelement, für die *Kaushītakī* der Atem oder – moderner ausgedrückt – die Materie bzw. der Geist.

„Die Speise ist das Brahman." Das mag in den Ohren von uns Heutigen seltsam klingen, jedoch ist die darin verborgene Vorstellung wohlbegründet genug und entspricht klassischem materialistischem Denken. „Aus der Speise gerade wahrlich werden ja diese Wesen geboren; durch die Speise leben sie, geboren; in die Speise gehen sie, fortgehend, ein" (TU, 3.1[2]). Nahrung, lebende Substanz, ist die Grundlage alles Lebens, das Leben selbst, das sich im Atem offenbart, ist von ihr abhängig. Vom Leben wiederum abhängig ist der diskursive Intellekt *(manas)*, von diesem sodann die Bewußtheit *(vijñāna*, das ‚Unterscheidungsvermögen', oder *buddhi*, das ‚Bewußtsein'), von dieser schließlich die Wonne *(ānanda)*; Wonne ist höchste geistige Erleuchtung und Erfahrung der Unsterblichkeit. Diese rein geistige Ekstase hängt jedoch letztlich von der Materie ab oder, wie die Upanishad formuliert, von der „Speise". Materie und Geist sind unauflösbar ineinander verschlungen und aufeinander angewiesen, das Brahman ist beides – ist sowohl das Geformte als auch das Gestaltlose, das Offenbare und das Verborgene, das Sterbliche und das Unsterbliche, ist zeitliches Diesseits und Jenseits. Der Weltlauf selbst ist in der Unsterblichkeit begründet, die Materie hat daher eine unendliche und unsterbliche Dimension. Sich in den Lauf der Welt miteinbezogen zu sehen – nicht nur als „Speiseesser", sondern auch als „Speise" anderer Lebewesen –, das heißt die Individualität überwinden und den Tod besiegen; denn wenn es wahr ist, daß das Sein im Einzelwesen und das Sein in der Sonne eins sind (TU, 3.10 [4]), dann muß jeder einzelne Mensch an der Unsterblichkeit des Ganzen teilhaben. Dies ist mystisches Vereinigen und Einswerden mit der Gesamtsumme alles Existierenden, nicht aber Zurückziehen und Loslösen, wie man es im klassischen Yoga findet. In der *Taittirīya* Upanishad wird das „Selbst" oder Ātman in mehreren Formen erwähnt: das Selbst der Nahrung, des Atems (Lebens), des Denkens, des Erkennens und schließlich der Wonne. Die Materie geht also dem Verstand voraus, der Verstand dem Geist. ‚Wonne' ist eine der Zeit entrückte spirituelle Ekstase, die allerdings trotzdem erst dadurch möglich wird, daß sie im niedrigsten ‚Selbst', dem der ‚Speise' oder Materie, begründet ist. Ohne Materie, so gibt die Upanishad stillschweigend zu verstehen, kann es keinen bewußten Geist geben. Daher heißt es: „Die Speise soll (man) nicht tadeln" (3.7). Ekstase bedeutet Befreiung sowohl von den „Schlingen" von Raum und Zeit als auch vom Wissen um Gut und Böse. „Diesen wahrlich nun quält nicht: ‚Was habe ich Gutes nicht getan? Was habe ich Übles getan?'" (TU, 2.9). (Ruben, S. 291) Der *Dharma* in jedem Wortsinn wurde überwunden (KathU, 2.13.–14), der erlöste Mystiker sieht sich jenseits von Gut und Böse. Somit ist er frei und darf ausrufen:

> Ich bin Speise, ich bin Speise, ich bin Speise!
> Ich bin Speiseesser, ich bin Speiseesser, ich bin Speiseesser!
> Ich bin Versmacher, ich bin Versmacher, ich bin Versmacher!
> Ich bin der Erstgeborene der Wahrheit
> Vor den Göttern, im Nabel des Unsterblichen.
> Wer mich gibt, der fördert mich gerade so.
> Ich bin Speise, den Speiseessenden esse ich.
> Ich überwand die ganze Welt! (TU, 3.10 [6]) (Ruben, S. 296)

Wir haben gesehen, daß sogar im Rig-Veda Persönliches und Unpersönliches gern vermengt wurden. Für die Upanishaden trifft diese Feststellung in noch stärkerem Maße zu. Das Brahman ist ein Neutrum und wird oft einfach *tat*, ‚Das' oder ‚Es', genannt, aber Ātman und Purusha sind beide Maskulina wie Brahmā, der personifizierte Schöpfergott. Es gibt in den Upanishaden viele Stellen, die insofern gänzlich pantheistisch ausgerichtet sind, als jedem und allem eine Teilhaberschaft an allem anderen zugesprochen wird und damit auch die Eigenschaft, alles andere zu *sein:* das Absolute, die Weltseele und die Einzelseele *(ahaṁkāra)* sollen sämtlich allgegenwärtig (ChU, 7.25) und damit auch identisch sein, aber dabei handelt es sich wohl eher um eine Rückbesinnung auf die magisch-mystischen Identifizierungen des Atharva-Veda und der Brāhmanas, denn in den Upanishaden sind selbst die freimütigsten monistischen Äußerungen noch eingeschränkt. Wir wollen das berühmteste aller Beispiele herausgreifen, das gefeierte *Tat tvam asi*, „Das bist du", aus der *Chāndogya* Upanishad. Es erscheint in einem langen Zwiegespräch, in dem ein gewisser Uddālaka seinen Sohn über das Wesen der Wirklichkeit belehrt. Wirklichkeit und Wahrheit *(satya)* sind eines, alles übrige ist „Name und Gestalt". „Gleichwie durch einen Tonklumpen alles, was aus Ton besteht, erkannt ist, an Worte sich klammernd ist die Umwandlung, ein bloßer Name, Ton nur ist es in Wahrheit, ... also ist diese Unterweisung" (ChU, 6.1.4) (Deussen*, S. 160); das bedeutet: Die „Umwandlungen des Einen Wahren Brahman sind letztlich nur Wortunterschiede, vergängliche Formen, in welche sich die eine Realität verwandelt, wobei sie doch essentiell immer gleichbleibt. Sodann wendet sich der Vater seinem neuen Gegenstande zu, er behandelt die Differenzierung des Vielheitlichen aus dem Einen in mythologischem Gewand, ähnlich wie dies die Brāhmanas vorher getan hatten. Er beginnt mit der kategorischen Ablehnung einer älteren Lehre, derzufolge das Seiende aus dem Nichtseienden entstanden sein soll, und stellt entschieden fest: „Nur Seiendes war diese Welt zu Anfang, ein einziges ohne ein Zweites", – und das Eine verlangte danach, vieles zu sein. Es teilte sich dreifach auf, in Glut, Wasser und Speise, d. h. in das Gasförmige, das Flüssige und das Feste, denn dies sind die Komponenten aller stofflichen und geistigen Erscheinungen. Der menschliche Körper, zwar „dem Tode verfallen", aber trotzdem Stütze des unsterblichen, immateriellen Ātman, ist selbst ein in Speise wurzelnder Sproß; und die Nahrung führt ihre Wurzeln durch Wasser und Glut in das Seiende hinab. Nach dem Tode geht die Seele in der „höchsten Gottheit" auf, die das Seiende ist. „Das, was diese Feinheit ist, das Daraus-Bestehen, ist diese ganze Welt, das ist die Wahrheit, das ist das Selbst *(ātman)*, das bist du" (Ruben, S. 180).

Das ist nicht jener absolute Monismus, der später in philosophischer Konsequenz weiterentwickelt wurde, wie die folgenden Beispiele dies zeigen. Die Weltseele *(ātman)* oder das Brahman kann nicht in Ausdrücken beschrieben werden, die räumlich-zeitlichen Vorstellungen entsprechen; daher kann man nur sagen: „Feiner als das Feine" oder „Größer als das Große", das „Unendliche" oder „Ganz und gar nichts", wenn man das Gemeinte in alltäglicher Sprache mitteilen will. Zur Veranschaulichung dessen, was mit diesem „Das bist du" gemeint ist, folgt eine Reihe von Parabeln.

Man sieht zum Beispiel, wie die Bienen den Pollen von verschiedenen Bäumen sammeln, worauf alles zusammen zu Honig verwandelt wird, ohne daß die verschiedenen Pollen dessen, was mit ihnen geschehen ist, bewußt werden. Die Individualität wird auf

* Aus: Paul Deussen, Sechzig Upanishad's des Veda. Mit Genehmigung des Verlages F. A. Brockhaus, Wiesbaden. Im folgenden zitiert: Deussen.

der Stufe einer höheren Wirklichkeit überwunden, zu der sie nichtsdestoweniger ihren individuellen Beitrag geleistet hat. Nicht anders geschieht es dem Meer, in das viele einzelne Ströme fließen, die sich in ihm verlieren und im großen Ganzen aufgehen. Man muß die beiden Parabeln zusammensehen, wenn man die Lehre der Upanishaden verstehen soll. In der Parabel von den Bienen werden einzelne, verschiedenartige Pollen unterschiedlichen Geruchs und Geschmacks gesammelt, und jeder verliert im Endprodukt, dem Honig, seine Individualität; jeder Pollen hat aber nichtsdestoweniger seinen eigenen unverwechselbaren Geschmack dem Ganzen beigesteuert. In der zweiten Parabel wird der andere Pol dieses Paradoxons hervorgehoben: Einzelseelen, die Strömen verglichen werden, sind ihrer Substanz nach mit dem Absoluten identisch wie das Wasser in Strömen mit dem Meereswasser identisch ist. Interpretiert man die beiden Parabeln gemeinsam, so müßte man folgern, daß die Einzelseele, die zum Brahman eingeht, zwar ihre Individualität im All, mit dem sie substantiell eins ist, einbüßt, ihm aber ihr eigenes individuelles Fluidum, Geruch und Geschmack, beimengt.

Ferner wird das Brahman mit einem großen Feigenbaum verglichen. Sosehr man auch auf ihn einhiebe – die Wunde würde heilen, der Baum weiterleben, und selbst wenn der ganze Baum verdorren sollte, würde das Leben fortbestehen, denn „nicht stirbt das Leben". Das Brahman ist also ewiges Leben.

Es gleicht auch der Frucht des Feigenbaumes, die man spalten kann, in der sich jedes Samenkorn vom anderen trennen läßt. Die Körner kann man weiter aufspalten, bis überhaupt nichts mehr übrigzubleiben scheint. Und dieses scheinbare „Nichts" ist das Brahman. Andererseits gleicht es auch dem Salz, das sich im Wasser auflöst, bis die ganze Flüssigkeit von ihm durchsetzt ist und an jeder beliebigen Stelle genauso schmeckt wie an irgendeiner anderen. Es ist in allem Existierenden gegenwärtig, aber so fein, daß nur die Weisen es wahrnehmen können, denn es ist das Seiende, das allem, was außer ihm zu sein scheint, Sein verleiht. Die Suche nach ihm wird mit der eines Mannes aus Gandhāra verglichen, den man mit verbundenen Augen in der Wüste alleingelassen hat. Sobald man ihm die Binde von den Augen nimmt, wird er sich, wenn er einigermaßen vernünftig ist, nach Gandhāra durchfragen, bis er es findet. So wird auch der das Brahman Suchende einen befähigten Lehrer bitten, ihm den Weg zu weisen. Die „Stadt des Brahman" ist unsere Heimat, zu ihr gelangen wir, wenn wir sterben. Wenn wir in die „höchste Gottheit" eingehen, wissen wir nichts mehr.

Man sollte also meinen, daß die höchste Seligkeit, die im Einswerden mit dem Brahman beruht, identisch ist mit völliger Unwissenheit, einem gänzlichen „Nichtwissen", tiefem, traumlosem Schlaf verwandt – ein Gleichnis, das in den Upanishaden ständig wiederkehrt. Das trifft jedenfalls für die Mehrzahl der Abschnitte in den beiden ältesten, der *Bṛhadāranyaka* und der *Chāndogya* Upanishad, zu; aber die *Taittirīya* denkt anders. Nachdem die Seele in „das aus Wonne bestehende Selbst" gelangt ist, welches dem der Erkenntnis folgt, „durchstreift (sie) dann diese Welten, nach Lust sich nährend und nach Lust sich gestaltend" (TU, 3.10[5]) (Deussen, S. 239). In der *Chāndogya* befindet sich eine sehr ähnliche Stelle (8.12–13), aber hier geht es um die Vorwegnahme der ganzen Vorstellung von *moksha,* die uns im nächsten Kapitel beschäftigen wird.

In den Upanishaden ist das Brahman sowohl unwandelbares Seiendes jenseits von Raum und Zeit, stoffliche Ursache des Universums, als auch dessen bewirkende Ursache. Die menschliche Seele ist mit ihm eins, insofern als ihr Sein mit seiner tiefsten Schicht außerhalb der Zeit liegt, aber sie unterscheidet sich von ihm dadurch, daß sie seine schöpferische Tätigkeit im zeitlichen Bereich nicht teilt. In der Terminologie des Westens: Sie hat am Absoluten teil, ohne deshalb auch schon Gott zu sein. Das dualistische Wesen des Ātman-Brahman tritt am deutlichsten in der ziemlich späten *Maitrī* Upanishad zutage, in der es heißt: „Fürwahr, es gibt zwei Formen des Brahman, die Zeit und die Nichtzeit. Nämlich was vor der Sonne da war, das ist die Nichtzeit, das Nichtteilbare, und was mit der Sonne anfing, das ist die Zeit, ist das Teilbare" (6.15) (Deussen, S. 341). Das Brahman ist also sowohl Urstoff als auch wandelloser Geist; und wenn man auch von der Seele, die in das Brahman eingeht, sagen kann, sie „weiß nichts", so gilt dies gewiß nicht für das Brahman selbst, denn dieses ist Quelle des Geistes und der Sinne und muß somit verstehen, was es hervorgebracht hat. Es durchdringt alles und ist doch anders als alles, was es durchdringt und von innen her lenkt: „Der ist dein Selbst, der innere Lenker, der unsterbliche" (BU, 3.7). „Der ungesehene Seher, der ungehörte Hörer, der ungedachte Denker, der unerkannte Erkenner. Nicht gibt es einen anderen Seher als ihn, nicht gibt es einen anderen Hörer als ihn, nicht gibt es einen anderen Denker als ihn, nicht gibt es einen anderen Erkenner als ihn. Er ist dein Selbst, der innere Lenker, der unsterbliche" (ibid., 3.7.23) (Ruben, S. 209).

Die allgemeine Lehre der Upanishaden lautet nicht, die Welt der Erscheinungen sei unwirklich, wie manchmal angenommen wird; vielmehr erwächst diese aus dem Absoluten wie Funken aus dem Feuer sprühen oder wie ein Spinnennetz von der Spinne aus dem eigenen Leib gesponnen wird. Das „Vergängliche" und das „Entfaltete" sind genauso Teil des „ungeteilten" Brahman wie das „Unvergängliche" und das „Unentfaltete". Uneingeschränkter Monismus findet sich in der verhältnismäßig späten *Māndūkya* Upanishad, aber dieser ist für die Upanishaden an sich sowie für die meiste spätere heilige Literatur untypisch. Die Schlußfolgerung, daß überhaupt nichts *ist* außer dem Einen, wird durch einen Vergleich mit dem Schlaf vollziehbar gemacht. In seinen Träumen „emaniert der Schläfer eine „objektive" Welt, und da der Mikrokosmos ein genaues Abbild des Makrokosmos ist, muß man folgern, daß die Welt, in der wir leben, der Traum des Brahman ist. Im Tiefschlaf (und im Tode) jedoch wird alles eins; das aber bedeutet der *Māndūkya* zufolge nicht Bewußtlosigkeit, sondern „Fülle der Weisheit, aus Wonne bestehend". Dieser Zustand entspricht im Bereiche des Makrokosmos dem Brahman-Ātman in seiner Eigenschaft als Weltschöpfer, als stofflicher Grundlage, aus welcher der kosmische Traum hervorgeht. „Er ist der Herr des Alls, er ist der Allwissende, er ist der innere Lenker, er ist die Wiege des Weltalls, denn er ist Schöpfung und Vergang der Wesen" (Deussen, S. 578).

Entspricht mithin der traumlose Schlaf des Mikrokosmos dem Gott, der bewirkenden und stofflichen Ursache des Alls, im Makrokosmos, dann muß es noch einen vierten Zustand außer dem des Wachens, des Träumens und des traumlosen Schlafes geben, der mit dem Absoluten absolut identisch ist. Einen solchen vierten Zustand gibt es:

> Kein inneres Bewußtsein, kein Bewußtsein der Außenwelt habend, ohne dieses beiderseitige Bewußtsein, nicht durch und durch Bewußtsein, nicht bewußt, nicht unbewußt, unsichtbar, nicht mit Worten auszudrücken, unfaßbar, unbestimmbar, unvorstellbar, unbeschreibbar, ganz in der Idee des eigenen Selbstes aufgehend, die Erscheinungswelt austilgend, stillzufrieden, glücklich, zweitlos, das betrachten sie als die vierte (höchste) Stufe, das ist der Ātman (das Selbst), den soll man erkennen.
>
> (Geldner, S. 136)

Hier erscheint die Identifizierung des Brahman mit dem Ātman in ihrer extremsten Form. Die Grundlage des gegenständlich-sichtbaren Alls und die menschliche Seele sind absolut und identisch gleich. Sämtliche Ausdrücke, die in den älteren Upanishaden das Absolute mit Handlung, Wille oder Intellekt in Verbindung bringen – Fügungen wie ‚Innerer Lenker', Herr, König oder Gott, sind nichts weiter als dürftige Näherungswerte, mit denen eine unbeschreibliche Realität erfaßt werden soll, für die es nur eine richtige Formulierung gibt: das ,Zweitlose'. In dieser absoluten Nicht-Zweiheit erreicht eine bedeutende Strömung im hinduistischen Denken ihren Gipfel.

DRITTES KAPITEL

MOKSHA

Was den Hinduismus ebenso wie seinen Sproß, den Buddhismus, am schärfsten von den Religionen semitischen Ursprungs unterscheidet, ist der uneingeschränkte Glaube an die Lehre von der Wiedergeburt, der Reinkarnation oder Seelenwanderung. In den Saṁhitās oder Brāhmanas findet sich davon keine Spur, erst wenn wir zu den Upanishaden gelangen, begegnet uns zum ersten Male diese Lehre, die im gesamten hinduistischen Denken die zentrale Stellung einnehmen sollte. Im Rig-Veda wird die Seele der Toten vom Feuergott Agni, der den physischen Leib während der Einäscherung verzehrt, ins himmlische Reich emporgetragen, wo sie sich mit den Göttern in vollkommener, von Sorgen ungetrübter Seligkeit vergnügt. Die Freuden der Seele stellt man sich – wie dies auch in der iranischen Überlieferung geschieht – von materieller Art vor: Die Seele empfängt einen neuen, „subtileren" Leib, ihr Leben ist ein Abbild des menschlichen Erdendaseins, aber nun ist es erlöst von allen Unvollkommenheiten, die hier unten von ihm nicht zu trennen sind. Man wird sich an himmlischen Speisen und Getränken laben, mit Vater, Mutter, Gattin und Söhnen sich wieder vereinen, die Wonnen der Liebe genießen, ewiges Licht und ungehinderte Bewegung, milde, kühlende Lüfte und rasch dahinströmende, erfrischende Fluten, sanfte Musik und Ströme von Milch, Soma, Honig und Wein (AV, 4.34.5–6). Es wird weder Reiche noch Arme geben, weder Mächtige noch Unterdrückte, auch Krankheit, Alter und jede Art körperlicher Mißgestalt fehlen. Die Wonnen der Seligen werden hundertmal größer sein als die höchste Seligkeit auf Erden. So vieles wird dem rechtschaffenen Verstorbenen zuteil.

Von den Qualen der Hölle weiß der Rig-Veda wenig zu sagen. Es gibt einen „Abgrund" unter den drei Welten, in den die Übeltäter geschleudert werden. Im Atharva-Veda ist dies die „unterste Dunkelheit", die „schwarze Dunkelheit", oder „blinde Dunkelheit".

In den Brāhmanas erscheint die Vorstellung eines Gerichtes nach dem Tode zum ersten Male: Die Werke der Menschen werden auf der Waage gewogen, sie empfangen Lohn oder Strafe je nach ihren guten oder bösen Taten. Die Gerechten werden von den Ungerechten geschieden in Gegenwart Yamas, des Ahnherrn der Menschenrasse, der selbst der erste war, der starb, er, der in der späteren Literatur der König im Lande der Toten und der personifizierte Tod selbst werden sollte. Es wird jedoch stärkeres Gewicht auf das Los der seligen Toten gelegt als auf die Qualen, von welchen die Ungerechten heimgesucht werden. Man spricht von den Seelen der Verstorbenen als von den „Vätern" – Ahnengeistern, die genauso wie die Götter ihren Anteil am Opfer fordern, obwohl die Opferung, die ihnen zuteil wird, anders geartet ist. Kinderlos zu sterben, ist etwas Schreckliches, denn die „Welt der Väter" wird dem Manne, der keinen Sohn hat, welcher das Begräbnisritual ausführen kann, nicht geöffnet werden.

Im Rig-Veda tafeln die „Väter" mit den Göttern (7.76.4) und zechen mit Yama, ihrem Vorfahren (10.14.10). Sie verbringen ihr unsterbliches Dasein mit den Göttern, welchen sie in jeder Hinsicht ähneln. In der *Bṛhadāranyaka* Upanishad (6.2. 15–16) jedoch wird ein Unterschied zwischen dem „Weg der Götter" und dem „Weg der Väter" gemacht. Ersterer ist der Weg derer, welche den Glauben haben, der zweite ist der Weg derer, die in gehöriger Weise Opfer dargebracht haben, im Spenden von Almosen freigebig waren und Askese geübt haben. Der erste Weg ist der einer geistigen Elite, beim zweiten handelt es sich um den jener rechtschaffenen Männer, die nichts weiter getan haben als den Vorschriften der überlieferten Religion zu folgen. Die ersteren, durch das Feuer, welches ihre erdenschweren Körper verzehrt, gereinigt, gelangen in die Flamme, in den Tag und in die Welt der Götter und von dort in den Blitz. „Daraus naht diesen ein geistiger *(mānasa)* Mann und bringt sie in die Brahmanwelt. ... Von dort kehren sie hierher nicht mehr zurück." (Hillebrandt, S. 95 f.) Sie haben die ewige Seligkeit erlangt. Die Anhänger des Opferkults jedoch gelangen in den Rauch, in die Nacht und in die Welt der Väter; schließlich kommen sie zum Mond. Dort werden sie zur Speise der Götter, aber „nachdem dieses verstrichen, so gehen sie ein hier in den Äther, aus dem Äther in den Wind, aus dem Winde in den Regen, aus dem Regen in die Erde. Nachdem sie in die Erde gelangt, so werden sie zu Nahrung und werden abermals in dem Mannopfer geopfert und darauf in dem Weibfeuer gezeugt, und erstehen aufs neue zu den Welten. In dieser Weise laufen sie um im Kreise. Aber die, welche diese beiden

Pfade nicht kennen, die werden zu dem, was da kreucht und fleugt und was da beißet" (Deussen, S. 508).

Hier begegnet uns zum ersten Male die Lehre von der Wiedergeburt. Drei Klassen werden bei den Seelen unterschieden: die Seele, die auf den Glauben baut (vermutlich an die Ewigkeit des Ātman), die Seele, welche den vedischen Pflichten genügt und Opfer darbringt, Almosen spendet und Askese übt, und die Seele, die von beiden „Wegen" nichts weiß. Die erste wird vom Kreislauf der Wiedergeburt befreit, die zweite kehrt in menschlicher Gestalt auf diese Welt zurück, während die dritte zum Leben eines Insekts oder Reptils verdammt wird.

Der terminus technicus für einen religiösen Ritus lautet *karma;* und vedischem Glauben gemäß bewirkt jeder heilige Akt ein angemessenes Resultat oder eine „Frucht". Der Ritus produziert mit Hilfe der Unabänderlichkeit des Gesetzes von Ursache und Wirkung das Resultat, für welches er eingesetzt wurde, seien es nun eine Fülle von Söhnen oder Reichtum, die Vernichtung eines Feindes oder die Wonnen des Paradieses. Ähnlich wird ein fehlerhaft praktizierter Ritus nach demselben unentrinnbaren Gesetz eine Katastrophe heraufbeschwören. Das Verdienst liegt im Ritus selbst, unabhängig von Menschen oder Göttern. *Karma* bedeutet jedoch nicht nur Opfer-‚Handlung', es bezeichnet auch das ‚Handeln' im allgemeinen. Das einem Brāhmanen angemessene „Handeln" ist ja eigentlich das Opfern und das Studium des Veda, das einem Kshatriya geziemende Tun ist das Kriegführen, während es beim Śudra im Dienst an den anderen Kasten besteht. Mit *karma* werden somit zunächst die den vier großen Klassen entsprechenden Tätigkeiten bezeichnet, sodann das Tun im allgemeinen, sowohl „gutes" als auch „böses" Tun. So erfahren wir aus einer anderen Version der oben zitierten Stelle, daß die Leute, deren Wandel „erfreulich" *(ramanīya)* ist, in einen Brāhmanenschoß, einen Kshatriyaschoß oder Vaiśyaschoß eingehen werden, die aber einen „stinkenden" Wandel haben, werden in einen Hundeschoß, einen Schweineschoß oder – was genauso unrein und gemein ist – in den Schoß einer Kastenlosen eingehen (ChU, 5.10.7). Jede Handlung, sei sie ritueller oder weltlicher Art, zeitigt unweigerlich die ihr entsprechende gute oder böse „Frucht".

Diese Lehre, die schon so bald zum hervorragendsten Unterscheidungsmerkmal des Hinduismus werden sollte, war zur Zeit der ältesten Upanishaden noch ein streng gehütetes Geheimnis. In einer wohlbekannten Textstelle (BU, 3.2.13) wird Yājñavalkya, einer der hervorragendsten Weisen der Upanishaden, von einem Freunde gefragt, was übrigbleibe, wenn der Atem im Wind vergeht, das Auge in der Sonne, das Ohr im Mond, das „Selbst" *(ātman)* im Raume usw., und jener antwortet: „‚Faß mich, Artabhāga, mein Teurer, an der Hand; darüber müssen wir beide unter uns allein uns verständigen, nicht hier in der Versammlung.' – Da gingen die beiden hinaus und beredeten sich; und was sie sprachen, das war Werk *(karma)*, und was sie priesen, das war Werk *(karma)*. – Fürwahr, gut *(punya)* wird einer durch gutes Werk, böse durch böses. Da schwieg des Ritabhāga Sohn" (Deussen, S. 433).

Da nun alles Tun in der zeitlichen Welt eine Wirkung oder „Frucht" zutage fördert, kann es folgerichtig für den Kreislauf von Geburt, Tod und Wiedergeburt kein Ende geben, wenn es nicht gelingt, jene Kette von Ursache und Wirkung zu durchbrechen. Die Upanishaden lehren aber, daß die menschliche Seele in ihrem innersten Wesen in gewisser Hinsicht identisch mit dem Brahman ist, dem unwandelbaren Etwas, das auch Quelle allen Wandels ist. Diese Seele muß also von dem gewöhnlichen empirischen Selbst, das von einem Körper zum anderen hinüberwandert und seine Last an *karma* mit sich trägt, verschieden sein. Wie man sich diese ewige Seele vorzustellen hat und wie sie aus ihrer tatsächlichen oder imaginären Verbindung mit dem psychosomatischen Komplex, der da denkt, will und handelt, losgelöst werden kann, das ist seit den Tagen der Upanishaden die entscheidende Frage, die sich dem religiösen Bewußtsein der Hindus stellt.

Die Lehre vom *karma*, die so unauflöslich mit der von der Seelenwanderung verknüpft ist, weil sie – so meinte man – wie keine andere Doktrin die Ungleichheiten von Geburt und Begabung und die Heimsuchung der Unschuldigen im Leiden zu erklären vermag, paßt naturgemäß nicht in die vedische Konzeption vom Leben nach dem Tode, derzufolge die Guten im Himmel belohnt und die Bösen in der Hölle bestraft werden. Diese Lehre wurde nie völlig aufgegeben, sondern mit der neuen Lehre in einer nicht eben sehr harmonischen Synthese verbunden. In der *Kaushītaki* Upanishad (1.2–6) steigen die Seelen der Toten zum Mond auf, der die Pforte zur Himmelswelt ist; dort werden sie nach ihrer Identität befragt, und wenn sie die falsche Antwort geben, d. h. wenn es ihnen nicht gelingt, ihre Identität mit dem Brahman zu erkennen, werden sie zu weiterem empirischen Sein in Gestalt von Menschen, Tieren, Vögeln, Fischen oder Reptilien verdammt, „je nach ihrem Werke, je nach ihrem Wissen". Wenn aber die Seele die richtige Antwort gibt und sagt: „Jahreszeit bin ich . . . Du bin ich!", beschreitet sie den Götterweg. Auf diesem gelangt sie zum Strome ‚Alterlos', wo sie ihr gutes und ihr böses *karma* von sich schüttelt, „gleichwie ein Roß seine Mähnenhaare abschüttelt“ (ChU, 8.13), und „gleichwie einer, auf einem Wagen schnell fahrend, auf die Wagenräder hinabblickt (deren Speichen ihm verschwimmen), so blickt er hinab auf Tag und Nacht, so auf gute und böse Werke und auf alle Gegensätze; er aber, frei von guten und bösen Werken, als Brahmanwisser, geht zu dem Brahman ein *(adhiparaiti).*“ Durch das Wissen um das Brahman und das Wissen, daß man selbst das Brahman *ist,* wird alles materielle Sein überwunden, alle Gegensätze werden beseitigt, gute und böse Taten, man geht „bereiteten Selbstes, in die unbereitete (unerschaffene) Brahmanenwelt ein“ (ChU, 8.13) (Deussen, S. 201). Von dort gibt es keine Wiederkehr.

Die große Entdeckung der Weisen der Upanishaden bestand darin, daß die Seele unsterblich ist, insofern als sie ihr wahres Sein außerhalb von Raum und Zeit besitzt, daß daher ihre Verbindung mit der materiellen Welt – der Welt des *saṁsāra* oder des ewig beständigen Wechsels – vorübergehend und in gewisser Hinsicht unwirklich sein muß. Es hat in allen Religionen, ja selbst außerhalb jeder Religion, Mystiker gegeben, die das zeitlose Sein leibhaftig erfahren haben, aber nicht alle Religionen glauben an die Seelenwanderung, sie messen jener beseligenden Erfahrung daher nicht die überwältigende Bedeutung bei, welche ihr die Hindus zweifellos zuerkennen; denn allen, denen der Glaube an die Seelenwanderung fehlt, dürfte dieses Erlebnis nicht mehr bedeuten als eine Vorwegnahme des Todes, die auch jeder Erfahrung, welche die Seele in Raum und Zeit machen kann, ein Ende setzen muß. Aber für den Hindu ist das Leben in Raum und Zeit ohne Anfang und – wenn der Weg zur Erlösung nicht gefunden wird – auch ohne Ende; in *diesem* Sinne wird das ewige Leben zu einer zermalmenden Bürde in seiner endlosen, sinnlosen und zwecklosen Wiederkehrlichkeit. Mit der Entfaltung der verschwisterten Lehren von *karma* und *saṁsāra* wurde die Auflehnung gegen nie endendes Dasein durch niemals endenden Tod in einer erfahrungsgemäß unvollkommenen Welt immer heftiger. Den Hindus wurde die Welt nicht ein für allemal erschaffen, auch war ihr kein Ende gesetzt: Von Ewigkeiten her hatte sie sich immer wieder neu aus sich erschaffen und in ihren gestaltlosen und „nicht-manifesten“ Zustand zurückverwandelt, und diese Zeiträume von Entfaltung und Verfall wurden die Tage und Nächte Brahmās genannt. Jeder Tag, jede Nacht Brahmās dauert tausend Götterjahre, jedes Götterjahr entspricht zwölftausend Menschenjahren. Somit währt jeder Tag Brahmās, der das Hervortreten des Alls aus der göttlichen Substanz und seine Auflösung, durch die es in jene zurückkehrt, sieht, zwölf Millionen Jahre, und weitere zwölf Millionen Jahre lang – die Nacht Brahmās – bleibt alles in dem Einen Brahman im Zustand reiner ruhender Wirkkraft beschlossen und wartet auf die abermalige Verwirklichung. Jedes „Götterjahr“ wird wiederum in vier Abschnitte oder *yugas* variierender Länge eingeteilt, von denen das erste, das Alter des *Kṛta*, 4800 Jahre dauert, das zweite oder das des *Tretā* 3600, das dritte oder das des *Dvāpara* 2400 und das letzte, das Zeitalter der *Kali*, in dem wir nun leben, nur 1800 währt. Bei jeder Erneuerung tritt die Welt in vollkommenem Zustand aus dem Schoße des Brahman hervor, in ihr sind *dharma* und Wahrheit „vierfüßig“ und unversehrt, kein Mensch kann irgend etwas gewinnen, wenn er den *dharma* verletzt: So wie der *dharma* in Ewigkeit besteht, wird er in der Zeitlichkeit getreu widergespiegelt. Dieser ideale und idyllische Zustand, in dessen Verlauf ein Menschenleben im Durchschnitt vierhundert Jahre andauert, hat jedoch nie längere Dauer. Diebstahl, Falschheit und Betrug schleichen sich ein, und schon im *Tretā*-Zeitalter überdauert ein Menschenleben selten mehr als hundert Jahre. So ist die hinduistische Vorstellung vom Kosmos beschaffen: Er ist ohne Anfang und ohne Ende sowohl im Raum als auch in der Zeit, die Seele des Menschen muß immer wieder aufs neue diese Reise ohne Ende antreten und aus dem einen Dasein und dem einen Leib in ein anderes übergehen, wie sich eine Raupe unaufhörlich von einem Grashalm zum nächsten hinüberzieht. (BU, 4.4.3) Durch jedes *kalpa* setzt die Seele ihren mühseligen Lauf fort, immer mehr *karma* sammelt sie dabei an, gutes und böses, und lädt jedes im zugehörigen himmlischen oder höllischen Bereich ab, und das alles nur, um wiedergeboren zu werden und die Bürde erneut aufzunehmen. Wenn das All dann wieder in seinen Ursprung aufgesogen wird und die Nacht Brahmās einsetzt, ist die Seele noch immer nicht frei, sondern nur ohne Bewußtsein; sie hat ihre Karma-Last vergessen. Sobald nämlich der 12 000 Jahre währende Zustand der Auflösung gewichen ist, muß sie wieder ihren Alpdruck auf sich nehmen. Dies wird weitergehen, nicht nur ein paar tausend Jahre lang, sondern Tausende und aber Tausende von *kalpas*, bis die Seele endlich auf ihre glückliche Erlösung hoffen darf (MBh, 12.281.31). Die Himmel und Höllen, welche der klassische Hinduismus aus seiner vedischen Vergangenheit übernommen hatte, fangen nun an, sich zu vervielfältigen, jeder Himmel, jede Hölle wird besonderen Klassen heiliger Männer oder Übeltäter zugeordnet. Die Götter selbst sind vom Gesetz des *karma* nicht ausgenommen; auch sie sind den Gesetzen von Ursache und Wirkung unterworfen, und einst kommt der Tag, an dem das gute *karma*, dem sie ihren erhabenen Rang verdanken, verbraucht sein wird. Dann werden sie als Menschen wiedergeboren werden, denn nur durch menschliche Inkarnation kann *moksha*, die endgültige Befreiung, erlangt werden.

Der *saṁsāra* wird erstmalig in der *Maitrī* Upanishad (1.3–4) ausführlich beschrieben, die wahrscheinlich unter allen ‚klassischen' Upanishaden die späteste ist; und diese Beschreibung ist nicht erfreulich. Die letzten der klassischen Upanishaden wurden wahrscheinlich etwa zur gleichen Zeit verfaßt, da die beiden großen heterodoxen Abkömmlinge des Hinduismus, der Buddhismus und der Jainismus, Gestalt gewannen, sie sind daher merklich von der durch Abscheu und Ekel bestimmten Haltung beeinflußt, welche diese beiden Glaubenssysteme gegen die vergängliche Welt des *saṁsāra* einnahmen. Des Menschen Leib, einst Mikrokosmos des Göttlichen, ist nur im Erscheinungsbilde schön; in Wahrheit ist er nicht mehr als ein Konglomerat übelriechender Unreinheiten, und das, was er seine Seele nennt, ist noch unreiner. In ihr sind „Leidenschaft, Zorn, Begierde, Wahn, Furcht, Verzagtheit, Neid, Trennung von Lieben, Bindung an Unliebes, Hunger, Durst, Alter, Tod, Krankheit, Kummer" (Deussen, S. 316). Vom kleinsten Insekt bis zum mächtigsten Gott befindet sich die ganze Welt im fortwährenden Zustand der Vereiterung und des Verfalls. Ozeane vertrocknen und Berge stürzen ein: Alles ist eitel, nur der Mensch ist Narr genug, danach zu verlangen. Er dürstet nach dem Leben und seiner Erfülltheit und weiß nicht, daß es gerade diese Liebe zum Leben ist, die ihn zum Sklaven des zwiefachen Übels von *karma* und *saṁsāra* macht – jenem *saṁsāra*, der wie ein Brunnen ohne Wasser ist, in dem der Mensch, ein Frosch, hilflos zappelt.

Saṁsāra bedeutet endlose Verlängerung des Lebens, und seit der Zeit der *Maitrī* Upanishad gilt das Leben selbst als das Übel, von dem Befreiung *(moksha)* gesucht wird. „Es gibt nichts Teureres als das Leben", wird im Mahābhārata wiederholt betont. Die Macht solchen Selbsterhaltungstriebes wird anerkannt, aber sie besteht nur, um von den edleren Gaben der Vernunft und der Selbstbeherrschung überwunden zu werden, die den Menschen vom Tier unterscheiden. Die Vernunft selbst muß aufgelöst und in der reinen Vision des Einen, das wahres „Selbst" und wahres Sein ist, überwunden werden. In der klassischen Formulierung des Vedānta ist es *sac-cid-ānanda*, „Sein, Bewußtsein und Wonne", eine Dreiheit, die alle Dreiheiten übersteigt, wie *moksha* die von der hinduistischen Überlieferung als berechtigt anerkannten drei Ziele des Lebens überragt: *kama, artha* und *dharma* – ‚Liebesverlangen oder Lust, das Erlanden von Reichtümern und das Streben nach Rechtschaffenheit'. Die derzeitige Welt, die Welt des *saṁsāra*, wird regiert oder sollte regiert werden vom *dharma*, der verpflichtend ist, solange wir auf und von dieser Welt sind; aber wenn einmal *moksha* erreicht ist, fallen die Fesseln des *dharma* und auch des *adharma*, der ‚Rechtschaffenheit' und der ‚Unredlichkeit', fallen Recht und Unrecht von uns.

> Was jenseits von Recht und Unrecht liegt, jenseits von Tat und Unterlassung, jenseits von Vergangenheit und Zukunft, das schauest du, das sage mir (KathU, 2.14).
>
> (Hillebrandt, S. 164)

Dieser Ruf des Naciketas, des Wahrheitssuchers, gilt Yama, dem Todesgott, der allein das Geheimnis der Unsterblichkeit kennt. Die Unvereinbarkeit von *dharma* und *moksha* und die Spannung zwischen ihnen ist im Großen Epos besonders auffällig sichtbar. Der Held, Yudhishthira, der *dharma-rāja* oder ‚König der Rechtschaffenheit' und damit *die* Verkörperung des *dharma*, stellt das menschliche Gewissen in seiner edelsten Ausprägung dar: Ihn hungert und dürstet nach Rechtschaffenheit, seine hohe Heiligkeit wird von jedermann anerkannt. Zugleich setzt er sein ganzes Vertrauen auf Krishna, den menschgewordenen Gott; allein Krishna zwingt ihn und die Seinen ständig zu Handlungen, die nicht nur zu dem *dharma*, wie er von den Brāhmanen gedeutet wird, in Gegensatz stehen, sondern auch zu jenem *dharma*, den der König der Rechtschaffenheit selbst verkörpert, der auch vom allgemeinen Gewissen des Menschengeschlechts als wahr erkannt wird. Denn Krishna ist Gott, das höchste Brahman in personifizierter Gestalt, und daher jenseits aller Gegensatzpaare, jenseits von Gut und Böse. So kommt es, daß Yudhishthira nach der blutigsten Schlacht der gesamten Literatur – in der mehr als eine Billion Menschen erschlagen wurden, damit Yudhishthira sein rechtmäßiges Königreich betreten kann, das er ohnedies bereitwillig im Besitz des Usurpators belassen hätte – Krishna bittet, ihn im *dharma* zu unterweisen; aber Krishna weigert sich, dies zu tun, und überträgt die Aufgabe dem sterbenden Bhīshma, dem beiden kriegführenden Parteien gemeinsamen „Ahnherrn". Als sodann Bhīshma von Yudhishthira Fragen zum Thema *moksha* gestellt werden, bleiben seine Beschreibungen dieses Zustandes so widersprüchlich und vage, daß Yudhishthira, die leibhaftige Geduld und Selbstbeherrschung, Anzeichen von Ermüdung zeigt, denn sein *karma* hat sich noch nicht erschöpft, er ist daher noch immer am *dharma* interessiert, am rechten Wandel, am guten Werk und am selbstlosen Dienst an seinem Volk: Noch ist er nicht reif für *moksha*, die er, wie er erfährt, erst im nächsten *kalpa* (MBh,

12.281.72–73) erlangen wird und nach welcher er ohnehin kein großes Verlangen zeigt, so bar jeglichen Inhaltes erscheint sie ihm.

Bhīshma kann ihm alles, was über *moksha* in Erfahrung zu bringen ist, berichten, und er folgt dabei einer Tradition, welche in der Oper eher zu Hause ist als im Epos: Er schildert nämlich in ungeheurer Breite, obwohl er im Todeskampf liegt, an ein Lager aus Pfeilen gefesselt. Krishna jedoch, der bei diesem Schauspiel nur Zuschauer ist, hüllt sich in Schweigen, obwohl er nicht nur um das Geheimnis der *moksha* weiß, sondern auch um das der Liebe Gottes zum Menschen, welcher sich die befreite Seele erfreuen darf, wenn Gott will. Statt dessen teilt er sein rettendes Wissen vor Beginn der großen Schlacht Yudhishthiras jüngerem Bruder Arjuna mit, den er so zärtlich liebt wie sich selbst, und die Worte, die er aus diesem Anlaß findet, bilden den Text der beliebtesten Schrift des Hinduismus, der Bhagavad-Gītā. Ebendiese erhabenen Worte, welche die Herzen von Millionen Menschen Indiens und der Welt bewegt haben, prägten sich Arjuna so wenig ein, daß er nach siegreich beendeter Schlacht Krishna fragt, ob er so gut sein wolle, sie zu wiederholen, da ihm ihre Bedeutung vollkommen entfallen sei. Warum – so fragt man – gefiel es dem inkarnierten Gott, seine Worte lieber an Arjuna zu verschwenden, statt sie an Yudhishthira zu richten, der danach dürstete, sie zu hören? Die naheliegende Antwort wäre, Krishna und Arjuna seien durch ewige Bande aneinandergeknüpft, denn sie waren Inkarnationen der unsterblichen Seher Nara und Nārāyana, die – entweder gemeinsam oder in Gestalt des Nārāyana allein – eine Manifestation des Höchsten Wesens darstellten. Damit wird jedoch das eigentliche Problem nur verschleiert. Yudhisthiras *karma* hat sich noch nicht erschöpft: er muß warten, bis es „reift", erst dann wird er *moksha* erlangen. Ihm das große Geheimnis vorzeitig zu erschließen, würde eine Verletzung des *dharma* an sich bedeuten, denn das Gesetz des *karma* ist untrennbar vom ewigen *dharma,* nicht einmal Gott kann es brechen, und schon gar nicht Yudhishthira, der – obwohl selbst Verkörperung des *dharma* – vielleicht in Versuchung geraten wäre, die Ketten des *karma* und damit auch die des *dharma* vor seiner Zeit abzuschütteln und so in die Freude seines Herrn einzugehen. Die letzten Worte, die Krishna in der Bhagavad-Gītā an Arjuna richtet, lauten: „Gib alle Pflichten auf und nimm allein zu mir deine Zuflucht. Sei nicht betrübt, denn ich werde dich von allen Übeln erlösen" (BG, 18.66). *Dieser* Versuchung hätte Yudhishthira vielleicht nachgegeben, aber seine Zeit war noch nicht gekommen.

Auf einer jüngeren Entwicklungsstufe des Hinduismus, welche die Bhagavad-Gītā eigentlich einleitet, war es möglich und ereignete es sich auch, daß die Gnade Gottes eingriff, um den Menschen aus den Fesseln des *karma* zu lösen, aber dieser Weg war dem ‚König der Rechtschaffenheit' nicht beschieden. Ihm war das Rad des Lebens – so hoffte er zumindest in aller Demut – keine sinnlose Maschinerie: jeder Mensch mußte sein unauswechselbares Geschick erfüllen, seinem *dharma* folgen, erst dann konnte er die Bürde der Pflicht, der Verantwortlichkeit und des geduldigen Ausharrens unter der Last des Unrechts ablegen. Dies war nicht eigentlich der allgemein gültige *dharma* seiner Zeit, auch sollte er in der Entwicklung des Hinduismus überhaupt erst deutlich hervortreten, als Indien mit der unmoralischen, aber moralisierenden westlichen Welt des 19. Jahrhunderts in Berührung kam, denn sogar bei der Wiederbelebung des Hinduismus durch die Bhakti-Kulte mit ihrer verzückten Hingabe an Gott kam es viel mehr auf das Entrinnen aus diesem Leben und die Rettung zu Gott an als auf das mit dem Willen Gottes übereinstimmende Streben nach dem *dharma* auf Erden.

Der *dharma* ist ja ‚subtil' und ‚schwer zu begreifen'. Er ist schwer verständlich, weil die Welt des *saṁsāra* schlimmer ist als ein „Tal der Tränen", weil sie ein entsetzlicher Dschungel ist, den wilde Tiere und Giftschlangen bevölkern, die einen zu verschlingen suchen. Von Entsetzen gepackt, späht der glücklose Mensch vergeblich nach einem Fluchtweg, er verirrt sich statt dessen und fällt in eine Grube, deren Öffnung mit Schlingpflanzen überdeckt ist. Diese umklammern seine Glieder, er bleibt in der Grube mit nach unten hängendem Kopfe hängen. Aber das ist erst der Anfang seiner Leiden, denn wenn er den angstvollen Blick auf den Grund der Höhlung richtet, sieht er eine gewaltige Schlange, die geduldig auf seinen Fall wartet, während an der Grubenöffnung ein riesiger Elephant steht, bereit, ihn zu Tode zu trampeln, sollte er sich wieder nach oben schwingen. Aber ein glücklicher Zufall wollte es, daß am Rande der Grube ein Baum wuchs, auf dem eine Honigwabe war; zwar lockte sie stechende Insekten an, aber aus ihr tropfte süßer Honig, den er, wenn er Glück hatte, im Herabträufeln auffangen konnte. Dies gewährte ihm große Linderung und lenkte ihn von den Schrecknissen der Grube ab; aber sein Trost war nur von kurzer Dauer, denn er sah, daß die Wurzeln des Baumes von Mäusen abgenagt wurden, weißen und schwarzen Tieren, den Tagen und Nächten der alles verzehrenden Zeit. Und er sah, daß der Baum unweigerlich herabstürzen und ihn mit sich zum Boden der Grube hinabreißen mußte, wo die mächtige Schlange begierig darauf lauerte, ihn zu verschlingen (MBh, 11.5). Solches erzählt die Parabel vom *saṁsāra*, den die Hindus mit den Jainas teilen.

Dieser extreme Pessimismus ist für die Jainas typischer als für die Hindus, denn sowohl Jainas wie auch Buddhisten sahen in dieser Welt einen Ort des Schreckens und der Schmerzen. Die Freude erschien ihnen kurzlebig und trügerisch, sie verhüllte nur für einen Augenblick die harte Wirklichkeit des Schmerzes, des naturgemäßen Zustands zeitlichen Seins. Daher mußte für alle drei Glaubensrichtungen die vordringliche Aufgabe die Suche nach einem sicheren Ausweg aus der Welt des *saṁsāra* sein, der zu etwas führt, das jenseits des Zeitablaufs liegt – dem Nirvāna der Buddhisten, dem Brahman-Ātman der Hindus.

Wir haben gesehen, welch ein Gefühl des Entsetzens die Welt im Gemüt des Hindu der klassischen Epoche entfachte (wenn auch die zitierte Parabel einen Extremfall bezeichnet). Wie aber stellte sie sich dem Intellekt dar? Die Grundtendenz der Upanishaden ist pantheistisch, sie wird vielleicht am besten in folgendem Vers aus der Gītā zusammengefaßt (6.29):

> Er, dessen Selbst durch Yoga in Einklang gebracht ist,
> sieht das Selbst in allen Wesen wohnen und alle Wesen im Selbst.

Das bedeutet, daß, wer *moksha* erlangt hat, das Ewige im Zeitlichen *sehen* kann, das Zeitliche daher als im Ewigen „begründet" und an ihm teilhabend. In den Upanishaden wird dies ganz deutlich, denn das Brahman ist sowohl „geformt" als auch „formlos", ebenso „hier" wie „jenseits", „Nicht-Seiendes" und „Seiendes", „sterblich" und „unsterblich", und doch nichts von alledem; wie es auch immer beschrieben wird – man kann mit „Nein, nein" *(neti, neti)* antworten. Weder in den Upanishaden noch in der Gītā wird eine strikte Trennlinie zwischen dem Ewigen und dem Zeitlichen gezogen.

In der klassischen Epoche des Hinduismus gewann jedoch die sogenannte Sāṁkhya-Analyse der Wirklichkeit allmählich in zunehmendem Maße Gültigkeit, und in der *Praśna* Upanishad (4.8) sind die wesentlichen Bestandteile dieses Systems bereits vorhanden, während die *Śvetāśvatara* und die *Maitrī*, die allgemein als die spätesten Upanishaden gelten, von ihr bereits durchdrungen werden. Seine klassische Formulierung findet sich jedoch im *Sāṁkhya-Kārikā*, der einem gewissen Kapila zugeschrieben wird; möglicherweise ist dieser mit einem Weisen gleichen Namens identisch, welcher in der *Śvetāśvatara* Upanishad erwähnt wird.

Der Sāṁkhya (in der Wortbedeutung ‚Aufzählung') teilt das Sein in fünfundzwanzig Kategorien auf. Von diesen sind vierundzwanzig Hervorbringungen der *prakṛti* oder Natur, sie sind Modifikationen und Verwandlungen unterworfen. Die fünfundzwanzigste ist *purusha,* die ‚Person', die unzerstörbar und keinem Wandel unterworfen ist: Sie ist die Seele. Der Ausdruck, der im klassischen Sāṁkhya-System verwendet wird, hat mit dem *Purusha,* dem Urmenschen, der uns im Rig-Veda und in den Upanishaden begegnete, nichts zu tun, denn im Sāṁkhya gibt es nicht nur eine einzige „große Seele", sondern eine unendlich große Anzahl von Einzelseelen, die sich sämtlich von allen übrigen unterscheiden. Die vierundzwanzig Kategorien der Natur sind – abgesehen von der Natur selbst –: *mahat,* das ‚Große', auch *buddhi* genannt, ‚Bewußtheit' oder ‚Intellekt' (manchmal auch die ‚große Seele'); *ahaṁkāra,* das ‚Ich-Prinzip'; *manas,* der ‚Geist', d. h. die Fähigkeit, die alle durch die Sinne übermittelten Informationen ordnet, bei den Scholastikern mit sensus communis umschrieben; die fünf Sinnesorgane (Gesicht, Gehör, Geruch, Geschmack und Gefühl); die fünf ‚motorischen' Organe (Rede, Gebrauch der Hände, Fortbewegung, Entleerung und Fortpflanzung), die fünf ‚feinstofflichen' Elemente, welche den fünf Sinnesorganen entsprechen (Objekte des Sehvermögens, des Gehörs etc.) und die fünf grobstofflichen Elemente, welche aus den fünf feinstofflichen Elementen hervorgehen sollen (der Äther oder Raum aus dem Schall, die Luft aus der Berührung, das Feuer aus dem Sehvermögen, das Wasser aus dem Gefühl, die Erde aus dem Geruch). *Mahat* oder *buddhi* erwächst unmittelbar aus der Natur, *ahaṁkāra,* das Ich-Prinzip, aus *mahat,* während alle übrigen Kategorien direkt oder indirekt aus dem Ich-Prinzip hergeleitet werden. Das gesamte System läßt sich folgendermaßen schematisch darstellen:

1. *Purusha*

2. *Prakṛti* (Natur)
 |
3. *Mahat-Buddhi* (Bewußtheit, Vernunft)
 |
4. *Ahaṁkāra* (Ich-Prinzip)
 |
- 5. *Manas* (Geist)
- 6–10 Sinnesorgane
- 11–15 Motorische Organe
- 16–20 Feinstoffliche Elemente
  - 21–25 Grobstoffliche Elemente

Auch hier wird zwischen Makrokosmos und Mikrokosmos kein deutlicher Unterschied gemacht. ‚Bewußtheit' und ‚Ich-Prinzip' sind beiden gemeinsam, im Bereich des Makrokosmos stehen sie jenseits der Subjekt-Objekt-Beziehung. Demnach könnten sie in dieser Hinsicht als mit der Natur selbst identisch erscheinen, die ja auch das ‚Undifferenzierte' genannt wird. Dieses würde wiederum dem makrokosmischen Brahman der Upanishaden entsprechen, welches die „undifferenzierte" Quelle alles Manifesten ist, das Formlose, das hinter dem Geformten steht, in unserer Terminologie die ‚Urmaterie'. Aber das Brahman ist, wie wir gesehen haben, auch ewiger und unwandelbarer Geist. Hier trennt sich der Sāṁkhya gänzlich von der Lehre der Upanishaden; denn für den Sāṁkhya sind *purusha*, die geistige Essenz, und *prakṛti*, die Natur oder der den Verstand tragende Stoff, völlig unterschiedlicher Art. Zudem ist der *purusha* des Sāṁkhya, anders als der Purusha des Rig-Veda und der älteren Upanishaden, nicht einer, sondern viele: Einzelseelen und Summe aller Einzelseelen, die sämtlich ewig sind, insofern als ihr natürliches Sein außerhalb der *prakṛti* und unabhängig von dieser besteht, außerhalb der Welt des *saṁsāra*, jenseits von Raum und Zeit, die diese Welt bestimmen. Wie diese zeitlosen Monaden jemals zur Vermischung mit der Materie gelangen konnten, wird nie erklärt; aber die Natur, die ja selbst weiblich ist und daher *purusha*, dem Mann – also der Seele – gleichsam in Liebe zugetan ist, hat die Aufgabe, ihn aus ihrer eigenen Umarmung zu befreien, wie sehr dies auch vielleicht wider die Natur zu sein scheint.

Von fundamentalerer Bedeutung als die vierundzwanzig Kategorien sind jedoch für die Struktur der *prakṛti* oder Natur die drei ‚Strähnen' oder *gunas*, die ihr Sein bis in die entferntesten Winkel durchdringen. Sie heißen *sattva*, *rajas* und *tamas*, wörtlich: ‚Zustand des Seienden, Tätigkeitsdrang und Dunkelheit'. Die landläufige Übersetzung lautet: ‚Güte, Tatkraft und Stumpfheit'. *Sattva* ist das Wesen der Klarheit und heiteren Gemütsruhe, *rajas* das wirksame Prinzip, welches das *karma* in Bewegung setzt, und *tamas* engt ein und hemmt, es verführt zu apathischer Lethargie. Von diesen kommt *sattva* dem Wesen des *purusha* am nächsten, es stellt das Mittel dar, durch welches die Natur die Befreiung *purushas* aus ihrer Umarmung fördert, während sowohl *rajas*, welches das *karma* begünstigt und dadurch *purusha* (die Seele) mit noch engeren Schlingen fesselt, als auch *tamas*, welches sie blind und stumpf macht, seine Reise in die Heimat aufhält.

Die Vorstellung von *moksha* im Sāṁkhya ist somit von der der Upanishaden gänzlich verschieden. Sie will *nicht* alles im Selbst und das Selbst in allem sehen; vielmehr soll das Selbst oder die Seele – wobei das ‚Selbst' nicht universales und alles-durchdringendes Selbst oder Weltseele, sondern ein Selbst unter zahllosen anderen ist – von allen anderen Dingen *isolieren*, sowohl von der ganzen Welt des *saṁsāra* als auch von allen übrigen ‚Selbsten', die, gleich diesem einen, eigenständige, in sich geschlossene Monaden sind.

Die Bedeutung des Sāṁkhya liegt darin, daß er eine Theorie über den Aufbau der Erscheinungswelt in vierundzwanzig *tattvas* oder Elementen und drei *gunas* oder ‚Strähnen' liefert, die in der späteren Literatur, sowohl der philosophischen als auch der ausschließlich religiösen, nahezu uneingeschränkte Gültigkeit erlangen sollte. Noch bedeutsamer ist, daß er die theoretische Grundlage lieferte, auf welche die Yoga-Übungen gestellt wurden. Diese ist von der in den Upanishaden vorherrschenden pantheistischen Strömung insofern gänzlich verschieden, als sie kein Absolutes gelten läßt, in dem das Zeitliche und das Ewige versöhnt werden, die Identität der Einzelseele mit der Höchsten Seele in keiner Form anerkennt – und zwar aus einem sehr triftigen Grund: sie leugnet die Existenz der letzteren –, zudem betrachtet sie *moksha* nicht als der Seele Eingehen in ein unpersönliches Brahman, sondern als ihre vollständige Isolation im Rahmen ihres eigenen ewigen und zeitlosen Wesens. Vor diesem Hintergrund müssen wir den Yoga sehen, eine Technik, die – möglicherweise in vor-arischer Zeit – ersonnen wurde, die „Befreiung" mit physiologischen und psychologischen Mitteln ins Werk zu setzen. Zudem wurde der Yoga von Anfang an von Buddhisten und Jainas aufgegriffen, die beide weder die Existenz eines unpersönlichen Absoluten noch die eines persönlichen Gottes anerkannten, sondern nur ein außerhalb der Zeit existierendes Etwas gelten ließen, das allen menschlichen Seelen innewohnt, ein Etwas, das bei den Buddhisten mehr oder weniger unbestimmt bleibt, von den Jainas aber als atomistische Monade eingeordnet wurde.

Das Wort *Yoga* wird eigentlich in zwei unterschiedlichen Bedeutungen gebraucht. Der im Westen besser bekannte Wortsinn bezeichnet die physische, geistige und psychische Technik, welche in Indien von den Anhängern der bedeutenderen philosophischen Schulen geübt wird, und zwar entweder zu rein geistigen Zwecken oder zur Erzeugung größtmöglichen physischen, geistigen und seelischen Wohlbefindens. Der zweite Wortsinn wird zur Bezeichnung einer der sechs klassischen philosophischen Schulen verwendet, der *Yoga-darśana* oder Yoga-Weltschau. Diese Yoga-Philosophie ist dem Sāṁkhya so nahe verwandt, daß man beide zusammen gewöhnlich den Sāṁkhya-Yoga nennt; wobei Sāṁkhya die theoretische Grundlage liefert, Yoga die zur Erreichung des vom Sāṁkhya ins Auge gefaßten höchsten Zieles nötige Technik, d. h. also der völligen *Isolierung* der Einzelmonade, die sowohl die Seele aus allen anderen Seelen als auch die Seele aus dem ganzen Reich der Natur ist.

Im Yoga-System wird dieses Ideal in acht Stufen erreicht. Die beiden ersten stellen die ethische Vorbereitung dar, die übrigen sechs die kontemplative Askese. Auf der ersten Stufe werden die negativen Tugenden eingeschärft, wie Enthaltung allen schädigenden Tuns *(ahiṁsā,* Gandhis ‚Gewaltlosigkeit'), Wahrhaftigkeit, Enthaltung jeglichen Diebstahls, geschlechtliche Reinheit und Verzicht auf Eigentum. Auf der zweiten Stufe werden die positiveren Tugenden entfaltet: Reinheit, Zufriedenheit, asketische Zucht *(tapas),* Studium der Schrift und ‚Hingabe an Gott' (*īśvara-pranidhāna*).

Die Tatsache, daß Gott in diesem Zusammenhang erwähnt wird, bedarf der Erläuterung. Das Sāṁkhya-System läßt eigentlich keinen Gott gelten, erklärtes Ziel des Sāṁkhya und auch des Yoga ist nicht die Vereinigung mit Gott (wie viele populäre Abhandlungen zu diesem Gegenstand uns glauben machen wollen), sondern völlige Isolierung der Seele in der Seele. Was ist dann aber mit ‚Hingabe an Gott' in diesem Zusammenhang gemeint? Betrachten wir, was die *Yoga-sūtras,* das klassische Lehrbuch zu diesem Thema, zu sagen haben.

> „Der Herr *(īśvara)*", so sagen sie, „ist ein *purusha* (Seele) besonderer Art, unberührt von den ‚Drängern', vom ‚Gesetz der Werkreife' und von der ‚unterbewußten Liegenschaft'. Ihm eignet die Keimkraft des Allerkenners in Absolutheit. Er war auch der Lehrer *(Guru)* der Alten, da ihm keine Grenze gesetzt ist durch die Zeit" (YS, 1.24–26) (Hauer, S. 241).

Demnach unterscheidet sich Gott von anderen Seelen nicht insofern, als er ewig und ohne Ende in der Zeit ist, denn dies entspricht nur dem natürlichen Zustand aller Seelen, sondern er unterscheidet sich tatsächlich nur insofern, als er niemals von Materie und Natur berührt wird. Den Kommentaren zufolge ist er auch für die Erhaltung der kosmischen Ordnung verantwortlich, für die Einkerkerung der Seelen in die Materie sowie für ihre endliche Befreiung aus dieser. Der Seele nützt er jedoch eher als ideales Objekt der Kontemplation, denn er ist das göttliche Urbild aller Seelen: Durch Kontemplation Gottes wird man Gott *ähnlich;* davon, daß die Seele tatsächlich Gott wird, wie ebenfalls oft unverantwortlicherweise behauptet wird, kann überhaupt nicht die Rede sein. *Moksha* heißt somit für den Sāṁkhya-Yoga, Gott in seiner zeitlosen Einheit ähnlich zu werden, es bedeutet nicht, an ihm auf irgendeine Weise teilzuhaben. Das Ziel ist Isolierung, nicht Vereinigung oder Verschmelzung wie bei der aus den Upanishaden stammenden Vorstellung vom Aufgehen im Brahman.

Der Anschein spräche also dafür, daß die Yoga-Techniken ursprünglich lediglich dazu bestimmt waren, die Seele aus dem physisch-psychischen Komplex, dem sie zeitweilig und unnatürlicherweise verhaftet ist, zu befreien und sie von ihm zu isolieren. Unter dem Gesichtspunkt der Technik ist *īśvara-pranidhāna*, die ‚Hingabe an Gott', nur eine der vielen Möglichkeiten, den Geist auf die in stärkerem Maße ausschließlich kontemplativen Übungen vorzubereiten, die folgen sollen. Kontemplation Gottes ist nützlich, weil Gott der vollkommene Yogi ist, insofern als er auf keiner Stufe irgendwann von Materie „befleckt" wird. Reinheit, völlige Zufriedenheit mit dem Schicksal, wie immer es sei, asketisches Training, Studium der Schriften unter Anleitung eines fähigen Guru (eines Seelenführers) sowie Kontemplation Gottes als des vollkommenen Vorbildes: Das sind – jede für sich und sämtliche zusammen – die geistigen Voraussetzungen, ohne welche kein weiterer Fortschritt möglich ist. Erst wenn sie von Anfang an ganz vorhanden sind, kann das Ziel der Isolierung erreicht werden; denn ohne sie können die Kontemplationshilfen ausschließlich physischer Art, die Yoga-Stellungen und -Atemtechniken sowie das Geistestraining (Beruhigung des Geistes und tiefe Meditation), das mit ihnen Hand in Hand geht, zu ganz unvorhergesehenen und beunruhigenden Ergebnissen führen, wie etwa zu geistiger Labilität und Nervenzusammenbruch. Wenn jedoch der Weg unter Leitung eines kundigen Guru zurückgelegt wird, so wird der Yogi schließlich *samādhi* (wörtlich: ‚Konzentration' [der Seele in der Seele]) erreichen, die mit ‚schlaflosem Schlaf' verglichen werden kann. Es ist dies ein Zustand reiner Isolierung, in dem es kein Gespür für das ‚Ich' oder ‚Mein' gibt, nur ein Bewußtsein reinen Losgelöstseins sowohl von der Welt als auch von den anderen Seelen. Das ist der höchste Zustand, den der Yogi erreichen kann: Von der Welt und auch von Gott losgelöst, weilt er einzig im eigenen Wesen.

Den *Yoga-sūtras* gilt dieser Zustand mehr als jener in der Gītā folgendermaßen beschriebene: „Er, dessen Selbst durch Yoga in Einklang gebracht ist, sieht das Selbst in allen Wesen wohnen und alle Wesen im Selbst." Diesen Zustand erwähnen die *Yoga-sūtras* unter der Bezeichnung „Allwissenheit", es ist die Empfindung, All zu sein und das All zu kennen; aber dieser Zustand, so erhaben er sein mag, ist nicht mehr als die Dämmerung vor Sonnenaufgang.

„Gleichwie der Glanz der Sonne sichtbar ist, ehe die Sonne wirklich aufgeht", stellt ein Kommentator der *Yoga-sūtras* (3.33) fest, „so erwächst auch das einleitende erhellende Wissen, das alle Dinge zu Objekten hat, ehe das (höchste) Wissen um den Unterschied (zwischen Ewigem und Zeitlichem) sich einstellt. Wenn dies eintritt, weiß er alles, ohne sich auf irgendeine andere Form yogischer Konzentration stützen zu müssen."

Die Empfindung, All zu sein und das All zu kennen, ist nur Vorspiel zur Endstufe der Isolierung der Seele in der Seele, des Hinaustretens aus der Zeit in die Zeitlosigkeit, aus der teilbaren Zeit in die Zeit ohne Teile, wie es in der *Maitrī* Upanishad heißt.

Dem dualistischen Sāṁkhya-Yoga steht als gegensätzlicher Pol in philosophischem Sinne der *Advaita* Vedānta gegenüber, die aus dem *Vedānta* oder ‚Ende des Veda', also den Upanishaden hergeleitete Philosophie der Nicht-Dualität. Der Advaita bzw. der reine Monismus ist nur eine der Vedānta-Schulen. Unter philosophischem Gesichtspunkt ist sie jedoch noch immer die in Indien bedeutsamste; sie wurde von den Neo-Vedāntins der Rāmakrishna-Mission außerhalb Indiens in weiten Kreisen bekanntgemacht. Außerhalb der intellektuellen Elite hat sie jedoch einen weit weniger tiefgreifenden Einfluß gehabt als der *viśishtādvaita* oder ‚differenzierte Nicht-Dualismus', denn gerade diese Form des Vedānta lieferte das geistige Gefüge der *Bhakti*-Kulte mit ihrer oft stark gefühlsbetonten Verehrung eines persönlichen Gottes. Die grundlegenden Texte des Advaita sind die *Māndūkya* Upanishad, Gaudapādas Verskommentar zu dieser und die *Brahma-* oder *Vedānta-sūtras,* die einen nicht gänzlich geglückten Versuch darstellen, die Lehren des Vedānta untereinander in Einklang zu bringen. Aber erst Śankara, der den Advaita als philosophisches System begründete, machte ihn zu einem lückenlosen System des absoluten Idealismus. Und doch – mögen der absolute Monismus Śankaras und der unverfälschte Dualismus des Sāṁkhya und der *Yoga-sūtras* des Patañjali auch polare Gegensätze sein – sie stimmen darin überein, daß eine absolute Unterscheidung zwischen dem Zeitlichen und dem Ewigen getroffen werden muß; allerdings haben die beiden Systeme über das *Wesen* des einen wie des anderen grundverschiedene Auffassungen.

Die Upanishaden sind Sammlungen spekulativer Texte, die untereinander nur locker verknüpft sind; die Urheberschaft kommt keinem einzelnen Autor zu, auch unternehmen sie nicht den Versuch, ein logisch geordnetes Bild der Wirklichkeit zu entwerfen. Es lassen sich jedoch zwei Strömungen in ihnen feststellen, von denen die eine auf absoluten Monismus hin tendiert und in der *Māndūkya* Upanishad gipfelt, während die andere auf einen transzendentalen, aber auch noch immanenten Theismus hinsteuert, der in der *Śvetāśvatara* Upanishad den deutlichsten Ausdruck findet. Ursprünglich verwendete man die Ausdrücke *brahman, ātman* und *purusha* ohne Unterscheidung zur Bezeichnung des unveränderlichen Urgrunds des Alls, der durch allen Wandel der Erscheinungen in seinem Sosein beharrt. In den jüngeren Upanishaden mit ihrer theistischen Tendenz aber zeigt sich das Bestreben, den höchsten Rang Purusha, der ‚Person', zuzuweisen, da dieser dem Brahman-Ātman im Makrokosmos überlegen (KathU, 3.10–11; MundU, 2.1.2: 3.2.8; ŚU, 3.7–8) und im Mikrokosmos auf innerlichere Weise immanent als jenes ist (KathU, 4.12; MundU, 2.1.9; ŚU, 3.13); er ist sowohl der *antaryāmin,* der Innere Lenker des Makrokosmos, als auch ‚innerstes Selbst oder Seele' *(antarātman)* des Selbst. Diese Textstellen gestatten eher eine theistische als eine monistische Interpretation. Śankara jedoch stellte sich lieber auf den Standpunkt, den die Upanishaden in Worten ausdrückten, die ihm als „große Verkündungen" galten: Sie fassen die absolute Identität der Seele mit dem Absoluten in die Worte: „Das bist du" (ChU, 6.9 ff.); „Dieser Ātman ist Brahman" (MāndU, 2); „Ich bin Brahman" (BU, 1.4.10); und „Das Bewußtsein ist Brahman" (AitU, 5.3).

Ausgangspunkt für beide, Śankara und den Sāṁkhya-Yoga, ist die *Erfahrung* der Unsterblichkeit der Seele; Unsterblichkeit bedeutet aber in diesem Falle nicht endlose Verlängerung des menschlichen Lebens in der Zeitlichkeit: Das wäre *saṁsāra,* welchen die Hindus viel eher als lebendigen Tod betrachten; er ist ja Tod im Leben, nicht Leben im Tode. Man versteht darunter etwas wie einen uneingeschränkten, absolut statischen Zustand, der von Raum und Zeit nichts weiß, über den der Tod nichts vermag; und da er nicht nur reines Sein ist, sondern auch reine Erkenntnis und reine Wonne, muß er dem Lebendigsein entsprechen. Also ist es ein Leben im Tode: Es hat die Bewegungsfreiheit des Todes, aber auch die Bewußtheit des Lebens. Im Menschen, dem Mikrokosmos, kommt diesem Zustand der traumlose Schlaf am nächsten, aber auch der ist nicht mit *moksha* identisch.

In einem berühmten Zwiegespräch, das Prajāpati (jetzt lediglich ein himmlischer Guru) und Indra (der alte Kriegsgott, der nun in der unangemessenen Rolle eines das Brahman Suchenden auftritt) führen, sagt Prajāpati:

„Wenn er dann eingeschlafen, ganz versunken, kein Traumbild mehr wahrnimmt, das ist der Unsterbliche, über Furcht Erhabene, das ist das Brahman."

Indra ist weit davon entfernt, sich damit zufriedenzugeben, er spricht:

„Aber dieser erkennt doch, o Erhabener, in diesem Augenblick so nicht sein eigenes Ich *(ātman)* (daß er sagen könnte): ‚Ich bin dieser', und ebensowenig (erkennt er) diese Geschöpfe. Er ist in das Nichts eingegangen. Ich kann darin nichts Ersprießliches sehen" (ChU, 8.11).

(Geldner, S. 154)

Die monistische Antwort auf dieses spezielle Problem wird in der *Māndūkya* Upanishad gegeben, und zwar in den Worten, die wir gegen Ende des vorausgehenden Kapitels zitierten. Jener Zustand ist demnach „unvorstellbar" und „unbeschreibbar, ganz in der Idee des eigenen Selbstes aufgehend, *die Erscheinungswelt austilgend,* stillzufrieden, glücklich, zweitlos". Das ist die Auffassung, an welcher auch Śankara festhält. Prajāpatis Antwort auf Indras Frage lautet jedoch anders. In *moksha* löst die Seele ihre Verbindung mit der Materie, sie kennt danach weder Freude noch Schmerz, sie schwingt sich empor zum höchsten Lichte, und dort oben ist sie nicht mehr nur heiter, sie wird zur Heiterkeit *(samprasāda)* selbst; aber dies ist eine an die Person gebundene Heiterkeit, welche die individuelle Gestalt der Seele *(svena svena rūpena)* bewahrt. „Das ist der höchste Geist *(uttama purusha),* der geht dort herum, essend, spielend, sich mit Weibern oder Wagen oder Verwandten vergnügend, ohne sich an seinen Anhang, den Körper, zu erinnern" (ChU, 8.12) (Geldner, S. 154 f.).

Das klingt vielleicht recht grobschlächtig, aber es gibt zumindest eine Ansicht der Upanishaden über das Wesen der *moksha* wieder und steht in direktem Widerspruch zu Śankaras Monismus. Hier wird nämlich nicht nur das persönliche Fortbestehen in einem außerzeitlichen Zustand behauptet, sondern auch das Fortleben persönlicher Beziehungen. Aber diese Auffassung von *moksha* hatte keine nennenswerte Zukunft; hingegen sollte die rein monistische Auffassung von *moksha* als völliger Isolierung des Ewigen vom Zeitlichen lange das Feld behaupten. Allerdings war das „Ewige" im Falle des Advaita nicht einfach die zeitlose Essenz einer einzigen Seele wie im Sāṁkhya-Yoga, sondern das Absolute Sein oder – in westlicher Terminologie – die empfindungslose Gottheit, die hinter dem Schöpfergott steht. Nach Śankaras Meinung gab es ja nur eine

Realität, das Brahman, und dieses war mit jeder menschlichen Seele identisch; erstens, weil die Schrift dies feststellte („Ich bin Brahman", etc.), und zweitens, weil man, was immer sonst sich bezweifeln ließe, die eigene Existenz schwerlich in Frage stellen kann. Der Schöpfergott, der in den Upanishaden so häufig als bewirkende und stoffliche Ursache des Alls erwähnt wird, kann mit dem Brahman nicht völlig identisch sein, weil er Quelle und Ursache der Vielheit ist. Deshalb führt Śankara den Begriff der *māyā* ein, die er eigenmächtig als ‚Illusion' oder ‚Schein' deutet, um die „sichtbare", wenn auch nicht wirkliche Beziehung zwischen dem Einen und den vielen zu erklären, obwohl das Wort *māyā* in diesem Sinne weder im Corpus der Veden noch in den *Brahma-sūtras* jemals gebraucht wird.

Das Gleichnis, das er, ohne seiner je überdrüssig zu werden, zur Veranschaulichung dieses Begriffes verwendet, ist das vom Seil, welches man im Dunkel für eine Schlange halten könnte. Die „Schlange" wird dem Seil aufgeprägt durch die schöpferische „Unwissenheit" der Person, die das Seil sieht. Für diesen Betrachter und nur für ihn ist die Schlange wirklich echt bis zu dem Augenblick, da er seinen Fehler entdeckt; aber sobald die Verifizierung die Schlange als optische Täuschung entlarvt, erkennt man, daß die Schlange überhaupt nicht existiert. So erfährt auch der Träumende – wiederum durch schöpferische „Unwissenheit" – seinen Traum als wirklich seiend, aber erwachend erkennt er seinen Irrtum und verschwendet keinen weiteren Gedanken an jenen. Der einzige Unterschied zwischen Traum und Erscheinungswelt liegt darin, daß der Traum die ganz individuelle Illusion eines Einzelnen ist, während die Erscheinungswelt eine Kollektivillusion ist, die alle Seelen teilen, welche die Befreiung noch nicht erlangt haben; diese Illusion nun ist das Produkt der *māyā* und damit Gottes, des Urhebers der *māyā*.

Tatsächlich entspricht die *māyā* des Advaita genau der *prakṛti* oder Natur des Sāṁkhya; eine Identifizierung, die sehr deutlich in den Upanishaden (ŚU, 4.10) konstatiert wird, wo *māyā* und *prakṛti* einfach Alternativbezeichnungen für die Erscheinungswelt darstellen; aber während im Sāṁkhya *prakṛti* ein selbständiges, von der Seele unabhängiges Prinzip ist, ist die *māyā* im Advaita eine kollektive Sinnestäuschung, welche die Eine Wirklichkeit überlagert, die von dieser gleichen Wirklichkeit als Objekt und von derselben *māyā* als Subjekt betrachtet und in eine scheinbare Vielheit von Einzelseelen zerlegt wird. Gäbe es nicht die trügerischen Machenschaften der *māyā* – in fachfremden Texten ist ‚Betrug' die übliche

Bedeutung für *māyā* –, würden alle Seelen erkennen, daß sie nicht viele, sondern eine sind; auch nicht bloß irgendeine, sondern *das* Eine ohne Zweites – das Brahman-Ātman. *Moksha* bedeutet für den Advaita also nicht, daß die Seele in das Brahman eingeht, wie ein Strom im Meer aufgeht, sondern, daß sie sich so erkennt, wie sie immer und ewig ist, nämlich als das Eine Brahman-Ātman, das absolutes Sein, Erkenntnis und Wonne ist. Mit dieser Erkenntnis verschwindet die *māyā*, wird sie als gänzlich unreal erwiesen. Wirklich und nachweisbar aus dem Gesichtswinkel der an die Materie geketteten Seele, ist sie unwirklich für die Seele, welche das wahre Einssein ihrer selbst erkannt hat. All das besagt wenig mehr, als daß die Erscheinungswelt nicht nur als Makrokosmos, sondern auch als Mikrokosmos Mensch mit Leib, Geist und Empfindungen weder Seiendes im absoluten Sinne noch Nicht-Seiendes von der Art der ‚Hörner eines Hasen' (d. h. als etwas, das nie wahrgenommen wurde), sondern etwas dazwischenliegendes Undefinierbares ist, das wir im Westen gewöhnlich ‚kontingentes Sein' nennen. Nicht dies trennt Śankara von den Theisten (die Auseinandersetzung *māyā* – *prakṛti* ist letzten Endes wenig mehr als eine Wortklauberei), sondern die Tatsache, daß er keine Unterscheidung zwischen der befreiten Seele und dem Absoluten oder der befreiten Seele und Gott als Absolutem gelten läßt. Er bestreitet nicht die Existenz des Schöpfergottes auf empirischer Ebene, setzt auch nicht die Seele auf irgendeiner Ebene mit diesem Gotte gleich. Schöpferkraft, Allmacht und Allwissenheit sind die Attribute Gottes, welche der von den Schlingen der *māyā* umfangene Mensch sieht; wir wollen diese Attribute *māyā(a)* nennen. Abhängigkeit, begrenztes Wissen und beschränkte Macht gehören zu den Attributen des noch nicht befreiten Menschen; wir nennen sie *māyā(b)*. Somit muß Gott Brahman + *māyā(a)* sein, der Mensch Brahman + *māyā(b)*. Indes – absolut gesehen, existiert die *māyā* überhaupt nicht; also müssen Mensch und Gott gleichermaßen das Brahman sein. Relativ gesehen, unterscheiden sie sich jedoch voneinander, da ihre *māyās* verschieden sind. Aber die Identität ist das Wirkliche, und gerade dieser Tatbestand wird durch *moksha* enthüllt.

In der Formulierung Śankaras wird der Zustand der *moksha* demgegenüber weit extremer gefaßt, als es die allgemeine Tendenz der Upanishaden gerechtfertigt erscheinen lassen könnte, und auch der lange Abschnitt des XII. Buches im Mahābhārata, der dem Thema *moksha* gewidmet ist, bietet nichts zur Unterstützung seines Standpunktes. In diesem Buch sowie in der *Anugītā* aus dem XIV. Buch, in der Krishna Arjuna abermals unterweist, da dieser ja schon vergessen hat, was er in der Bhagavad-Gītā erfahren hatte, befinden sich endlose Beschreibungen der *moksha.* Die Seele verwandelt sich in das Brahman, in Unendlichkeit, Unsterblichkeit oder das eine Selbst aller Dinge oder wird diesem „angeglichen“ *(kalpate);* sie ist aller Gedanken an ‚Ich‘ oder ‚Mein‘ ledig; sie streift ihr niederes Selbst ab, um in den Besitz des höheren zu gelangen; sie überwindet alle Gegensätze, Furcht und Zeit, Kummer und Freude; „sie gelangt zu (einem Stande), in dem sie sich nicht grämt, in dem sie nicht sterben kann, in dem sie weder geboren noch wiedergeboren wird und sich nicht ändert, wo das höchste Brahman ist, undifferenziert, unbeweglich, beharrlich, gestaltlos und mühelos, unsterblich und unteilbar *(aviyogin),* wo die Menschen nicht durch Gegensatzpaare oder durch geistiges Werk *(karma)* zunichtegemacht werden, wo (alle) immer gleichgestimmt *(samāḥ)* und freundlich sind und sich am Wohlergehen aller Geschöpfe erfreuen“ (MBh, 12.241.11–14). Um das zu erreichen, muß man das niedere Selbst zurücklassen.

> Du mußt die aufrührerischen Sinne durch deinen Intellekt *(buddhi)* streng beherrschen, wie ein Vater seine Kinder beherrscht, die so leicht fallen können. Den Geist und die Sinne in einem einzigen Punkte (der Konzentration) zusammenzuziehen, ist die höchste Form der asketischen Haltung *(tapas).* Solches ist besser als irgendein anderer Weg der Vollkommenheit *(dharma),* es soll angeblich der höchste Weg dieser Art sein. Konzentriere die Sinne und den Geist im kontemplativen Intellekt *(medhā),* erfreue dich an dir selbst und setz dich nieder, ohne allzu vieles zu bedenken. Sobald die Sinne von ihren Weiden eingebracht und im Stalle eingeschlossen worden sind, wirst du aus deinem eigenen Selbst heraus das höchste ewige Selbst schauen, das Selbst des Alls, das Große Selbst, wie eine rauchlose Flamme ... Gleichwie ein mächtiger Baum, vollständig mit Blüten und Früchten und gar manchem Ast, von sich selbst nicht weiß, wo seine Blüten und Früchte sein mögen, so weiß auch das (kleine) Selbst nicht, wohin es geht oder woher es gekommen ist. Aber anders ist das innerste Selbst des Selbstes *(antarātman),* welches alle Dinge überschaut. Entzünde die Lampe der Weisheit und erblicke das (Große) Selbst durch dein eigenes Selbst. Hast du das (Große) Selbst gesehen, weißt du alles, so werde du Selbst-los, und wie eine Schlange, die ihre Haut abgestreift hat *(vimukta),* entledige auch du dich allen Übels (MBh, 12.250).

Die Darlegungen zur Natur der *moksha* schreiten im Großen Epos von einer modifizierten Sāṁkhya-Yoga-Auffassung, in der ein großer Purusha allmählich die Stelle der zahllosen individuellen *purushas* des klassischen Systems einzunehmen trachtet, zu einer ausgesprochener theistischen Haltung. Diese neigt nun dazu, Gott (Vishnu) über das Brahman und das große Ātman zu erheben; während es also möglich ist, Brahman zu *werden*, kann man mehr tun als in Gott eingehen. Ob nun aber die Seelen Brahman werden oder in Gott eingehen: unklar bleibt, ob nach der Zerstörung ihrer empirischen Persönlichkeit, ihres ‚Ichs' oder niederen Selbstes, irgend etwas übrigbleibt, das überhaupt noch der Persönlichkeit entspricht; und gerade dies will ja Yudhishthira, der ‚König des *dharma*', nicht aber der *moksha*, so gerne wissen. Die Antworten, die ihm zuteil werden, sind vage, denn es geht um einen Zustand – so belehrt uns der Text –, der weder Einssein noch Vielheit bedeutet, jedoch werden ganz bestimmte Gleichnisse wiederholt zur Beschreibung eines Zustandes verwendet, den man nur mit Einheit in der Vielheit umschreiben kann. Die befreite Seele ist wie ein Fisch im Meer, innen und außen von Wasser durchdrungen, sie ist auch wie eine Made in einer Feige, von der Feige umhüllt, von ihr lebend und fast schon von der gleichen Beschaffenheit wie diese (ibid., 12.310); von allem Makel des *karma* gereinigt und ‚isoliert' *(kevala)*, vereinigt sie sich mit dem beständig Reinen und Isolierten (ibid.). In der Terminologie des Theismus: Die Seele geht in den Herrn ein oder wird mit ihm vereinigt, wie sich zwei Sonnen im Himmel vereinigen mögen. Ein anderes Mal ist sie wie geschmolzenes Eisen, das seine Form von der Gußform annimmt oder in Feuer umgewandelt wird, wenn man es im Feuer erhitzt (ibid., 14.18). Somit ist die Seele im Großen Epos wie vielleicht in der Mehrheit der einschlägigen Textstellen aus den Upanishaden nicht identisch mit dem Einen, vielmehr wird sie bei ihrer Befreiung mit ihm „in eins verwandelt", ihrer rein menschlichen Personalität, die dem Göttlichen entgegenwirkt, entkleidet, aber dem Göttlichen insofern „angeglichen", als sie an seiner Zeitlosigkeit und – nach theistischer Auffassung dieses Themas – auch an seiner Liebe und Weisheit teilhat.

VIERTES KAPITEL

GOTT

Moksha bedeutet ‚Befreiung, Freiheit, Erlösung'. Wie eine Schlange aus ihrer alten Haut ‚gelöst' *(vimukta)* wird, so wird der Pfeil des Ātman vom Bogen der mystischen Silbe *Oṁ* gelöst und in das Ziel, das Brahman, geschnellt (MundU, 2.24): Das ist die Freiheit, nach Belieben umherzuschweifen, wie ein Vogel frei durch die schrankenlose Luft fliegt oder ein Fisch den grenzenlosen Ozean durchschwimmt (MBh, 12.328.30–31); es bedeutet Freisein vom Körper und den Fesseln des Raums und der Zeit, die den Leib umstricken, Freiheit zu Gelächter und Spiel in alle Ewigkeit, wie es in der *Chāndogya* Upanishad heißt. Nur im Advaita Vedānta und im Sāṁkhya-Yoga bedeutet *moksha* vollkommene Isoliertheit der Seele in sich selbst, gleichgültig, ob diese als Isoliertheit des Absoluten oder einfach als die einer Einzelseele gedeutet wird.

In den Upanishaden treten zwei geistige Strömungen auf, deren eine die zum Monismus tendierende Richtung verkörpert. Die andere zeigt sich in der Hinwendung auf eine mehr oder weniger klar umrissene Form des Theismus. Uns steht hier nicht genügend Raum zur Verfügung, diese Tendenz bis ins einzelne nachzuweisen, wir müssen uns vielmehr mit der Feststellung begnügen, daß das Brahman-Ātman nicht nur als das Unvergängliche, das All usw., auftritt, sondern auch als Herr und König aller Dinge, der „Innere Lenker", der dem Kosmos innewohnt und doch anders ist als dieser. Der Wandel zum Theismus hin wird deutlicher, wenn man sieht, wie die Autoren der Upanishaden wieder einmal den Ausdruck *deva* – ‚Gott' – gebrauchen, jetzt aber nicht in dem Sinne, in welchem er im Rig-Veda jeden einzelnen Gott bezeichnete, sondern zur Benennung Gottes, des allmächtigen, allwissenden Herrschers im All. Diese Strömung gipfelt in der *Śvetāśvatara* Upanishad, in welcher uns abermals der vedische Gott Rudra-Śiva begegnet, aber diesmal nicht in Gestalt des schrecklichen Bogenschützen aus den Wäldern, der jemanden sucht, den er verschlingen kann, sondern als Höchster Herr, der gleichermaßen Gebieter über Vergängliches und Unvergängliches ist (1.10), ein persönlicher Gott also, der sowohl das Endliche als auch das Unendliche transzendiert, welche gemeinsam die „Stadt des Brahman" bilden. In dieser Stadt ist er, der Andere, absoluter Herrscher (5.1): er ist der Eine, „– zu keinem zweiten stehn sie, – der die Welt beherrscht mit Herrscherkräften; er weilt in den Wesen, und wutentbrannt zur Endzeit zerschmettert er als Herr die Geschöpfe alle." (3.2) Er ist:

Anfang und Grund, bewirkend die Verbindung (von Seele und
Materie),
Drei-Zeit-erhaben (über Vergangenheit, Gegenwart und Zukunft), ohne Teile ist er.
Den allgestalt'gen Werdegrund, preiswürdig
Als Gott, der in uns wohnt, zuerst verehrend, –

Höher als Weltbaum, Zeit und alle Formen
Ist er, aus dem entspringt die Weltausbreitung, –
Und ihn, der Recht *(dharma)* schafft, Bösem wehrt, Glück austeilt,
Den ew'gen Allbefasser in uns wissend,

So laßt uns ihn, der Herren höchsten Großherrn,
Die höchste Gottheit unter allen Göttern,
Als höchsten Fürst der Fürsten, jenseits thronend,
Als Gott auffinden, als preiswerten Weltherrn.

Nicht gibt es an ihm Wirkung noch Organe auch,
Nicht ist ihm einer gleich noch überlegen auch,
Sein höchstes Können *(śakti)* wird gelehrt als mannigfach,
Des Wissens, Tuns Werk sind ihm eingeboren ...

Der spinnegleich durch Fäden, die aus ihm als Stoff *(pradhāna)*
Entsprungen, sich verbarg nach seinem Sein, der Gott
Verleih' Eingang in Brahman uns.

Der eine Gott, verhüllt in allen Wesen,
Durchdringend alle, aller inn're Seele,
Des Werks *(karma)* Aufseher, alles Sein durchduftend,
Zuschauer, bloßer Geist *(cetā, kevala)* und frei von Gunas,

Der eine Freie, der den einen Samen
Vielfach macht vieler von Natur Werkloser,
Wer den, als Weiser, in sich selbst sieht wohnen,
Der nur ist ewig selig *(sukha)*, und kein andrer.

Der, als der Ew'ge den Nichtew'gen, Freude,
Als Geist den Geistern schafft, als Einer Vielen,
Wer dieses Ursein durch Prüfung (Sāṁkhya) und Hingebung
(Yoga)
Als Gott erkennt, wird frei von allen Banden (6.5–13).

(Deussen, S. 307 f.)

Die Leistung der *Śvetāśvatara* Upanishad besteht darin, daß sie die Lehren der älteren Upanishaden, der Sāṁkhya-Theorie und der Yoga-Praxis sowie die Erkenntnisse der Schöpfungshymnen des Rig-Veda innerhalb eines theistischen Rahmens zu einem einheitlichen Gefüge verschmilzt. Sein Gott, Rudra-Śiva, ist nicht mehr ein Gott unter vielen, sondern der Erste Seinsgrund, der das Universum emaniert, erhält und in seine eigene Substanz wieder aufnimmt. Obwohl selbst untätig und empfindungslos, ist er unaufhörlich wirksam durch seine Kraft, seine *śakti,* durch welche die Welt ins Sein tritt und wieder zerstört wird. Er, der Große Herr *(maheśvara),* findet es nicht unter seiner Würde, im Menschenherz zu weilen: „Ihn, der im Herzen weilt, mit Herz und Sinnen, – unsterblich werden, die ihn also kennen“ (4.20). Zudem überbrückt Rudra-Śiva, der Große Gott, den Dualismus des Sāṁkhya-Systems, denn er ist der höchste Purusha unter vielen *purushas,* „ewig unter Ewigen“, und zugleich Herr dieser mannigfaltigen ewigen *purushas* oder Seelen wie auch der Natur oder *prakṛti.*

Im Großen Epos ist Śiva sowohl der große asketische Gott als auch der ithyphallische Gott, der sich an der Verehrung seines *Linga* oder Phallus erfreut. Als Asket ruht er immer und ewig, „isoliert“ und in Kontemplation seines eigenen unauslotbaren Seins versunken, während er als phallischer Gott immer und ewig Gestalten hervorbringt. In ihm begegnen sich Endliches und Unendliches, in ihm sind alle Gegensätze versöhnt.

Die eine Ziege (= ungeboren), rot und weiß und schwärzlich
(Versinnbildlichung der drei *gunas),*
Wirft viele Junge, die ihr gleichgestaltet;
Der eine Bock (die unerlöste Seele) in Liebesbrunst bespringt sie,
Der andre Bock (die befreite Seele) verläßt sie, die genossen (4.5).
(Deussen, S. 301)

Beide männliche Wesen sind Śiva, denn er ist auf ewig im *saṁsāra* eingeschlossen und bleibt auf ewig von ihm unberührt: Er ist das Vorbild der menschlichen Seele, solange sie „umstrickt“ ist, und auch, sobald sie „befreit“ ist. In ihm gibt es keinen Unterschied der Personen, Männliches und Weibliches verschmelzen zur Ganzheit. „Du bist das Weib, du bist der Mann, das Mädchen und der Knabe“, heißt es in der Upanishad (4.3), die hier den Atharva-Veda (10.8.27) zitiert. Als Weib ist er *śakti, māyā und prakṛti,* die der Natur innewohnende schöpferische Kraft; als Mann ist er Purusha – unwandelbarer, ewiger Geist. In der Upanishad ist *māyā* weder Illusion noch äußerer Schein, sondern die Kraft, durch die Gott ein wirkliches Universum schafft, welches Manifestation und Verdinglichung seiner Macht darstellt. Der Mensch wurde nach dem Ebenbilde Gottes geschaffen: Er ist „gefesselt“ in der vergänglichen Welt und „frei“ in der ewigen; durch „Erkenntnis Gottes“ wird er von seinen Fesseln befreit. *Moksha* bedeutet also *Erkenntnis* Gottes, d. h. Erfahrung Gottes als „im Herzen weilend“. Dies kann als Eingang zum Brahman (6.10), als Aufgehen im Brahman (1.7) ausgedrückt werden, – womit in beiden Fällen nichts weiter gemeint ist als eine Teilhaberschaft am ewigen Sein – oder als „Isoliertheit“, wie im Sāṁkhya-Yoga (1.11). Die Beziehung zwischen Ātman, Brahman und Gott, wie sie aus der Erfahrung der Befreiung erhellt, wird jedoch am besten in 2.14–15 ausgedrückt:

> Wie ein Stück (Gold oder Silber), das mit Erde bedeckt wår, hell strahlt, wenn es gut gereinigt ist, so wird eine in einem Körper befindliche Seele *(dehin)*, wenn sie ihre wahre Natur erkannt hat, isoliert, ihres Zieles teilhaftig und von Kummer frei.
> Wenn einer, dem Yoga hingegeben *(yukta)*, mit der wahren Natur seiner Seele wie mit einem Licht das wahre Wesen des Brahman schaut, dann erkennt er den, der von Ewigkeit besteht, fest und frei von allen Eigenschaften ist, und wird von allen Fesseln befreit.
>
> (Hillebrandt, S. 173)

Ebenso wie der Große Gott Endliches und Unendliches, *prakṛti* und *purusha*, *māyā* und Brahman, überragt, ist er auch der Seele des Menschen vertrauter als die Seele selbst: obwohl er das Unendliche transzendiert, weilt er doch in der Seele. All dies sollte später, während des 13. Jahrhunderts, auf dem Boden der Tamil-sprachigen Länder im äußersten Süden Indiens, in der Theologie des *Śaiva Siddhānta* festumrissene Form gewinnen.

In der *Śvetāśvatara* Upanishad wird das Absolute zum ersten Male mit einem persönlichen Gott identifiziert, in diesem Falle Rudra-Śiva. Obwohl Śiva in der Seele weilt, ist er nicht mit ihr identisch, er ist „zollhoch, als innre Seele *(antarātman)* stets zu finden in der Geschöpfe Herzen“ (3.13) (Deussen, S. 299); aber da er Gott ist, gebührt ihm Verehrung in einer Weise, wie sie einem unpersönlichen Wesen nicht zusteht (2.17), daher ist es recht und billig, seinen Schutz und seine Gnade *(prasāda)* zu erflehen. Der in der *Śvetāśvatara* Upanishad beschriebene Yoga zeigt im Grunde die gleiche Technik wie der aus den *Yoga-sūtras* und aus der Bhagavad-Gītā; er zielt auf Beherrschung der Sinne und des Geistes, so daß der von allen zeitlichen Belangen unbefleckte Spiegel der Seele den Gott, der im „Herzen verborgen“ ist, in vollkommenster Weise widerspiegeln kann. Der immanente Gott kann somit durch den Yoga erfahren *(jñāna)*, der transzendente Gott soll in liebender Hingabe *(bhakti)* verehrt werden.

Wurde aber das Absolute – das höchste Brahman, Ātman und Purusha – erst einmal mit einem ganz bestimmten Gott identifiziert, mußte es unweigerlich mit all den mythologischen Beimengungen, die im Laufe der Zeit zusammengewirkt hatten, die Persönlichkeit dieses Gottes zu formen, in Verbindung gebracht werden. Śiva bildet dabei keine Ausnahme; in ihm verbindet sich der schreckliche Rudra des Rig-Veda mit dem ithyphallischen Yogi der Harappā-Siegel, und sosehr auch die Verehrung dieses Gottes vergeistigt wird, entschwinden diese grundlegenden Charakteristika doch niemals aus seinem Bild.

Im Großen Epos wird ganz und gar nicht deutlich, ob Śiva oder Vishnu als höchste Gottheit zu betrachten ist. Śiva tritt nur selten in Erscheinung, aber wenn er auftritt, scheint Krishna, die Inkarnation Vishnus, die zweite Stelle einzunehmen. Das ganze Werk hindurch besteht Spannung und Rivalität zwischen den beiden Göttern; sie wird nie ganz aufgehoben, auch dann nicht, wenn beide in der einen Gestalt des *Hari-hara* vereinigt werden, der sowohl Vishnu *(Hari)* als auch Śiva *(Hara)* einen ihrer vielen Namen liehen.

Im Mahābhārata finden sich drei Textstellen, die den Großen Gott Śiva ausführlich beschreiben, nämlich: 7.202–3, 12.285–6 und 13.14–18. Das Wort *Śiva* bedeutet ‚freundlich‘ oder ‚wohlwollend‘, aber das sind nicht diejenigen Eigenschaften, die uns zuerst an diesem unheimlichen Gott auffallen. Anders als Vishnu, dessen Güte kaum jemals angezweifelt wird, ist Śiva zornig, unberechenbar, eifersüchtig in der dem Alten Testament entsprechenden Bedeutung und bar jeder Anmut. Er liebt es, am Ort von Einäscherungen zu erscheinen, mit Elephantenhaut oder Tigerfell bekleidet, den Hals von einer Kette aus Totenschädeln umschlungen, Schlangen im Haar. Sein Haupthaar ist wirr und verfilzt wie das des Asketen, die Kasteiungen, die er sich auferlegt, sind schrecklicher Art. Einst hatte der Liebesgott die Impertinenz, Śivas Yoga-Kontemplation mit den vulgären Lockungen der Geschlechtlichkeit zu stören. Mit einem Blick seines dritten Auges – des Auges der kontemplativen Weisheit, das über dem Nasenrücken liegt – ließ er den dreisten kleinen Gott zu Asche zerfallen; und erst nachdem seine Gefährtin Parvatī, die ‚Herrin der Berge‘, die härtesten

Kasteiungen auf sich genommen hatte, wollte er sich bereitfinden, sie zur angetrauten Gattin zu nehmen.

Aber diese leidenschaftliche Askese offenbart nur eine Seite seines Wesens; er ist auch *natarāja*, der ‚Herr des Tanzes'. Sein Tanz hat zweierlei Gestalt: Er tanzt einmal aus reiner Freude an seiner überströmenden Kraft – sein Tanz ruft die Schöpfung ins Dasein; oder er rast im Tāndava-Tanz den Berghang hinab, tobend wie ein Wahnsinniger oder ein Trunkener, von einer Herde halb menschlicher, halb tierischer Wesen umgeben, die ihn zu immer tollerem Rasen anstacheln. Dieser Tanz stellt die Zerstörung der Welt dar. Manchmal tanzt Śiva allein, manchmal erhält er in seiner Gefährtin, die unterschiedlich als Parvatī, Umā, Kālī oder Durgā benannt wird, eine Partnerin.

Śiva ist die Versöhnung aller Gegensätze; daher ist er sowohl Schöpfer als auch Zerstörer, ist er schrecklich und sanft, böse und gut, männlich und weiblich, ewige Ruhe und rastlose Tätigkeit. Seine Gefährtin ist in Wahrheit nur ein Teil seiner selbst, seine *śakti:* die ‚Kraft', durch die er erschafft, erhält und zerstört. In den sogenannten Śākta-Kulten, die der weiblichen Śakti größere Verehrung zollen als dem männlichen Śiva, der wegen seines steten Versunkenseins in Yoga-Trance gegen die Gebete der Menschen taub bleibt, führt die Verehrung der Gefährtin Śivas zum Ausschluß des eigentlichen Śiva. Gewöhnlich wird sie nicht als die sanfte Umā oder Parvatī dargestellt, sondern als die furchtbare Durgā oder Kālī, die mit heraushängender Zunge Blut aus einem menschlichen Schädel schlürft und sich bis auf den heutigen Tag an den blutigen Ziegenopfern in ihrem großen Tempel zu Kalkutta erfreut.

Die Gestalt Śivas in ihrer ganzen Größe vereint jedoch das männliche und das weibliche Prinzip miteinander, er selbst soll halb Mann und halb Weib sein. Das Symbol, in dessen Zeichen er sich mit besonderer Vorliebe verehren läßt, ist das *Linga* oder der stets erigierte Phallus. *Linga* und *Yoni* (das weibliche Organ) stellen die Totalität seines Wesens und die Totalität alles erschaffenen Seins dar. Anders als der Diskus Vishnus oder der Donnerkeil Indras sind sie *natürliche* Symbole der höchsten Gottheit, denn man kann sie überall in der gesamten erschaffenen Weltordnung finden. Deshalb beugen sich sogar die Götter in Anbetung vor dem allerschaffenden und allerhaltenden Phallus Śivas.

Śiva ist auch *paśupati*, der ‚Herr des Viehs', es gibt kaum ein Tier, dessen Gestalt er nicht annähme. Gewöhnlich wird er allerdings als Stier verehrt, und sobald er in menschlicher Gestalt auftritt, ist der weiße Stier Nandin sein Reittier. Obwohl der Titel *paśupati* schon im Atharva-Veda auftritt, beansprucht Śiva für sich die Begründung der Religion der *Pāśupatyas,* welche die vedische Einteilung der Gesellschaft in die vier großen Klassen oder die vier Lebensstufen, wie sie von den Brāhmanen niedergelegt wurden, nicht anerkannten (MBh, 12.286.123 ff.). Solche und andere Hinweise legen den Gedanken nahe, daß in der Gestalt Śivas vieles enthalten ist, was aus nicht-arischen Quellen stammt. Allerdings vermag der Brāhmanismus fast alles zu absorbieren, und so wurde die Rivalität zwischen Śiva und Vishnu durch Hervorbringung eines recht künstlichen *Trimūrti* aufgehoben, des ‚Einen Gottes in drei Gestalten': Brahmā – Vishnu – Śiva. In dieser Dreifaltigkeit ist Brahmā der Schöpfer, Vishnu der Erhalter und Śiva der Zerstörer. Dieser Kompromiß hatte jedoch auf den volkstümlichen Glauben keinen Einfluß, die Hindus verehren bis auf den heutigen Tag in erster Linie entweder Vishnu oder Śiva oder Śivas *śakti,* die von ihren jeweiligen Anhängern als höchstes Wesen betrachtet werden.

Zu viele Einzelzüge sind es, die erst zusammen die verwirrende Gestalt Śivas ausmachen, als daß wir den Versuch unternehmen könnten, seine Bedeutung summarisch zu umreißen. Ungeachtet der Tatsache, daß er später unter seinen Anhängern Gefühle der zärtlichsten Liebe erwecken sollte, bleibt er ein *mysterium tremendum et fascinosum,* erschreckend und faszinierend zugleich. Anders als Vishnu und dessen Inkarnationen, weist er kaum menschliche Züge auf; er ist jenseits aller Menschlichkeit, die Heftigkeit der Widersprüche, die er in sich vereinigt, verleiht ihm eine Erhabenheit und Rätselhaftigkeit, wie sie keine ausschließlich anthropomorphe Gestalt heraufzubeschwören vermöchte. Stets ithyphallisch und doch immerdar keusch: wie soll man ein derartiges Phänomen erklären? Die Śāktas* einer späteren Epoche suchten in sich die vollkommene Vereinigung des männlichen und des weiblichen Prinzips im Einen zu verwirklichen, indem sie die strengste Beherrschung der Sinne mit dem Sexualakt selbst verbanden. Mann und Frau, Stellvertreter Śivas und seiner Śakti, konnten engumschlungen beieinanderliegen, die Sinne dabei jedoch unter so vollkommener Kontrolle halten, daß kein Samenerguß stattfand. Auf diese Weise, behauptete man, wurde die vollkommene Verschmelzung des männlichen und des weiblichen Prinzips, des Purusha und der *prakṛti,* in dem einen, unteilbaren Śiva verwirklicht, der zwar stets keusch, aber auch immer ithyphallisch ist. In dieser innigen Umarmung, welche das untrennbare Einssein Śivas mit Śakti nachahmt, gibt es keinen Unterschied zwischen Befreiung und Schöpferkraft, zwischen

* Verehrer der Śakti.

moksha und *saṁsāra*, weil man die Gegensätze überwunden zu haben meint. Die intime Vereinigung der Geschlechter ist solchermaßen die vollkommenste Darstellung göttlicher Überwindung aller Gegensätze, die in der Welt des *saṁsāra* zu finden ist.

Seit dem sechsten Jahrhundert machte der Śiva-Kult in den Tamil-sprachigen Ländern des südlichen Indien, wo der Jainismus und – in geringerem Umfang – auch der Buddhismus inzwischen festen Fuß gefaßt hatten, immer größere Fortschritte. Diese Bewegung, ihrem Wesen nach von tiefer Frömmigkeit bestimmt, erreichte ihren Gipfel in Sambandhar, der im 7. Jahrhundert den regionalen König zur Abkehr vom Jainismus bewog, und mit Mānikka Vāśagar (Skt. Mānikya Vācaka), der im 9. Jahrhundert Hymnen zum Lobe der Gottesliebe schuf, die zum Schönsten gehören, was auf diesem Gebiete in irgendeiner Sprache geschrieben wurde. Diese und andere tamilische Śivaiten*-Heilige führten zusammen mit den entsprechenden vishnuitischen Gesinnungsgenossen die große *Bhakti*-Bewegung herauf, die sich später über ganz Indien ausbreiten sollte und uns in einem der folgenden Kapitel beschäftigen wird. Die Theologie der Tamil-Śivaiten, als *Śaiva Siddhānta* bekannt, erfuhr ihre Systematisierung im 13. Jahrhundert durch Maykandar Karulturai in seinem *Śiva-jñāna-bodham*, das den Anspruch erhebt, die Quintessenz der *Āgamas* – wie die heiligen Bücher der Śivaiten genannt wurden – zu sein, sowie durch seinen Schüler Arulananti (Arunandi) Śivācārya, mit seinem *Śiva-jñāna-siddhiyār*.

Einige Zeit vor dem Auftreten dieser beiden großen Lehrer, aber erst nach dem eigentlichen Aufschwung der Śiva-Verehrung im Süden des Landes, trat eine ähnliche Bewegung im äußersten Norden, in Kashmir, auf. Sie ist verknüpft mit den Namen der Vasugupta und Somānanda, die beide wahrscheinlich im 9. Jahrhundert n. Chr. lebten. Im Gegensatz zu der im Süden parallellaufenden Bewegung ähnelt das System der Śivaiten aus Kashmir dem des Śankara, wenngleich es sich in drei wesentlichen Fragen von dem seinen unterschied: Erstens ist nun Śiva, nicht aber Brahman das Absolute, zweitens wird die Vorstellung der göttlichen Person weitaus feinsinniger und bis ins einzelne sorgfältiger durchdacht, und drittens ist die *māyā* in keiner Weise unwirklich, da logischerweise das über die Maßen Wirkliche, also Śiva, nicht mit einem Wesen zusammen bestehen kann, das illusorisch oder in irgendeiner Weise unwirklich ist. In diesem knappen Abriß ist nicht der Ort, auf die wohldurchdachte Theologie dieser interessanten Sekte einzugehen,

* Auch „Śaiva": Verehrer Śivas.

die in ihrer Kompliziertheit manchen gnostischen Spekulationen des Westens ähnelt. Begnügen wir uns daher mit der Feststellung, daß die befreite Seele eins wird mit Śiva und seinen fünf *śaktis* oder ‚Kräften', zeitlosen Bezügen, die in der Gottheit selbst existieren und durch die in der göttlichen Einheit die Vielheit stets gegenwärtig bleibt. So besitzen Śiva und Śakti, wenngleich sie unauflöslich eins sind, jene fünf Kräfte: die Kraft, sich selbst als abgesonderte, absolute Zufriedenheit mit dem vollkommenen Einssein zu erfahren, und die ewigen Urformen des Willens, des Wissens und des Handelns, die sämtlich in der *māyā* oder Erscheinungswelt verwirklicht werden.

Der *Śaiva Siddhānta* des Südens ist vom Geiste jener Frömmigkeit liebender Hingabe, dem er entsprang, weit tiefer durchdrungen. Die ganze Auffassung Gottes und seiner Beziehung zur Welt steht dem Christentum näher als irgendein anderes Glaubenssystem, denn in ihm *ist* Gott die Liebe (S, 3.1.47), und all sein Handeln entspringt liebevoller Anteilnahme am Schicksal seiner Geschöpfe. Wir haben gesehen, daß sogar schon im Atharva-Veda Śiva *paśupati*, der ‚Herr des Viehs', genannt wurde, und wir stellten fest, wie er die *pāśas* oder ‚Fesseln' des vedischen Varuna übernommen hatte. Im *Śaiva Siddhānta* wird alles Bestehende in *pati*, *paśu* und *pāśa* aufgeteilt, den Herrn, seine Rinder oder Besitztümer und die Fesseln, durch welche letztere festgehalten werden. Śiva, der Herr, ist ganz transzendentes Wesen, er ist von anderer Art als die Seelen, die seine Herde darstellen, und die Fesseln, welche sie umschlingen. Diese Fesseln sind drei an Zahl: *māyā*, wie bei der Schule aus dem Norden wirklich und ohne Anfang in der Zeit, *karma*, die Werke der Einzelseelen und ihre guten und bösen „Früchte", für die abermals kein Anfang festgesetzt werden kann, und *ānava*, wörtlich ‚die Winzigkeit', die als Prinzip der Individuation die Seele in sich abgeschlossen hält. Dieses Prinzip führt mit der Seele eine erbitterte Auseinandersetzung, denn es trennt sie von Gott: es wirkt auf die Seele viel destruktiver ein als die *māyā*, denn die *māyā* kann von Gott zur Befreiung der Seele benutzt werden. Die Seele ihrerseits kann nichts tun ohne die Eingebungen göttlicher Gnade, die Liebe Gottes ist somit die höchste Wirkkraft; der höchste *dharma* ist Gehorsam gegenüber solchem Gotte. Gott selbst hat, obzwar er theoretisch empfindungslos ist, nur ein Verlangen, nämlich: „Dir Gutes zu tun" (S, 3.2.27). Deshalb und weil Gottes Gesetz die Liebe ist, „sind die Tugenden liebeleerer Menschen sündig" (ibid., 29).

Gott allein ist transzendent und gänzlich unabhängig. Die Welt *(māyā)*, die menschlichen Seelen und ihre Werke sind daher von ihm abhängig; obwohl sie nicht in der Zeitlichkeit erschaffen wurden, sind sie ihm in logischer Sicht nachgeordnet, ohne sein Zutun wären sie reines Nicht-Sein. Man kann niemals behaupten, die Seele *sei* Gott, oder Gott *sei* die Liebe, wie uns die Anhänger des Advaita glauben machen wollen. Obwohl der *Śaiva Siddhānta* wie andere Systeme auch Gottes Wirken in der Welt als „Spiel" oder „Unterhaltung" bezeichnet – Śivas Tanz ist Sinnbild dieses „Spiels" –, hat das „Spiel" doch einen Zweck, und zwar die Vergöttlichung des Menschen, die umwandelnde Vereinigung seiner Seele in Gott, bei der die Seele weder aufgelöst noch gar verleugnet, sondern in die Gottähnlichkeit eingeschmolzen wird. Gott ist seinerseits kein absolutes Nichts, sondern seiner selbst im höchsten Grade bewußt und ohne die geringste Anstrengung tätig, obwohl er stets im Zustand der Ruhe verharrt. Seine Tätigkeit ist seine Śakti, seine ewige Gefährtin, durch die er erschafft und liebt, was er erschaffen hat. „Śiva zeugt Śakti und Śakti zeugt Śiva. Beide bringen in ihrer glücklichen Vereinigung die beiden Welthälften und die Seelen hervor. Und doch ist Śiva (stets) keusch, die mit dem Wohllaut der Sprache begabte Śakti bleibt (stets) Jungfrau. Nur Weise können dieses Geheimnis verstehen" (S, 3.2.77). Und das Geheimnis besteht darin, daß im gleichen Sinne, wie Śiva und seine Śakti ewig eins und in wahrer Liebe vereint und doch wieder voneinander getrennt sind, insofern als ohne Unterschiede keine wahre Liebe möglich ist, die befreite Seele mit Śiva-Śakti eins wird und in ihnen aufgeht, aber trotzdem abgesondert bleibt, indem sie kennt und liebt, was sie niemals ganz werden kann.

Gottes liebendes Trachten geht von Ewigkeit zu Ewigkeit der Seele nach, und die Seele muß dem Anspruch der Gnade antworten, indem sie sich gänzlich in Gottes Hände begibt. Auf ihrer niedrigsten Stufe ist sie anscheinend mit *ānava* völlig identisch: Es ist dies der Zustand des *kaivalyam* oder der ‚Isoliertheit', den der Sāṁkhya-Yoga – wie wir gesehen haben – als die *höchste* Stufe betrachtete, die der vollkommene Yogi erreichen konnte. In diesem Zustand ist die Seele „vernunftlos, sie ist *gestaltlos, unvergänglich;* . . . sie ist *tatenlos*, ihr *fehlt jedes Kennzeichen*, sie ist kein aus sich selbst Bewirkendes, sie kann Früchte nicht genießen; sie wird zur *ānava* vereint; und sie ist *vibhu*, allgegenwärtig" (S, 3.4.38). Man sieht: hier werden sämtliche Attribute, die im Vedānta dem höchsten Brahman zugeschrieben wurden, der Seele beigelegt, die auf der am wenigsten entwickelten Stufe verharrt, und zwar geschieht dies ganz bewußt. Der Zustand ausschließlich negativer Isoliertheit und undifferenzierten Einsseins, auf den sowohl der Sāṁkhya-Yoga als auch der Advaita Vedānta zielen, ist gemäß dem *Śaiva Siddhānta* einfach der Zustand des menschlichen Embryos oder der reinen Potentialität, wie sie in der „Nacht Brahmās" vorhanden ist, welche die Weltzeitalter scheidet. Es ist dies der niederste aller Seinszustände, er geht der *sakala*-Stufe voraus, welcher die Seele teilhaftig wird, wenn sie mit einem Leib vereint wird. Erst in jenem „reinen" Zustand, der darauf folgt, in dem sie von dem dreifachen „Makel" von *ānava*, *māyā* und *karma* befreit wird, ist sie reif für *moksha*, das verwandelnde Einswerden mit Gott.

> Gleichwie der von Wilden geraubte und aufgezogene Königssohn nicht wußte, daß er sich von den anderen unterschied, bis sein wirklicher Vater kam und ihn, indem er ihn von seinen wilden Gefährten trennte, als sein eigen anerkannte und in Ehren halten ließ, wie sich selbst. So trennt auch unser Herr, indem er als barmherziger Guru erscheint, die sorgenbeladene Seele, die unter den Wilden der fünf Sinne gefangengehalten wird und außerstande ist, ihre eigene Größe oder die ihres Freundes in der Umhüllung durch die Sinne zu erkennen, und indem er sie von ihrer Schlacke reinigt und gar in seine eigene Herrlichkeit umbildet, bettet er sie unter seine Blumenfüße (S, 3.8.1).

Gott ist der Vater der Seele, und sobald die Seele seiner Substanz anverwandelt wurde, kann sie füglich sagen: *Soham* – „Ich bin Er"; aber dies kann *niemals* Identität bedeuten, da die Seele selbst im Zustand der *moksha* noch Dienerin ist – Gott vereint, aber unter seinen Füßen. Dieser Zustand der Vereinigung mit Gott läßt sich als *sāyujya* (‚Verbindung'), *sārūpya* (‚Formgleichheit'), *sāmīpya* (‚Nachbarschaft') oder *sālokya* (‚das Zusammensein in der gleichen „Welt" oder Art') bezeichnen. „So werden sie sich mit Gott vereinen, daß sie Gott nie mehr verlassen werden, und Gott wird sie nie verlassen; in ihm weilend, werden sie nur Gott in allem erkennen" (S, 3.8.29). Indem die Seele in die Fülle Gottes eingeht, wird sie „eins mit jener Fülle und Alles in Allem" durch Gottes absolute Existenz, Bewußtheit und Wonne. Die Seele zerschmilzt in Gott (ibid., 30), wie Eisen von Feuer geschmolzen und selbst zu Feuer verwandelt wird: Sie wird nicht zerstört, denn sie erfährt weiterhin ihre unbeschreibliche Vereinigung mit Gott (S, 3.11.9); auch ist das Gleichnis vom Wasser, welches ins Wasser geschüttet wird, nicht angemessen, denn die Seele besteht nur zum Teil aus göttlicher Substanz, steht sie doch auf einem Zwischenstadium inmitten von Gott und Materie *(māyā)*. Viel eher wird sie vergöttlicht, wie Kupfer in Gold verwandelt wird durch den Stein der Weisen, sie wird zu Gott hingezogen, wie ein Stück Eisen zum Magneten hingezogen wird durch die Kraft *(śakti)* des Magnetismus, die beiden gemeinsam ist (ibid., 10,12). Durch die Vereinigung mit Gott wird sie mit allen anderen befreiten Seelen in einem Gefüge vereint, das dem von Christen als Gemeinschaft der Heiligen bezeichneten nicht unähnlich ist, und alle ihre Taten werden fortan göttlich sein; denn: „Auf daß die Menschen ihn erkennen mögen, gibt der Herr seinen Getreuen seine Gestalt, und sie kennen ihn und sind in ihm. So wird er in seinen Gläubigen, die ihn kennen, sichtbar, wie Schmelzbutter in geronnener Milch" (B, 12.3).

Der *Śaiva Siddhānta* stellt vielleicht die höchste Ausformung des Theismus dar, die in Indien jemals entwickelt wurde, denn Śiva bietet sogar als mythologische Gestalt eine übermächtige Vorstellung des „Andersseins" und der Transzendenz, was der viel reicheren und auf oberflächlichere Weise anziehende Gestalt Vishnus nur selten gelingt. Vishnu steht dem Menschen viel näher, er inkarniert sich als Mensch.

Die Gestalt Vishnus ist eigentlich noch komplexer als die Śivas, da er verschiedene andere Gottheiten in seiner Person vereinigt zu haben scheint. Im Großen Epos begegnen wir ihm in seiner Inkarnation als Krishna, der Häuptling der Sippe der Yādavas, der sich mit den Pāndavas in ihrem Bruderkampf gegen ihre Vettern, die Kauravas, verbündet. Schon in diesem Epos wurde Krishna, der Sohn des Vasudeva und daher „Vasudeva" genannt, mit dem Ṛshi Nārāyana identifiziert, der das *Purusha-sūkta* „gehört" haben und dadurch mit dem All eins geworden sein soll (ŚB, 12.3.4; 13.6.1.1). Diese zusammengesetzte Gestalt ist bereits für das zweite Jahrhundert vor Christus epigraphisch nachgewiesen.

Vishnu ist der Gott, der von Zeit zu Zeit in fleischgewordener Gestalt auftritt, um die Welt wiederherzustellen. „Um die Guten zu beschützen, die Bösen zu vernichten und die Rechtmäßigkeit *(dharma)* zu festigen, entstehe ich von Weltalter zu Weltalter" (BG, 4.8). Die Anzahl dieser Inkarnationen oder „Herabkünfte" *(avatār[a]s)* ist nicht festgelegt, aber die allgemein am häufigsten erwähnten sind seine *avatārs* als Fisch, Eber, Löwe und Zwerg, als Paraśu-Rāma, der die Kshatriya-Kaste einundzwanzigmal ausrottete, als Rāma, der Held des Rāmāyana, des kürzeren der beiden Sanskritepen, und als Krishna, einer der Helden des Mahābhārata, des größeren Epos, und schließlich – was am erstaunlichsten ist – als Buddha. Am Ende dieser Epoche wird er als Kalkin wiedererscheinen, der ein neues und besseres Zeitalter heraufführen soll. Von diesen Inkarnationen braucht uns außer der als Rāma und Krishna keine weitere aufzuhalten.

Im ursprünglichen Rāmāyana des Valmīki, das wahrscheinlich im vierten Jahrhundert vor Christus geschrieben wurde, erscheint Rāma nur im ersten und im letzten Buch – beide gelten allgemein als spätere Anfügungen – als Inkarnation Vishnus, und auch dort nur als teilweise Inkarnation. Rāma stellt das Ideal indischen Rittertums dar: er ist treu, geduldig im Leiden, gehorsam gegen jede übergeordnete Autorität, der ideale Gatte, Sohn und Bruder, der Züchtiger böser Mächte. Nur sehr allmählich wurde er als reine Inkarnation Vishnus anerkannt, in den späteren Bearbeitungen des ursprünglichen Gedichtes, besonders im *Adhyātma-Rāmāyana* aus dem Sanskrit des vierzehnten Jahrhunderts und der aus dem fünfzehnten Jahrhundert stammenden Hindi-Version des Tulsī Dās, ist Rāma jedoch völlig vergöttlicht, sein Name wird ganz einfach in der Bedeutung ‚Gott' gebraucht.

So wichtig aber auch Rāma in der Entwicklung der mit Vishnu in Zusammenhang stehenden Andachtsfrömmigkeit ist – Vishnus Inkarnation als Krishna ist zumindest in der älteren Periode noch bedeutsamer, denn ebendieser Krishna trägt die „fruchtbarste" aller hinduistischen Schriften vor, die Bhagavad-Gītā. Ist die *Śvetāśvatara* Upanishad der Fels, auf dem das Gebäude des śivaitischen Theismus ruht, so gilt das gleiche in verdoppeltem Maße für die Bhagavad-Gītā, und zwar nicht nur im Hinblick auf den Vishnu-Kult, sondern auch mit Rücksicht auf die Beziehungen zu der gesamten späteren Entwicklung des Hinduismus. Obwohl sie nicht wie die *Śvetāśvatara* Upanishad im Range der *śruti* steht, hat ihr Einfluß nicht nur den der *Śvetāśvatara,* sondern wahrscheinlich auch den aller Upanishaden zusammen weit übertroffen; in den Upanishaden sind nämlich wohl Andeutungen von göttlicher Gnade und Liebe enthalten, aber es handelt sich dabei wirklich nur um allervorsichtigste Andeutungen. In der Gītā hingegen werden sie schon viel deutlicher. Es gibt im Mahābhārata eine Vielzahl didaktischer Passagen, aber nur zu diesem einzigen Anlaß geruht Krishna, die ganze Wahrheit über sich selbst zu enthüllen, und zwar wird sie in aller Heimlichkeit Arjuna, seinem engsten Freund, in der feierlichsten Stunde seines Lebens zuteil. Gewiß – er war schon früher oftmals von Freund und Feind gleichermaßen als Höchstes Wesen angerufen worden, aber nirgend sonst gibt er sich als solches zu erkennen oder erteilt er Anweisungen über die Art und Weise, in der die Menschen ihr Leben führen sollten.

Die Gītā läßt sich zweckmäßigerweise in drei Teile gliedern: der erste (die Kapitel I–VI) behandelt die verschiedenen Wege, auf denen sich die Seele zur Befreiung durchringen kann, der zweite befaßt sich mit dem Wesen Gottes und schließt mit der großartigen Theophanie in Kapitel XI, während der letzte Teil nach einer Wiederholung des zuvor Gebotenen mit einem neuen Evangelium endet, das in Indien noch nie zuvor verkündet worden war: dem Evangelium von der Liebe Gottes zu den Menschen. In der *Śvetāśvatara* Upanishad wurde die das unpersönliche Brahman überragende Transzendenz des persönlichen Gottes mit Nachdruck verkündet, aber in Gott wurde eher das Urbild der Seele gesehen als der höchste Gegenstand liebender Verehrung. Erst mit dem Erscheinen des *Śaiva Siddhānta* wurde der transzendente und doch recht entrückte Gott der *Śvetāśvatara* mit dem höchst persönlichen Gotte Śiva vereinigt, der vom Menschen alle Verehrung, dienende Ergebenheit und Liebe verlangt. Die Gītā wurde wahrscheinlich im dritten oder vierten Jahrhundert vor Christus verfaßt und ist damit unsere erste literarische Quelle für *bhakti*, wie man in Indien die Religion liebender Hingabe nennt. Das Wort *bhakti* stammt aus einer Wurzel *bhaj-*, deren erste Bedeutung ‚teilen, Anteil haben' ist, und dieser Wortsinn ist in der Gītā noch vorzufinden, wenn es heißt, daß Krishna an seinen Verehrern ebensoviel „Anteil habe" wie sie an ihm (4.11). Das Wort wird auch sehr häufig für geschlechtliche Liebe und geschlechtliche Vereinigung verwendet, bei den späteren *Bhakti*-Sekten besteht die Tendenz, auf diesen Aspekt besonderes Gewicht zu legen. In der Gītā gibt es dafür jedoch nicht einmal die leiseste Andeutung.

Die Gītā ist kein leicht zu deutender Text, da sie nicht in sich widerspruchsfrei ist. Den Höhepunkt des Buches stellt jedenfalls die Theophanie im elften Kapitel dar, in welcher Krishna, der inkarnierte Gott und unzertrennliche Freund Arjunas, sich diesem in seiner „höchsten Gestalt als der Herr" zu erkennen gibt, und diese Offenbarung veranlaßt den erschreckten Arjuna zu dem Bekenntnis, Krishna sei sogar „größer als das Brahman" (11.37). Somit setzt die Theologie der Gītā die der *Śvetāśvatara* Upanishad fort. Das Brahman ist sowohl jener zeitlose Seinszustand, welcher *moksha* kennzeichnet, als auch Quelle und Ursprung alles in Raum und Zeit Bestehenden. Demnach ist es Zeit und Ewigkeit zugleich. Gott aber übersteigt in der Gītā beides, und da er ein persönlicher Gott ist, kann man auf keinen Fall behaupten, daß die befreite Seele tatsächlich Gott *werde*, wie man immerhin sagen kann, daß sie Brahman werde; das Wort *brahman* bedeutet, wenn es in diesem Zusammenhang verwendet wird, nichts weiter als ‚ewig', wie dies gewöhnlich in den frühen buddhistischen Texten der Fall ist, denen der Ausdruck *brahmabhūta* – ‚Brahman werden' – entliehen worden zu sein scheint. *Moksha* bedeutet lediglich, aus den Banden des *saṁsāra* zur Freiheit unsterblichen Lebens erlöst worden zu sein; und weil Gott laut Begriffsbestimmung jenseits von Raum und Zeit steht, besagt es auch, daß die Seele an Gottes Seinsweise Anteil habe, ohne aus diesem Grunde gleich mit ihm identisch zu sein, denn obwohl Gott wie das Brahman alle Dinge zeitlicher und ewiger Art durchdringt, überragt er sie sämtlich als ihr Aufseher (9.10; 13.22). Obwohl er das ist, was ihr innerstes Wesen ausmacht, und sie wesenhaft auch reiner verkörpert als sie sich selbst, steht er abgesondert außerhalb, betrachtet sie und erteilt ihnen seine Billigung. In ihm gründet sowohl das ewige als auch das zeitliche Sein. Er ist „die Wohnstätte Brahmans, des Unsterblichen und des Unvergänglichen, des ewigen Gesetzes *(dharma)* und der vollkommenen Wonne" (14.27).

Will man die Botschaft der Gītā richtig verstehen, muß man sie vor ihrem epischen Hintergrund sehen. Der große Krieg zwischen den Kauravas und den Pāndavas, den König Yudhishthira, der älteste der Pāndava-Brüder, mit allen ihm zu Gebote stehenden Mitteln zu verhindern gesucht hatte, ist nicht mehr zu vermeiden: die beiden Armeen stehen einander kampfbereit gegenüber. Jetzt ist es nicht Yudhishthira, sondern Arjuna, Yudhishthiras jüngerer Bruder und Krishnas Busenfreund, dem beim Gedanken an den gewaltsamen Tod vieler der ihm nahestehendsten und teuersten Gefährten, die doch in den Reihen der Gegner ihren Platz haben, der Mut sinkt. Krishnas Hauptanliegen in der Gītā ist es daher, Arjuna zu überzeugen, daß er mit reinem Gewissen in die Schlacht ziehen könne. Zunächst argumentiert er, daß man zwar den Leib, nicht aber die Seele töten könne, weil diese ewig ist; und da orthodoxer Lehre zufolge die Seele eines erschlagenen Kriegers geradewegs zum Himmel aufsteige, leiste er seinen Artgenossen geradezu einen Dienst, wenn er sie von ihren Körpern befreie. Zum zweiten würde er durch seine Weigerung, am Kampf teilzunehmen, den *dharma* seiner Kaste, der Kshatriyas oder Krieger, verletzen, und drittens würde er von seinen Feinden beschuldigt werden, aus Angst seine Entscheidung gegen den Krieg gefällt zu haben. Wenn er den Kampf aber zu Ende durchstehe, könne er nicht verlieren: sollte er getötet werden, werde er sofort in den Himmel kommen, und wenn er siege, werde ihm die Erde zufallen. Aber Arjuna hatte den Himmel Indras, seines Vaters unter den Göttern, schon gesehen und war von dem Erschauten nur wenig beeindruckt gewesen; an der Erde war er als Erbteil kaum stärker interessiert als sein aufs Jenseits gerichteter Bruder Yudhishthira, der sich völlig gleichgültig zeigte. Also mußten höhere Beweggründe aufgeboten werden. Deshalb geht nun Krishna dazu über, ihn zu belehren, wie endgültige Befreiung nicht unbedingt im Widerspruch zu der tiefverwurzelten Anhänglichkeit zu stehen braucht, die Arjuna an sich selbst bindet, sie auch nicht verneine. Ersteres, so lehrt er, könne erreicht werden durch vollkommene Absonderung des „Selbstes", das ewig und damit für die in der Vergänglichkeit begangenen Taten nicht verantwortlich ist, von allen Taten, die von einem vergänglichen Leib auf Geheiß eines vergänglichen Willens ausgeführt wurden, sind doch beides bloße Entwicklungsformen der Materie (*prakṛti* oder *māyā*). Dadurch gelange er zu jener Trennung des Geistes von der Materie, die dem vollkommensten Yogi zum Lohn wird. In der Hitze des Gefechtes werde er sich dann durch nichts von dem Yogi unterscheiden, „dessen Leidenschaften gestillt sind, der fleckenlos und mit Gott (Brahman) eins geworden ist, (dem) höchste Wonne zuteil (wird). ... Er ... sieht das Selbst in allen Wesen wohnen und alle Wesen im Selbst; überall sieht er dasselbe" (6.27,29). Er wird über Freude und Schmerz hinausgewachsen sein, das Gefühl des „Ichs" und „Mein" und alle Gegensätze überwunden haben, denn er wird verstehen, daß er, da er sein wahres Sein jenseits von Raum und Zeit besitzt, nicht sterben kann.

An dieser Stelle nun vollzieht Krishna den Übergang von den die unsterbliche Seele und das Brahman betreffenden Lehren zu der Belehrung über sich selbst, d. h. über Gott. „Wer mich überall sieht und alles in mir sieht, dem gehe ich nicht verloren, noch geht er mir verloren. Der Yogin, der in der Einheit feststeht und mich als in allen Wesen wohnend verehrt *(bhajati)*, lebt in mir, auf welche Weise er auch immer tätig sein mag." Das Wesen Gottes kann er aus der Erfahrung der Befreiung herleiten, in der Zeit und Raum aufgehoben sind, und somit kann er sich als überall gegenwärtig empfinden. Indem er seinen Geist und sein Denken allein auf Gott richtet, geht er ein in den Frieden, „in das in mir befindliche höchste Nirvāna ein" (6,14–15), denn erst wenn die Seele selbst aus den Fesseln des *saṁsāra* erlöst ist, kann sie sich in Gottes Nähe wagen (9.28). Sowohl der Weg des Wissens *(jñāna)*, d. h. intensiver Yoga-Konzentration, die auf Ablösung des Ewigen vom Zeitlichen im Menschen selbst zielt, als auch der Weg der liebenden Hingabe *(bhakti)* soll zum „Nirvāna des Brahman" und damit zu Gott führen (6.14–15, 27–32), aber *bhakti* ist der leichtere Weg (12.5–7), und im Unterschied zu den von den Veden und Upanishaden vorgeschriebenen Wegen zur Erlösung, die ausschließlicher Besitz der drei „zweimalgeborenen" Klassen bleiben, steht er allen Menschen – einschließlich der Śudras und Frauen – offen.

Aber der persönliche Gott ist nicht nur erhabener als Brahman, er hat, wie Varuna im Rig-Veda, auch die Macht, zu binden und zu lösen: Er kann seinen Anbetern die Auswirkungen ihres eigenen *karmas* ersparen bzw. – in christlicher Terminologie – er hat die Macht, Sünden zu vergeben und die der Sünde angemessene Strafe zu erlassen. „Wenn er mich in aufmerksamer Hingabe verehrt, kann sogar ein Mensch von sehr üblem Wandel als rechtschaffen gelten; denn er hat sich recht entschlossen. Rasch wird er eine Seele der Rechtschaffenheit *(dharmātmā)* und erlangt immerwährenden Frieden" (9.30–31). Das bedeutet nicht, daß die Tugend ohne Lohn bleibt. Im Gegenteil: sie ist sich selbst Belohnung, denn „jene Menschen, die tugendvolle Taten vollbringen, in denen die Sünde zu Ende gekommen ist, sie, die vom Trug der Gegensätze befreit sind, verehren mich standhaft in ihren Gelübden" (7.28). Der ewige *dharma* ist in einer unerlösten Welt also der einzige sichere Weg zur *moksha.* Aber allein durch Gottes Gnade kann das einer Seele anhaftende *karma* getilgt werden, kann sie „Brahman werden" und dadurch in einen Zustand gelangen, der sie der Annäherung an Gott würdig macht.

Auch ist Gottes Gnade nicht auf diejenigen beschränkt, die ihn anbeten, denn der Glaube an irgendeine Gottheit ist ja ein Geschenk Gottes, es kann die Belohnung also nicht ausbleiben (7,21), da doch alle Verehrung eigentlich auf den wahren Gott gerichtet ist. Diese Betonung der Gnade ist etwas Neues; zwar wird die göttliche Gnade in den späteren Upanishaden erwähnt und tritt in der *Śvetāśvatara* deutlich hervor, als Hauptthema wird sie jedoch erst in der Gītā dargestellt. Der Mensch, der den *saṁsāra* fürchtet und *moksha* ersehnt (MBh, 14.35.12), braucht nicht mehr allein im Dunkel der Materie nach dem Licht der Befreiung zu tappen, denn er kann nun darauf bauen, daß ihn die hilfreiche Hand eines Erlösergottes in die Freiheit der Auserwählten geleitet. Trotzdem wäre es falsch, wollte man den Krishna der Bhagavad-Gītā in erster Linie für einen Gott der Liebe halten: Nicht dem ihm leidenschaftlich ergebenen Andächtigen gibt er den Vorzug, sondern dem gänzlich desinteressierten Weisen, der immerhin seine Oberherrschaft anerkennt.

> Er sagt: „Wer keinem Wesen gegenüber böse gesinnt ist, wer freundlich und mitleidsvoll ist, frei von Egoismus und Selbstsucht, gleichmütig in Leid und Freude und geduldig ist, diesen

Yogin, der stets zufrieden ist, selbstbezähmt *(yogin)* und unerschütterlichen Entschlusses, der Sinn und Vernunft an mich hingegeben hat, ihn, meinen Verehrer, liebe ich. Er, vor dem die Welt nicht zurückweicht, und der vor der Welt nicht zurückweicht, und der frei von Freude und Zorn, Furcht und Aufregung ist, ihn liebe ich. Er, der nichts erwartet, der rein, geschickt im Handeln, unbekümmert und sorglos ist, der allen Unternehmungsgeist (zu handeln) aufgegeben hat, ihn, meinen Verehrer, liebe ich. Er, der weder Freude hat, noch Haß empfindet, der weder trauert, noch begehrt, der dem Guten und dem Bösen abgeschworen hat, ihn liebe ich, der mir so ergeben ist. Er, der gegenüber Feind und Freund (sich) gleich (verhält), auch gegenüber guter und schlechter Nachrede, und der in Kälte und Hitze, Freude und Schmerz derselbe bleibt, und der frei von Anhänglichkeit ist, er, der Tadel und Lob für gleich hält, der schweigsam (zurückhaltend im Reden) ist, der sich mit allem begnügt (was ihm begegnet), der keine feste Heimstatt hat, jedoch festen Verstandes ist, ihn, den Hingegebenen, liebe ich. Diejenigen aber, welche gläubig, mich als ihr höchstes Ziel betrachtend, dieser unsterblichen Weisheit *(dharma)* folgen, diese Hingegebenen liebe ich außerordentlich" (12.13–20).

Hieraus spricht eine nur sehr geringfügige Verschiebung von dem Ideal „heiliger Gleichgültigkeit", wie es für die Upanishaden charakteristisch ist, zu einer etwas innigeren Beziehung zwischen Mensch und Gott. Die Lehre von der Liebe, die „geheimste von allen" genannt, wird bis zu den letzten Zeilen des letzten Kapitels der Gītā aufgespart, und selbst dann wird noch äußerste Zurückhaltung geübt. Der vollkommene Mensch ist, wer die Pflichten seiner Kaste getreulich erfüllt hat (im Falle Arjunas ist es die unbarmherzige Durchführung eines gerechten, aber sinnlosen Krieges) und doch jederzeit weiß, daß diese Handlungen in keiner Weise „seine" sind. Ein solcher Mann, „dessen Verstand nirgendwo haftet, der sein Selbst bezähmt hat, und von dem die Begierde gewichen ist, gelangt durch Entsagung in den höchsten alles Werk *(karma)* überschreitenden Zustand. (Er gelangt,) nachdem er Vollkommenheit erlangt hat, zu Brahman, der höchsten Weisheitsvollendung. Mit reinem Verstande ausgestattet, sich mit Stärke zügelnd, sich abkehrend vom Ton und den übrigen Sinnesobjekten, und Zuneigung *(rāga)* und Abneigung verwerfend, in Einsamkeit verweilend, nur wenig essend, Rede, Körper und Geist im Zaume haltend, stets in Meditation und Versenkung befindlich, seine Zuflucht zur Leidenschaftslosigkeit nehmend und Selbst-Sinn *(ahaṁkāra)*, Gewalt, Hochmut, Begierde,

Zorn und Besitz abwerfend, wird er, der ichlos und ruhigen Geistes ist, würdig, mit dem Brahman eins zu werden. Ist er mit dem Brahman eins und ruhigen Geistes geworden, so trauert er nicht mehr und begehrt nicht" (18.49–54).

Brahman zu werden oder vielmehr zu erkennen, daß man immer schon Brahman war und ist, war Hauptzweck der Lehren der Upanishaden gewesen, ein Zustand, der diesen übertraf, war nicht vorstellbar (6.22). Aber erst ganz am Ende der Gītā offenbart Krishna das wahre Wesen der *bhakti;* während nämlich auf den früheren Stadien dieser geistigen Odyssee die *bhakti* sich vielleicht noch als Abkürzungsweg zur *moksha* erweisen mochte, kann das wirkliche Leben der *bhakti,* unter dem Teilhaberschaft am Leben Gottes zu verstehen ist, erst einsetzen, sobald *moksha* erlangt wurde.

> Alle Wesen als gleich betrachtend, erlangt er die höchste Hingabe an mich. Durch Hingabe erkennt er mich, meine Größe und wer ich in Wahrheit bin. Nachdem er mich in Wahrheit erkannt hat, geht er alsbald in mich ein. Indem er, zu mir seine Zuflucht nehmend, immerdar alle Werke *(karma)* verrichtet, erreicht er durch meine Gnade die ewige, unvergängliche Wohnstätte.

Aber ungeachtet der Tatsache, daß das Eingehen in Gott eine noch höhere Bestimmung sein mag als das „Brahman werden", fehlt noch immer jeder Hinweis darauf, daß es auch heißt, ihn zu lieben und von ihm geliebt zu werden. Diese Erkenntnis wird bis zum Schluß zurückgehalten, sie ist Krishnas „höchstes Wort, das geheimste von allen".

> Höre weiter mein höchstes Wort, das geheimste von allen. Ich habe dich sehr lieb und werde dir daher sagen, was für dich gut ist. Richte deinen Geist auf mich; sei mir ergeben; opfere mir; verehre mich; so wirst du zu mir gelangen. Ich verspreche es dir wahrhaftig, denn du bist mir lieb. Gib alle Pflichten *(dharma)* auf und nimm allein zu mir deine Zuflucht. Sei nicht betrübt, denn ich werde dich von allen Übeln erlösen.

Gerade diese letzten Worte stellen einen entscheidenden Wendepunkt in der Geschichte des Hinduismus dar, denn bis zuletzt war es der Lehre der Gītā nur darauf angekommen darzulegen, daß die ideale Verhaltensweise des Menschen darin besteht, die ihm vom *dharma* seiner Kaste auferlegten Pflichten zu erfüllen und dabei fortwährend vollkommen losgelöst zu bleiben, Geist und Seele auf das ewige Brahman und auf Gott gerichtet. Jetzt aber, erst ganz zum Schluß, erfahren wir, daß Losgelöstheit und selbstvergessene

Gleichgültigkeit nur die ersten Schritte auf jenem Pfade sind, der zur Verbindung und liebenden Vereinigung mit Gott führt; und dies ist das völlig Neuartige.

Die Bedeutung dieses Aspekts der Gītā wurde in ihrer ganzen Tragweite zum ersten Male von Rāmānuja hervorgehoben, dem großen theistischen Philosophen des elften Jahrhunderts, der so viel dazu beitrug, der *bhakti* philosophische Geltung zu verschaffen. Für Rāmānuja ist wie für den *Śaiva Siddhānta* die Erscheinungswelt wirklich, die *māyā* ist Gottes Wirkungsweise in der Welt. Die Seele ist wie im gesamten hinduistischen Denken ewig und zeitlos, vergeistigt, unteilbar, sie ist reine Bewußtheit *(cit)*, mit Gott substanzgleich. Es gibt ebensoviele Seelen wie Körper, die sie beherbergen, und obwohl sie Gott und auch einander gleichen, insofern als sie ewig sind, unterscheiden sie sich trotzdem voneinander und von Gott, der ihr Ursprung ist. Aber erst mit der Erringung der *moksha* gelangen die Seelen in den Besitz ihres wahren, zeitlosen Wesens. Gott ist die Höchste Seele, alles Erschaffene bildet seinen „Körper", sowohl die Seelen in der Ewigkeit als auch die Welt in der Zeitlichkeit. Zugleich gehört er einer ganz verschiedenartigen Kategorie an und ist ganz anders als alles, was außer ihm besteht. In der Heiligen Schrift wird Gott ebenso wie das Brahman wiederholt als *nirguna* bezeichnet – ‚ohne Eigenschaften oder Merkmale' – aber Rāmānuja zufolge ist er ganz und gar gut, *nirguna* kann daher nur bedeuten, daß er frei von negativen Merkmalen ist. Überdies ist Gott eine Person, und als Person besitzt er alle guten Eigenschaften in höchstem Grade.

> Gottes „göttliche Gestalt ist der Schrein allen Glanzes, aller Lieblichkeit, allen Wohlgeruchs, aller Zartheit, Schönheit und Jugend – wünschenswert, in sich übereinstimmend, eingestaltig, unausdenkbar, göttlich, wundervoll, ewig, unfehlbar, vollkommen. Sein Wesen und seine Natur sind durch Worte oder Gedanken nicht zu umfassen. Er ist ein Meer grenzenlosen Mitgefühls, sittlicher Vortrefflichkeit, der Zärtlichkeit, Freigebigkeit und höchster Herrscherwürde, die Zuflucht für alle Welt ohne Unterschied der Person. Er, einziges Meer der Zärtlichkeit für all jene, die Zuflucht bei ihm suchen, nimmt die Leiden seiner Verehrer hinweg. (Durch seine Inkarnation) kann er von den Augen aller Menschen gesehen werden, denn ohne seine (göttliche) Natur abzulegen, stieg er herab, um im Hause des Vasudeva zu wohnen, der ganzen Welt das Licht zu schenken mit seiner unvergänglichen und vollkommenen Herrlichkeit und alles mit seiner eigenen Lieblichkeit zu erfüllen" (R. über BG, 6.47).

Wie im *Śaiva Siddhānta* schließt Gott auch in der Gītā und bei Rāmānuja die Seelen nur in den Kerker der Materie ein, um sie zu erlösen und sie mit sich selbst zu vereinen. Darin besteht sein verehrungswürdiges ‚Spiel' *(krīdā, līlā)*. Mehr noch: so wie der Gläubige Sehnsucht nach Gott trägt und ihn liebt, sehnt sich Gott nach der Seele. „Wer immer mich über alle Maßen liebt," – so wird es Gott in den Mund gelegt –, „den will ich (dafür) über alle Maßen lieben. Außerstande, die Trennung von ihm zu ertragen, bestimme ich ihn, mich zu besitzen. Dies ist mein wahres Versprechen: Du wirst zu mir kommen" (18.65). Gott braucht die Seele ebensosehr wie die Seele Gott braucht, und das bedeutet, daß die Seele im befreiten Zustand weder aufgelöst noch aufgezehrt wird, sondern unaufhörliche und stets wachsende Liebe erfährt. Der Gläubige aber, der „gekommen ist, mich zu besitzen, wird selber nicht zerstört, wenngleich ich mich demjenigen schenke, der mich auf diese Weise verehrt, scheint es mir doch, daß ich nichts für ihn getan habe" (9.2). Bei Rāmānuja ist Gottes Liebe bedingungslos.

Rāmānuja bezeichnete sich wie Śankara als Vedāntisten, aber seine Meinung weicht von der des Śankara grundlegend ab, und er wußte darum. Śankara sah in *bhakti* nicht mehr als eine Sprosse auf jener Leiter, die zu der Erkenntnis führt, daß das Eine allein existiert und daß alle „menschlichen" Seelen dieses Eine sind, nicht mehr und nicht weniger. Sobald diese in Worten nicht faßbare Einheit verwirklicht wird, befindet sich die Seele im Zustand höchsten Friedens, jenseits aller Gegensätze und aller Erfahrung; und da sie selbst die Eine Wirklichkeit ist, kann natürlich keine spirituelle Weiterentwicklung mehr möglich sein. Verehrung Gottes oder der Götter wird somit als illusorisch angesehen, denn sie besagt ja eigentlich nur, daß man sich selbst anbetet. Daher ist *bhakti* ein sehr unzureichender, weil unwirklicher Ersatz für das ‚Wissen' *(jñāna)*, d. h. die Erkenntnis absoluter Einheit. Rāmānuja läßt davon nichts gelten. Ihm bedeutet Befreiung nicht mehr als die Überwindung von Raum und Zeit – eine Transzendenz, die jeder menschlichen Seele von Geburt an zusteht; sie ist nicht mehr als die „Isoliertheit", die im Sāṁkhya-Yoga erwähnt wird, in welcher die Seele Gott *gleich* wird, aber keine persönliche Beziehung zu Gott hat. Die Liebe zu Gott ist eine ganz andere und völlig neue Erfahrung, sie ereignet sich in der Ewigkeit, nicht in der Zeit. Die Befreiung mag etwas Vortreffliches sein, aber verglichen mit der Liebe zu Gott wirkt sie wie ein Senfkorn neben dem Mount Meru, und so wird die Veredelung der eigenen unsterblichen Seele verächtlich als etwas abgetan, was nur denjenigen ziemt, die nicht zu lieben verstehen (R. über BG, 12.11–12).

Rāmānuja bezeichnet sein System als *viśishṭādvaita*, den ‚Monismus des Unterschiedenen'. Er war der erste in jener Reihe vishnuitischer Philosophen, aus der Madhva, Vallabha, Nimbārka und die Anhänger des Caitanya die bedeutendsten sind. Sie lehnten Śankaras reinen Monismus ab, weil er den Glauben zerstöre. Madhva, der während des dreizehnten Jahrhunderts lebte, ging noch bedeutend weiter als Rāmānuja und schreckte nicht davor zurück, sich selbst als „Dualisten" *(dvaita)* zu bezeichnen. Er vollzieht eine dreifache Unterscheidung zwischen Gott, der allein absolut und unabhängig ist, den menschlichen Seelen, die ewig, wenn auch ihm untertan sind, und der Materie. Er unterscheidet sich von allen übrigen indischen Denkern dadurch, daß er drei Arten von Seelen unterscheidet: Zunächst jene wenigen auserwählten Geister, die zur Befreiung prädestiniert sind sowie zur liebenden Vereinigung mit Vishnu, seiner Gefährtin Lakshmī und Vāyu (dem vedischen Windgott, der jetzt in den Heiligen Geist verwandelt wird), sodann an zweiter Stelle die Mehrzahl der Seelen, ihrem Wesen nach unausgeprägt und durchschnittlich, die lediglich einer endlosen Reihe von Wiedergeburten entgegensehen, und schließlich die Seelen, deren Verderbtheit so hoffnungslos ist, daß sie nur ewige Höllenstrafen erwarten dürfen. Diese extreme Antwort auf Śankara und Rāmānuja wird wegen der Bedeutung, die sie der Tätigkeit des Vāyu als dem Heiligen Geiste und den *ewigen* Höllenstrafen beimißt, allgemein auf christlichen Einfluß zurückgeführt. Sie ist gewiß ganz und gar nicht typisch für die indische Denkweise und konnte niemals mehr als einen Bruchteil der Anbeter Vishnus gewinnen. Rāmānujas Einfluß trug jedoch während der mittelalterlichen Blütezeit der *bhakti*-Kulte tausendfältige Frucht.

FÜNFTES KAPITEL

DHARMA

Es ist besser, sein eigenes Gesetz *(dharma)* unvollkommen, als das Gesetz eines anderen vollkommen auszuführen. Wenn man die durch die eigene Natur *(svabhāva-niyata)* gesetzte Pflicht *(karma)* verrichtet, zieht man sich keine Sünde zu. Man soll das seiner Natur angemessene Werk nicht aufgeben, mag es auch ...

fehlerhaft *(sadosha)* sein. Wie das Feuer vom Rauch, sind alle Unternehmungen von Mängeln umhüllt (BG, 18.47–48).

Das *karma* ist, obwohl es durch völlige Loslösung von seinen „Früchten" überwunden werden muß, nichtsdestoweniger im innersten Wesen der Dinge beschlossen: *sannyāsa* (‚Verzicht' oder ‚Entsagung') bedeutet nicht unbedingt Weltflucht aus leidenschaftlicher, selbstloser und dabei doch selbstsüchtiger Askese, sondern vielmehr ein Leben in dieser Welt in dem erhabenen Bewußtsein, nicht von dieser Welt zu sein. Wenn die Seele auch noch nicht frei ist (*mukta*, ‚befreit'), sollte sie sich doch im Körper so verhalten, als *ob* sie schon frei wäre, und die Tugenden der Leidenschaftslosigkeit pflegen, die dem befreiten Menschen wesenseigen sind. Damit würde der Mensch einfach das tun, was Gott tut, denn in der Gītā sagt Krishna:

> Für mich ... gibt es kein Werk *(karma)* in den drei Welten, das noch zu tun wäre, oder irgend etwas, das erlangt werden müßte und doch nicht erlangt worden ist. Und trotzdem betätige ich mich im Werke. Denn wenn ich mich je im Werke nicht unermüdlich betätigen würde, ... die Menschen würden doch allerwärts meinem Wege folgen. Wenn ich aufhören würde zu handeln, würden diese Welten in Trümmer fallen, und ich wäre der Urheber der Unordnung und würde diese Menschen zugrunde richten (BG, 3.22–24). Ich habe die vierfache Ordnung in Übereinstimmung mit den Bereichen von Eigenschaft *(guna)* und Werk geschaffen. Wisse, daß ich, obgleich ihr Schöpfer, der Handlung und Veränderung unfähig bin. Werke beflecken mich nicht, auch habe ich kein Verlangen nach ihrer Frucht. Wer mich als solchen kennt, wird von den Werken nicht gebunden. Solches wissend, haben auch die Altvordern, die nach Erlösung suchten, das Werk geübt. Deshalb übe auch du das Werk, wie es die Altvordern in vergangenen Zeiten geübt haben. ... Wer im Handeln Nicht-Handeln erblickt und Handeln im Nicht-Handeln, der ist ein Weiser unter den Menschen, ein Yogin, ein all sein Werk Vollbringender (BG, 4.13–18).

Gott bringt die Welt hervor, erhält sie und nimmt sie wieder in sich auf: dies ist sein *karma* (Werk) und sein *dharma*. Und der Mensch, der der Gītā zufolge ein winziger Teil Gottes ist, muß Gott sowohl bei seiner Tätigkeit als auch in seiner ewigen Ruhe nachahmen. Die Abkehr vom tätigen Leben und das Versinken im zeitlosen Frieden des Brahman – das heißt „Brahman werden" und damit auch Gott ähnlich werden, der die Quelle des Brahman ist;

aber die Gottähnlichkeit bezieht sich nur auf die Hälfte seines Wesens und erweist sich somit als Weigerung, vollkommenes Abbild Gottes in seiner Totalität zu werden. Man darf auch nicht meinen, Gott verfolge bei seinem Tun keinen bestimmten Zweck: Sein Endziel ist die endgültige Befreiung aller Seelen aus den Fesseln der Materie, die ja selbst seine eigene „niedere Natur" ist (BG, 7.4–5). Er bindet nur, um lösen zu können und alle Seelen zu sich selbst zurückgeleiten zu können, ob sie es nun wollen oder nicht. Das ist jenes ewige „Spiel", das er mit seiner Schöpfung treibt; aber wie jedes andere Spiel hat es bestimmte Regeln, und diese Spielregeln werden *dharma* genannt. Gott allein kennt die Regeln, er kann sie dem Menschen offenbaren und tut dies gelegentlich auch, wie Krishna für Arjuna, und der Mensch seinerseits befolgt diese Regeln gezwungenermaßen, denn er wird eingeengt durch sein eigenes *karma* – die Werke, welche ihm aus längst schon gelebten Einzelschicksalen in sein jetziges Dasein folgen, und zwar mit demselben blinden Instinkt, der dem Kalb das Auffinden der Mutterkuh ermöglicht, wo immer sie auch in der Herde sein mag – und durch Gottes eigene Absicht, die sich als Schicksal und Zeit *(kāla)* manifestiert, gegen die jeder Widerstand aussichtslos ist. Arjuna mag mit seinem begrenzten Verstand nicht begreifen, warum ein Bruderkrieg, der das Hinschlachten von Millionen mit sich bringt, sowohl notwendig als auch recht und damit wesentlicher Bestandteil des ‚ewigen *dharma*' selbst ist, aber sosehr es ihm auch widerstreben mag, seine Vettern umzubringen: er ist in Wahrheit kein frei Handelnder, er muß es tun. So falsch der von der jeweiligen Kaste oder den Umständen auferlegte *dharma* einem erscheinen mag, ist man doch durch die Pflicht an seine Befolgung gebunden, und wenn man sich weigert, wird einen das Schicksal, d. h. Gottes Wille, beim Schopfe packen und zwingen.

> „Wenn du", so spricht Krishna zu Arjuna, „deinem Eigendünkel folgend, denkst: ‚Ich will nicht kämpfen', so ist dieser dein Entschluß vergeblich. Die Natur wird dich zwingen. Was du aus Verblendung nicht zu tun begehrst, dies ... mußt du, von deinen aus deiner Natur entsprungenen Taten *(karma)* gefesselt, vollbringen, auch wenn es gegen deinen Willen geht. Der Herr wohnt in den Herzen aller Wesen ... und treibt sie durch seine Kraft *(māyā)* herum, als wären sie auf eine Maschine gesetzt" (BG, 18.59–61).

Emanation, Erhaltung und Wiederaufnahme in sich selbst: das ist der *dharma* Gottes, den er immer wieder durch alle Zyklen der Ewigkeit hindurch wiederholt. In der „Nacht des Brahmā" liegt

Gott in traumlosem Schlaf, es gibt keine Tätigkeit, alles ist unermeßliche Ruhe und grenzenloser Friede. Endlich dämmert der „Tag des Brahmā", Gott erwacht. In der Mythologie der Vaishnavas liegt Vishnu während des Nacht des Brahmā bewußtlos hingestreckt auf der kosmischen Schlange Śesha, und als die Dämmerung aufsteigt, wächst eine Lotusblüte aus seinem Nabel, und aus diesem Lotus entspringt der Schöpfergott Brahmā, während Śiva, der Zerstörer oder vielmehr der Urheber der Wiederaufsaugung *(saṁhāra)* seinem Haupt entwächst. Aus diesen Anfängen entfaltet sich das Universum durch die vier *yugas* (s. S. 68), bis es wieder zur Auflösung reif ist. Kein Mensch hat je die Auflösung der Welt gesehen außer dem bedeutenden Seher Mārkāndeya, der in einem anderen Weltalter wiedergeboren wurde und lebte, um die wunderbare Mär zu verkünden.

Am Ende dieses Zeitalters, im *Yuga*, dem letzten, kürzesten und widerwärtigsten Zeitabschnitt jedes Weltzyklus, vervielfältigte sich das Böse, und der *dharma* war beinahe erloschen in einer Welt, die dem Luxus und dem Laster verfallen war. Die Frauen vergaßen jeden Anstand, sogar edle Brāhmanen-Frauen nahmen Männer niederer Kasten, ja selbst Kastenlose zu sich; die Kastenpflichten wurden nicht geachtet, Śudras, die gemäß dem geheiligten *dharma* keine andere Pflicht hatten als die, den anderen Kasten zu dienen, spielten sich gegenüber den Brāhmanen als Herren auf, das menschliche Leben wurde immer vertierter und immer kürzer. Als dieses höchste Ausmaß der Entartung erreicht war, wurde die Erde von einer furchtbaren Trockenheit heimgesucht, die Menschen starben zu Tausenden. Dann erschienen sieben sengende Sonnenscheiben am Himmel und sogen alles Wasser aus der Erde, den Flüssen und den Meeren. Wald und Wiese, Pflanzen und Bäume zerfielen zu Asche, die Erde war geschlagen, ausgedörrt und öde. Dann trat eine mächtige Feuersbrunst auf, die sich in die unterirdischen Bereiche der Hölle hinabfraß und die Bewohner der Hölle verzehrte; von dort loderte sie gar bis in die himmlischen Regionen empor und vernichtete die Götter mit all ihrer Pracht und all ihrem Glanz. Und als nun das ganze Universum unter dem Feuer zerbröckelt war, erschienen riesige Wolken am Himmel, von Blitzen bekränzt, vom Gebrüll des Donners erschüttert, und die Regengüsse kamen herab. Zwölf lange Jahre hindurch regnete es, bis das große Feuer der Vernichtung ganz und gar ausgelöscht war. Die Ozeane traten über ihre Grenzen, die Berge wankten und fielen in Trümmer, die Erde versank in der grenzenlosen Tiefe, alles war Wasser, endlose Wasserwüste überall.

Und in jenem grauenhaften Einen Ozean, in dem alles Bewegungsfähige und alles Bewegungslose zerstört worden war, in dem Götter und Asuras, Yakshas und Rākshasas zugrunde gegangen waren, in solch einer Welt, die aller Tiere und Bäume beraubt, der Lufthülle beraubt war, irrte ich, (Mārkāndeya,) gramgebeugt umher ... Lange rang ich zappelnd mit den Fluten des Einen Ozeans – unermüdlich und doch müde, und fand nirgends Zuflucht. Und dann erspähte ich irgendwo in der ungeheuren Weite des Wassers einen mächtigen Feigenbaum, breit war er und riesig; und auf seinem Ast gewahrte ich eine Wiege – hingelegt war sie –, darüber himmlische Decken gebreitet waren, und in ihr liegen sah ich ein Kindlein, dessen Antlitz war wie ein Wassertropfen auf einem Lotusblumenblatt, und seine Augen waren weitgeöffnet wie die vollerblühte Lotusblume. Und ich war mächtig angerührt und staunte ob des Knaben, wie er da lag, und war doch das ganze All nicht mehr. Mochte ich auch in strengster Askese meditieren, wußte ich auch alles, was war, was ist und was noch sein wird, ich konnte doch das Geheimnis des Kindes nicht begreifen. ... Dann sprach jenes strahlende Kind, dessen Augen zwei Lotusblüten glichen, diese Worte zu mir – köstlich waren sie dem Ohr –: „Ich kenne dich, Mārkāndeya, und deine Müdigkeit und weiß, wie gerne du ruhen würdest. Sitz nieder, ich bitte dich, und bleib, solange du willst. Tritt ein in meinen Leib und laß dich darin nieder, denn dort ist dir eine Wohnstatt bereitet; diese Gunst habe ich dir gewährt." Und als das Kind diese Worte zu mir sprach, wurde ich des langen Lebens und meines Menschseins überdrüssig. Da öffnete das Kind auf einmal seinen Mund, und ich, hilflos unter der Gewalt des Schicksals, mußte hineingehen" (MBh, 3.188).

Und als Mārkāndeya in den Magen des Herrn gelangte, erblickte er darin die ganze weite Welt mit all ihren Königreichen und deren Städten, ihre Flüsse und Meere und die schrecklichen Ungeheuer, die in ihnen hausen, die Himmel mit Sonne und Mond, die sie zieren, die Erde mit ihren Bäumen und Blumen, die Berge und all die Tiere, welche die Erde durchstreifen. Er sah dort auch Brāhmanen, welche die vorgeschriebenen Opfer darbrachten, Kriegerkönige, welche sich um die Bedürfnisse aller Kasten kümmerten, Kaufleute und Bauern, die den ihnen zustehenden Beschäftigungen nachgingen, und Śudras, die voll Eifer niedere Dienste verrichteten. Und er sah, daß alles Böse in Gutes verwandelt war (ibid., 3.189.38).

Und es dämmerte ein neues Zeitalter herauf. Aber auch dieses muß in Trümmern verfallen. Brāhmanen werden ihre Opfer vernachlässigen, Söhne werden ihre Väter erschlagen und Väter ihre Söhne, das Privateigentum wird konfisziert, Kriege von dünkelhaften, irregeleiteten Menschen entfesselt werden, die Erde wird von Menschen beherrscht sein, denen der ewige *dharma* fremd ist, Besitz und Frauen werden Allgemeingut sein, alle Menschen werden ohne Unterschied in eine einzige Kaste eingeordnet sein. Man wird Brāhmanen mißhandeln, Śudras werden mit ihrer dienenden Tätigkeit nicht zufrieden sein und selbst einen abscheulichen *dharma* predigen. Das sind Anzeichen neuerlichen Untergangs, aber diesmal wird alles wieder zum Guten geführt werden, denn Vishnu, dessen Wille es ist, daß der *dharma* niemals von der Erde vertilgt werde, wird sich abermals in Menschenfleisch hüllen, und in dieser seiner letzten Inkarnation als Kalkin, Brāhmanensproß in einer Brāhmanenfamilie, wird er den Brāhmanen ihre rechtmäßige Würde zurückgewinnen, der heimgesuchten Welt Frieden und Wohlstand bringen und die Tyrannei der Kastenlosen, die es gewagt hatten, sich den Rang der Brāhmanen anzumaßen, vollkommen vernichten. So widmet sich Gott stets neuen Werken, indem er die zahllosen Welten, die erst zusammen das All bilden, ins Dasein ruft und wieder in sich aufnimmt.

Gottes *karma* erfüllt sich in der Zeit, und die Zeit wird im Großen Epos mit dem Schicksal gleichgesetzt. Gott beherrscht das Schicksal, der Mensch ist diesem gegenüber machtlos: „Nicht der Mensch ist es, der gute und böse Werke vollbringt, denn der Mensch ist nicht unabhängig. Er ist geschaffen, zu handeln wie eine hölzerne Puppe. Manche erhalten ihre Begründung durch Gott, andere durch den Zufall und wieder andere durch die Werke, die sie in früheren (Lebensläufen) ausgeführt haben" (MBh, 5.158.14–16). Wie ist dann aber die Beziehung zwischen dem Schicksal und der Last des *karma* zu sehen, die der Mensch in der Welt des *saṁsāra* mit sich herumschleppt? Obwohl das Mahābhārata die Rolle der Zeit und erneut auch den Primat des Schicksals vor aller menschlichen Bemühung betont, vergleicht es doch die beiden mit dem Regen, der den Boden und die Saat, die der Mensch diesem anvertraut, bereitet (5.78.2–5): beide sind voneinander abhängig und wirken harmonisch zusammen. Das menschliche *karma* ist nur Bruchteil des *karmas* des ganzen Weltalls, und die Gesamtheit des *karma* entspricht dem Schicksal; das Schicksal aber liegt in Gottes Macht. Das Schicksal ist der kosmische *dharma*, dem der Mensch nicht entrinnen kann. Auf die Dauer wird den Menschen nur sein Zusammenwirken mit dem Schicksal – das nichts weiter ist als ein anderer Name für den Willen Gottes – rechtfertigen und ihm einen Platz im Himmel sichern oder sein Eingehen in Gott heraufführen. Dies wird durch das ganze Epos hindurch deutlich gemacht. Es ist Krishnas Wille, daß die ganze Kshatriya-Kaste untergehe, ihren dünkelhaften Stolz zu sühnen und die Mutter Erde von der unmäßigen Bürde einer übervölkerten Welt zu befreien. Und damit dies erreicht werde, muß Feindschaft zwischen den Kauravas und den Pāndavas gesät werden, den hundertundeins Söhnen des Dhṛtarāshtra auf der einen Seite und den fünf Söhnen des Pāndu auf der anderen, unter denen Yudhishthira, der König des *dharma*, und Arjuna, Krishnas innigstgeliebter Freund und Gefährte, die berühmtesten sind. Die Hauptgestalten spielen die ihnen auferlegten Lebenswege wie Marionetten in einem Puppenspiel: ihr eigener Charakter ist ihr Verderben und ist an sich doch nur Frucht des *karmas* ihrer vergangenen Lebensschicksale. Sie sind, was sie sind, weil sie getan haben, was sie getan haben. Yudhishthira selbst wird vorangetrieben vom Schicksal und von seinem eigenen *dharma*, der es ihm unmöglich macht, unter irgendwelchen Umständen ein Gelöbnis zu brechen, das ihn zwingt, die Einladung zu einem Würfelspiel anzunehmen, durch das er sein ganzes Königreich verliert. Er und sein Bruder werden für die Dauer von dreizehn Jahren in die Wälder verbannt, ein weiteres Jahr lang müssen sie in der Verborgenheit leben. All das tun sie in Erfüllung ihres *dharma*, zur Belohnung hätten sie ihren Anteil am Königreiche zurückerhalten sollen. Aber der älteste Sohn des Dhṛtarāshtra, mit Namen Duryodhana, der im Königreiche vierzehn Jahre lang allein regiert hat, will davon nichts wissen, denn die Macht schmeckt süß. Yudhishthira, der nichts so sehr verabscheut wie das sinnlose Morden des Krieges, erklärt, daß er mit nur fünf Dörfern zufrieden sein wolle, eines für sich, die anderen für seine Brüder, und schickt Krishna, den Herrn, selbst als seinen Botschafter an den Hof der Kaurava. Aber Duryodhanas Herz hat sich verhärtet. Obwohl er weiß, daß Krishna der allmächtige Gott ist, haßt er ihn ebensosehr wie er den König der Rechtschaffenheit haßt, in dessen Verlangen nach Frieden er nur Feigheit sieht. Er zumindest will seinem *kshatriya-dharma*, der ihn in den Krieg ziehen, töten oder sich töten lassen heißt, nicht ausweichen. Und so gibt auch der blinde König Dhṛtarāshtra, obwohl er weiß, daß ein Krieg ihm und den Seinen völligen Untergang bringen wird, dem törichten Stolz seines teuren Sohnes nach und läßt den Dingen ihren Lauf. Auf solche unterschiedliche Weise wirken Yudhishthiras Weigerung, ein törichtes Gelübde zu mißachten, Duryodhanas dünkelhafter Stolz und Dhṛtarāshtras übergroße Zuneigung zu seinem

Sohn – Haltungen, die aus dem *karma* ihrer früheren Geburten resultieren – zusammen, den Willen Gottes zu erfüllen, daß nämlich die Kshatriya-Kaste gemäß dem *dharma* ebendieses Standes ausgelöscht werde. Aber nicht Duryodhana oder Dhṛtarāshtra, auch nicht die Brüder Yudhishthiras erheben ihre Stimme gegen diese logische Krönung des Krieger-*dharmas,* sondern Yudhishthira selbst, der inkarnierte Gott Dharma.

Das Mahābhārata ist ein merkwürdiges Buch, denn es enthält sowohl Passagen, die streng orthodox in ihrer Verteidigung des Vier-Kasten-Systems sind, als auch solche, die seine Ungerechtigkeit und Unsinnigkeit aufdecken, und Yudhishthira sympathisiert fast immer mit den letzteren. Als Grundlage der hinduistischen Lebensweise wurde gewöhnlich der sogenannte *varnāśrama-dharma,* ‚der *dharma* des Standes und der Lebensstufen', betrachtet. Die erste Erwähnung der *varnas,* wie die vier großen Kasten genannt werden, findet sich im *Purusha-sūkta* des Rig-Veda (s. S. 49); dort heißt es, daß die Brāhmanen dem Munde Purushas, des Urriesen, entsprangen, die Kshatriyas oder Krieger seinen Armen, die Vaiśyas oder Bauern seinen Schenkeln, und die Śudras oder Sklaven seinen Füßen. Das zur Bezeichnung der vier großen Klassen verwendete Wort ist *varna,* eigentlich ‚Farbe', und gemäß dem Epos und den Gesetzbüchern verdanken all die Hunderte von Kasten und Unterkasten, die sich später entwickelten, ihre Entstehung Eheschließungen zwischen Angehörigen der vier großen Kasten. Heute betrachtet man diese Erklärung allerdings als äußerst unwahrscheinlich. Die Tatsache, daß zur Bezeichnung der vier großen Kasten das Wort *varna* – ‚Farbe' – gewählt wurde, deutet wahrscheinlich darauf hin, daß eine Trennung zwischen den hellhäutigen arischen Eindringlingen und den dunkelhäutigen Ureinwohnern gezogen wurde. Diese hat man wahrscheinlich unterjocht und in der Kaste der Śudras oder ‚Leibeigenen' zusammengefaßt. Wie sich die vier großen *varnas* in die Hunderte von Kasten *(jātis)* vervielfältigten, die heute bestehen, ist nicht ganz geklärt. In manchen Fällen kam es vor, daß ganze Stämme eine neue Kaste bildeten, sobald sie in die hinduistische Ordnung aufgenommen wurden, andere neue Kasten wurden vielleicht um ein bestimmtes Gewerbe formiert. Jedenfalls bemühte man sich, neue Kasten und Unterkasten in dem umfassenderen Rahmen der vier *varnas* anzusiedeln, die nach Auffassung der Gesetzbücher das soziale Gefüge der hinduistischen Gesellschaft bestimmen. Die Vervielfältigung der Kasten führte zu jener gesellschaftlichen Abkapselung, die für die hinduistische Gesellschaft in geschichtlicher Zeit charakteristisch war, sowie zu all den vertrauten

Tabus, welche es Angehörigen verschiedener Kasten unmöglich machten, miteinander zu essen, geschweige denn einander zu heiraten. Demselben Ordnungssystem entwuchs der Fluch der Unberührbarkeit, welcher einen großen Teil der Bevölkerung zum Stande fortwährender ritueller Unreinheit herabwürdigte, die sie mit Hunden und anderen unreinen Tieren auf eine Stufe stellte.

Ideell war die hinduistische Gesellschaft jedoch nur in die vier großen Kasten eingeteilt, die Zugehörigkeit war erblich. Dem alten hinduistischen *dharma* zufolge sind die Menschen nicht von Geburt gleich. Sie werden in den Standort im Leben hineingeboren, für den sie ihr vergangenes *karma* ausgerüstet hat. Die Ungleichheiten, die das System vorschrieb und verewigte, wurden damals im allgemeinen nicht als ungerecht empfunden, da sie ganz einfach das Ergebnis guter und böser, in früheren Erdentagen begangener Taten waren, und erst mit dem Aufgang der *Bhakti*-Kulte und ihrer liebenden Hingabe an einen persönlichen Gott, der jeden beliebigen durch einen reinen Gnadenakt von den Fesseln des *saṁsāra* retten konnte, kam es überhaupt zu einer sozialen Vermischung der Kasten. In den großen Texten des klassischen Hinduismus wurde die Vermengung der Kasten als abscheulichste Sünde angesehen und – wie wir festgestellt haben – als eines der Zeichen, die den nahenden Weltuntergang ankündigen.

In der ältesten Epoche scheint es eine gewisse Rivalität zwischen den beiden höchsten Ständen, den Brāhmanen und den Kshatriyas, gegeben zu haben, aber die Brāhmanen gingen daraus sehr bald als Sieger hervor, und sie maßten sich Machtbefugnisse und Vorrechte an, denen schwerlich in irgendeiner anderen Kultur etwas Ähnliches an die Seite zu stellen sein dürfte. Dies gelang ihnen, weil sie behaupteten, das Brahman selbst zu beherbergen, jene heilige Kraft, welche die Welt am Dasein erhält. Sie waren Götter, die unter Menschen wandelten, ja sogar Götter der Götter werden sie genannt; in den *Gesetzen des Manu,* der höchsten Autorität unter den hinduistischen Gesetzbüchern, heißt es tatsächlich, daß sie die Macht haben, Götter ganz nach ihrem Belieben machen und wieder auslöschen zu können, denn sie sind die Herren der Schöpfung und der ‚Gestalten' des *dharma.*

> Von (allen) Geschöpfen gelten die beseelten als die besten, unter den beseelten Wesen wieder diejenigen, welche aus dem Verstande leben, von denen, die aus dem Verstande leben, die Menschen, und unter den Menschen sind die Brāhmanen die besten... Schon die Geburt eines Brāhmanen ist eine ewige Gestaltwerdung

des *dharma;* um des *dharma* willen geboren, ist er dazu bestimmt, Brahman zu werden. Wenn ein Brāhmane geboren wird, wird er als ein über die ganze Welt Erhabener geboren, er ist der Herr aller Geschöpfe, und er hat die Schatzkammer des *dharma* zu hüten. Alles, was auf der ganzen Welt existiert, ist Privateigentum des Brāhmanen. Durch den hohen Vorzug seiner Geburt hat er auf alles Anspruch. Was er genießt, was er am Leibe trägt und was er weggibt, all das ist sein alleiniges Privateigentum, und erst durch die Gnade des Brāhmanen können andere Menschen (irgend etwas) genießen *(Manu,* 1.96–101).

Selten genug hat wohl eine einzelne Klasse in der Weltgeschichte solche über-göttlichen Ehren für sich beanspruchen können. Zudem darf der Brāhmane, allein auf Grund der Tatsache, daß er Brāhmane ist und sich mit geheiligten Riten befaßt, die selbst Brahman sind, als bereits im Zustand des Losgelöstseins von den Banden des *saṁsāra* befindlich betrachtet werden.

Die Pflichten des Brāhmanen gehören ausschließlich dem Religiösen an: Er muß den Veda und die *smṛtis* studieren und lehren und sowohl für sich als auch für andere Opfer darbringen. Dafür muß er belohnt werden, und so ist es eines der verdienstvollsten Werke, die ein Kshatriya oder ein Vaiśya vollbringen kann, wenn er die Brāhmanen mit Gaben überhäuft, denn damit heiligt er sich selbst. Das Geschenk eines Śudra würde den heiligen Mann jedoch besudeln.

Die Brāhmanen waren und sind die Hüter der Veden, ihnen obliegt die Unterweisung der beiden anderen „zweimalgeborenen" Kasten in vedischem Wissen, unter keinen Umständen aber darf diese Unterweisung einem Śudra erteilt werden, ganz zu schweigen von den Kastenlosen: Solches Tun bedeutete eine abscheuliche Sünde, es wird mit Höllenqualen bestraft. Die Śudras wurden tatsächlich als derart unrein angesehen, daß man ihnen jeglichen Zugang zu den Veden verweigerte, sie durften weder selbst opfern noch von anderen Opfer zu ihren Gunsten darbringen lassen, auch war ihnen jeder Umgang mit den Zweimalgeborenen untersagt. Der Śudra war als Sklave erschaffen, und selbst wenn er von seinem Herrn freigelassen wurde, blieb er immer noch Sklave, denn kein bloß menschliches Eingreifen kann den ewigen *dharma,* wie er von den Brāhmanen gedeutet wird, umwandeln. Unter den vier großen Ständen waren nur die Śudras keine „Zweimalgeborenen", d. h. sie wurden zu den Initiationsriten nicht zugelassen, durch welche die anderen Kasten den heiligen Faden empfingen und wiedergeboren wurden.

Die Kshatriyas bildeten die Kriegerschicht, an ihrer Spitze stand der König. Sie stellten die weltliche Macht dar, die für die Vollstreckung des von den Brāhmanen festgelegten *dharma* verantwortlich war. Erste Pflicht des Königs ist es, seine Untertanen zu beschützen, aber er hat auch die Pflicht, sein Königreich auszuweiten, sei es auf anständige oder unredliche Weise, und, wenn nötig, auch durch Krieg. Der gemeine Kshatriya hat die Pflicht, am Krieg teilzunehmen und in offenem Kampf den Feind zu töten oder aber selbst getötet zu werden. Eben diese blutige Pflicht, die in so unversöhnlichem Widerspruch zu der Vorschrift der *ahiṁsā* stand, welche die Tötung alles Lebendigen untersagte, erregte Yudhishthira zu heftigem Protest gegen den *kshatriya-dharma* an sich. Die verbleibende Kaste, die der Vaiśyas, stellte wahrscheinlich die Mehrheit des Volkes, die ihr zustehenden Beschäftigungen lagen auf den Gebieten der Landwirtschaft und des Handels. Die Hierarchie der Kasten galt als Spiegelung der drei Strähnen oder *gunas*, welche die ganze *prakṛti* oder Natur durchdringen. Die Brāhmanen entsprechen natürlich dem Strang der *sattva* oder ‚Vortrefflichkeit', die Kshatriyas der *rajas* oder ‚Tatkraft', und die Śudras der *tamas* oder ‚Stumpfheit', während die Vaiśyas eine Mischung aus ‚Tatkraft' und ‚Stumpfheit' darstellten.

Den vier Klassen entsprechend, gibt es auch vier Stufen im idealen Leben der Zweimalgeborenen. Wenn der Jüngling das Vernunftalter erreicht und mit dem heiligen Faden versehen wird, soll er das Elternhaus verlassen und die Schriften gemeinsam mit einem Guru studieren, bis er in ihnen bewandert ist. Während dieses Zeitraums führt der Student oder Brahmacārin, wie er genannt wird, ein Leben in absolutem Zölibat, er „lebt *(carati)* gemäß dem Brahman", er muß seinen Guru wie den eigenen Vater und wie einen Gott behandeln, ihm absoluten und bereitwilligen Gehorsam erweisen. Am Ende dieses Abschnittes soll er in das Haus seines Vaters zurückkehren, eine Frau nehmen und eine Familie gründen und Söhne großziehen, damit sein Geschlecht fortbestehe und dereinst jemand da ist, der die Begräbnisriten verrichten kann, wenn er nicht mehr lebt. Im Stand der Ehe ist die Frau völlig dem Gatten untergeordnet, den sie wie einen Gott zu verehren hat: Sie soll morgens vor ihm aufstehen und sich nach ihm zur Ruhe begeben, sie darf es nicht wagen zu essen, ehe er damit aufgehört hat. Der Mann hatte auf mindestens eine Gemahlin Anspruch, allerdings selten auf mehr als vier, hingegen gab es keine Frau, die mehr als einen Gatten für sich fordern durfte. Die einzige Ausnahme zu dieser Regel soll Draupadī gewesen sein, die mit allen fünf Pāndava-Brüdern feierlich vermählt wurde, nachdem dieser höchst außergewöhnlichen Familie himmlischerseits ein besonderer Dispens gewährt worden war. Die ehelichen Bande waren besonders für die Frau absolut bindend, sie durfte nach dem Tod ihres Gatten keine neue Ehe eingehen. In späterer Zeit wurde die Kinderehe allgemeiner Brauch, und wenn dann der Gatte im Kindesalter starb, war das Los der Witwe schwerlich beneidenswert, denn man erwartete von ihr, daß sie ihr weiteres Leben mit Trauer um ihren verschiedenen Herrn und Fürbitte zum Wohle seiner Seele verbringe. Falls sie es jedoch vorzog, sogleich ihrem Gatten zu folgen, um mit ihm die himmlischen Freuden zu teilen, stand es ihr frei, seinen Scheiterhaufen zu besteigen und so unvergängliches Verdienst zu erwerben. Noch im 17. Jahrhundert war der Jesuitenmissionar de Nobili Zeuge derartiger Schauspiele, und er war gerührt von der ekstatischen Hingegebenheit, mit der viele dieser jungen Witwen in den Tod gingen. Die Gesinnung, die sie dazu anspornte, erregte seine Bewunderung, wenn er auch meinte, sie hätte in den Dienst einer edleren Sache gestellt werden können. Eine Frau, die sich auf solche Weise hinopferte, galt als *satī*, als „echte und wahre Frau“, eine, die das leibliche Dasein einer höheren Wirklichkeit opferte. Der Begriff *satī* erscheint im Anglo-Indischen in der Form *suttee*, die Selbstopferung der Witwen wurde daher fälschlicherweise als „committing suttee“ bekannt. Zwar ist es richtig, daß das Los einer Witwe häufig so elend war, daß selbst der Tod noch in einem günstigeren Lichte erschienen sein mag als ein Leben, in dem sie allzu oft der Verachtung preisgegeben war, auch mochte die öffentliche Meinung sie zum Äußersten zwingen, aber trotzdem muß man dieses Verhalten als Perversion eines *dharma* betrachten, der in freiwilliger Selbstaufopferung die höchste Tugend erblickte.

Hinduistischem *dharma* zufolge ist eine Frau niemals *svatantra*, niemals „hat sie einen eigenen Faden“: sie ist nicht ihre eigene Herrin. In der Kindheit ist sie ihrem Vater untertan, während der Ehe dem Gatten und nach seinem Tode ihrem ältesten Sohne. Man erwartete von ihr ein Höchstmaß an Bescheidenheit und Wohlanständigkeit, und die *Gesetze des Manu* (8.371) bestimmten, daß sie, wenn sie Ehebruch beging, den Hunden vorzuwerfen war, und zwar „an einem von vielen besuchten Ort“. Die vollkommene Beziehung zwischen Gatten wird durch das Verhältnis zwischen Rāma und Sītā im Rāmāyana veranschaulicht. Der Gatte ist voll Zärtlichkeit und gütiger Rücksichtnahme, die Gattin ganz demütiger

Pflichteifer, Unterwürfigkeit und selbstlose und aufopferungsfreudige Liebe. Aber obwohl die Frau niemals für sich beanspruchen darf, ihre eigene Herrin zu sein, besitzt sie doch ihre eigene Würde, besonders, wenn sie Mutter wird; so heißt es einmal gar, eine Mutter sei zehn Väter wert (MBh, 13.105.15). Dem Gatten ist es andererseits nicht verwehrt, eine andere Gattin zu nehmen, falls seine erste sterben sollte, ja: wenn eine frühere Gattin versäumte, ihm männliche Nachkommen zu schenken, war er geradezu verpflichtet, eine neue Gattin zu nehmen, damit er einen Sohn heranziehen könne, der sein Geschlecht fortsetzen sollte, denn der Sohn ist das zweite Ich des Vaters.

Trotz des ungeheuren Nachdrucks, mit dem der Hinduismus die Wirksamkeit asketischer Übungen, die Selbstbeschränkung und die Herrschaft über die Sinne betont, tritt er nicht für das Zölibat ein, denn die vornehmste Pflicht des Mannes ist es, für sich Söhne aufzuziehen; der Stand des Haushaltsvorstands wird daher als „Wurzel" der drei übrigen *āśramas* oder Lebensformen betrachtet. Aber „wenn ein Hausvater sieht, daß die ersten Runzeln erscheinen und daß sein Haar ergraut, wenn seine Söhne selbst Väter von Söhnen sind, sollte er sich in den Wald begeben". Seine Gattin kann er entweder bei den Söhnen lassen oder mitnehmen. Im Walde soll er nur von Früchten und Wurzeln leben, von diesen auch Opfer darbringen und nur ein Fell oder zerlumpte Kleidungsstücke tragen. Die in den *Gesetzen des Manu* vorgeschriebenen Kasteiungen erscheinen sogar nach hinduistischen Maßstäben außerordentlich hart: Während der quälenden Hitze des indischen Sommers empfehlen sie dem Waldbewohner, sich der Hitze von fünf Feuern auszusetzen; während der sommerlichen Regenzeit soll er ungeschützt unter freiem Himmel leben, und im Winter soll er feuchte Kleidung tragen, und er „soll die Härte seiner Kasteiungen schrittweise steigern" (*Manu,* 6.23). Solche Askese war im Verein mit gewissenhafter Lektüre der Upanishaden dazu bestimmt, die Seele des Asketen von der Bürde des Fleisches zu befreien und in der Welt des Brahman zu verherrlichen, in der es weder Gram noch Furcht gibt (ibid., 32). Damit hebt das Ende an; denn wenn der Waldbewohner dieses Stadium erreicht hat, wird er ein echter *sannyāsin.* Er hat nun seine dreifache „Schuld" beglichen: er hat die Lehren der Veden in sich aufgenommen, hat Söhne aufgezogen, die sein Geschlecht fortsetzen werden, und hat die seinem Vermögen entsprechenden Opfer dargebracht. Noch in der Welt weilend, aber ohne ihr anzugehören, ist er jetzt bereit, in zeitlose Seligkeit hinüberzudämmern.

Er wird weder Tod noch Leben begehren, vielmehr die ihm zugemessene Zeit erwarten, wie ein Diener seines Lohnes harrt... Er wird geduldig harte Worte ertragen und keinen geringschätzen, noch wird er aus Anhänglichkeit an den Leib gegen irgendwen Feindschaft hegen. Einem, der zornig auf ihn ist, wird er dafür keinen Zorn zeigen, und den, der ihn verflucht, wird er segnen, auch wird er nie ein unwahres Wort aussprechen. Ruhig sitzend, sich an den Dingen der Seele *(ātman)* erfreuend, für nichts Sorge tragend, kein Fleisch essend, mit der Seele als einziger Gefährtin, auf (ewige) Glückseligkeit trachtend, so wird er leben... Indem er die Sinne zügelt, Zuneigung *(rāga)* und Haß zerstört, keinem Lebewesen ein Leid antut *(ahiṁsā)*, wird er sich der Unsterblichkeit anpassen... Er wird verstehen, daß der Seele Verstricktsein im Leid – solange sie noch im Körper weilt – aus allem erwächst, was verschieden ist vom *dharma (adharma)*, und daß ihre Bindung an die Glückseligkeit ewig ist, weil *dharma* ihr Ziel ist. Durch Yoga wird er die subtile Natur der Höchsten Seele erfahren und wie sie alle Körper durchdringt, die niedrigsten so gut wie die höchsten... Er wird diese erschaffene Wohnstatt aufgeben, deren Mittelpfeiler Gebein ist, die von Sehnen zusammengehalten wird, deren Mörtel Fleisch und Blut ist, deren Dach mit Haut gedeckt ist, die übelriechend ist und voll Urin und Kot, von Alter und Kummer verpestet, Wohnsitz der Krankheit, übel, ruhelos und vergänglich... Indem er so allmählich alle Bindungen aufgibt, von allen Gegensatzpaaren erlöst, wird er im Brahman weilen

(*Manu*, 6.45–81).

So ist das ideale Dasein beschaffen, welches den drei „zweimalgeborenen" Kasten vorgezeichnet wird, wobei allerdings zweifelhaft bleibt, ob wenigstens Brāhmanen diesen strengen Ansprüchen oft nachgekommen sind.

Wir konnten schon zu anderen Gelegenheiten feststellen, daß sich bei den hinduistischen Klassifikationen eine gewisse Vorliebe für die Zahl drei zeigt: „Alles vollzieht sich in dreifacher Weise", heißt es im Mahābhārata (14.39.21). Es gibt drei zweimalgeborene Kasten, diese enthalten drei Lebensstufen, deren Gipfel der *sannyāsin* darstellt, der sie sämtlich vollendet und aufhebt; es gibt drei Strähnen in der Natur und drei Aspekte des Brahman: Sein, Bewußtsein und Wonne. Daher sind im menschlichen Leben drei legitime Lebensziele möglich: das Streben nach Vergnügen, das Streben nach Reichtum und das Streben nach Rechtschaffenheit oder *dharma,* und diese erfahren Krönung und Aufhebung zugleich im endlichen Ziel allen Daseins: in *moksha.*

Einstmals, vor langer Zeit, als der große Krieg zwischen Kauravas und Pāndavas mit der völligen Vernichtung der Kauravas geendet hatte und als Dronas Sohn Aśvatthāman, vom großen Gott Śiva aufgestachelt, die siegreichen Pāndava-Heerscharen, als sie berauscht im Schlaf lagen, abgeschlachtet hatte, um den Tod seines Vaters zu rächen, ließen sich die fünf Pāndava-Brüder mit dem weisen Vidura nieder und erörterten die Frage, welches unter den drei legitimen Lebenszielen das höchste sei. War es *dharma, artha* oder *kāma* – Rechtschaffenheit, Reichtum oder Lust? (MBh, 12.167) Vidura eröffnet die Diskussion und erklärte, der *dharma* sei offenbar des Menschen höchstes Ziel auf Erden: Durch den *dharma* seien die Seher längst versunkener Tage in das Brahman eingegangen, auf dem *dharma* gründeten die drei Welten; durch den *dharma* seien die Götter zu Göttern geworden, und durch den *dharma* werde selbst der Reichtum erworben. Unter *dharma* hätten wir zu verstehen: Kenntnis der Veden, Askese *(tapas),* Entsagung, Glauben, Opfer, Geduld, Reinheit des Gemütes, Mitleiden, Wahrhaftigkeit, Selbstbeherrschung und Selbstvervollkommnung. Von diesem gänzlich orthodoxen Standpunkt wagte Arjuna abzuweichen, indem er die laute Forderung nach dem Vorrang des Reichtums erhob, für den, wie er sagte, Rechtschaffenheit und Lust nur die beiden Schwingen seien. Die beiden jüngsten Brüder, Zwillinge, zogen es vor, sich gegen beide Seiten entgegenkommend zu zeigen. Der *dharma,* erklärten sie, sei in erster Linie anzustreben, sodann solle man im Einklang mit dem Dharma Reichtum erwerben, zuletzt erst sollte der Mensch seine Gedanken auf die Lust richten. Bhīma jedoch, der Yudhishthira dem Alter nach am nächsten stand, ihm aber an Tugendhaftigkeit weit unterlegen war – denn er zeigte sich gewalttätig, unersättlich und grausam –, dachte anders. Befriedigung der Begierde *(kama),* erklärte er dreist, sei die erste Pflicht des Menschen. Er äußerte sich ganz im Sinne jenes vedischen Gesangs, der in der sexuellen Lust Quelle und Ursprung aller Dinge sah (s. S. 47), und verkündete, daß ohne das Verlangen, etwas zu vollbringen, jede Leistung unmöglich sei. Wie hatten die großen Seher jener fernen Tage die Befreiung errungen? Sie hatten nach ihr verlangt, und durch die Inbrunst des Verlangens hatten sie den Preis errungen. Verlangen sei das Geheimnis alles Erfolges, sei dieser nun materieller oder geistiger Art; nur ein Heuchler könne das leugnen. Und doch muß Gleichgewicht herrschen zwischen den drei Lebenszielen. „*Dharma,* Reichtum und Verlangen (oder Lust) müssen in gleichem Maße erstrebt werden; der Mann, der sich nur einem von diesen widmet, ist niederer Art. Der Mann, der sich auf zwei von ihnen versteht, gilt (in der Schrift) als mittelmäßig, der Überlegene aber ist derjenige, welcher an der ganzen Dreiheit *(trivarga)* teilhat."

Yudhishthira aber, der König des *dharma*, konnte mit keinem der Gesprächspartner übereinstimmen, denn das Hinschlachten von Millionen Männern in Übereinstimmung mit dem, was die Menschen *dharma* nannten, hatte ihn am *dharma* selbst verzweifeln lassen. Er sprach:

> Darüber kann es keinen Zweifel geben: Ihr alle habt eure Meinung über den *dharma* nach den Büchern gebildet und ihr kennt eure Autoritäten gut. Ich aber begehre (die Wahrheit) zu wissen. Ihr seid nun zu Wort gekommen, und ich habe euren wohldurchdachten Meinungen zugehört. Nun hört mir zu und laßt euch dabei nicht ablenken, wenngleich ich nur unter Zwang spreche. Nur der, der an Gutem wie an Bösem keine Freude hat, an Reichtum, *dharma* oder Lust nicht, nur der, der frei ist von (jedem) Makel *(dosha)*, dem ein Erdklumpen und ein Stück Gold ein und dasselbe sind, nur der ist gleichermaßen erlöst von Freude und Schmerz, von Reichtum und Erfolg. Geburt und Tod sind die innerste Seele alles Erschaffenen; alle sind dem Verfall und der Veränderung unterworfen. Wohl mögen sie wachsam gemacht werden durch manchen (weisen Lehrer) und von Befreiung schwatzen, aber wir wissen darum doch nicht, was es ist. Sagte nicht der aus sich selbst Seiende Herr selber, daß es keine Befreiung geben könne für den Mann, der das Band der Liebe *(snehena yukta)* noch kennt? Weise Männer machen das Nirvāna zu ihrem Ziel, sie tun weder, was angenehm ist, noch, was unangenehm ist (für sie). Das ist die fundamentale Regel: nicht zu tun, was man tun will. Ganz so wie es mir bestimmt wurde, handle ich: und das Geschick ist der Stärkere. Seid dessen ganz gewiß. Durch keine (eigene) Tat kann der Mensch zu einem Ziel gelangen, das außerhalb seiner Reichweite liegt. Wisset: was da sein soll, das wird in Wahrheit sein.

Das sind Worte, aus denen bittere Enttäuschung spricht, und es ist seltsam, daß der König des *dharma* selbst den *dharma* von sich weist und demütige Unterwerfung unter ein unbegreifliches Fatum und die Suche nach dem Nirvāna vorzieht, welches jedem *dharma* ebenso ein Ende setzt wie allen Dingen des Zufalls. Aber Yudhishthira befindet sich in einem echten Zwiespalt: er ist der inkarnierte *dharma*, jedermann erkennt dies an und verehrt ihn als solchen. Aber in einer Welt, in welcher der überlieferte *dharma* in so deutlichem Widerspruch steht zu den Geboten des Gewissens und des Mitleidens, fühlt er sich nicht heimisch. Er hadert nicht mit den zehn Geboten, die alles, was für jeden Menschen ohne Ansehen der Klasse und Kaste verbindlich ist, zusammenfassen, denn sie stehen in Einklang mit seinem Wesen: „Seelenstärke, Geduld, Selbstbeherrschung, Achtung fremden Eigentums, Reinheit, Beherrschung der Sinne, Einsicht *(dhī)*, Weisheit, Wahrheit und Meidung jeden Zorns" *(Manu*, 6.92). Wogegen er sich stets aufs neue auflehnt, das ist der *dharma*, welcher dem Kriegerstande auferlegt ist, und zwar besonders in der den Königen angemessenen Form. Er wurde nicht nur von seiner Gattin und von seinen Brüdern, die nach Rache verlangten, in einen höchst blutigen Krieg getrieben, sondern auch von Krishna, dem inkarnierten Gott, welcher entschlossen war, die ganze Kriegerkaste auszutilgen. Der Krieg wurde gewonnen, aber die ganze Erde wurde dabei verwüstet, und Yudhishthira ist so sehr bis ins Innerste angewidert, daß er gerne auf sein Königreich verzichten und sich zur Suche nach der Freiheit des Geistes in den Wald zurückziehen würde. Indes – man übt ungeheuren Druck auf ihn aus, und schließlich läßt er sich überreden, den Thron anzunehmen. Aber er tut dies traurigen Herzens und mit unruhigem Gewissen, denn Bhīshma, sein sterbender Ahnherr, hat ihm in großer Ausführlichkeit erklärt, daß der *dharma* des Königtums nicht nur Machtkämpfe in sich schließe, sondern auch Lüge, Betrug und Spionage im größtmöglichen Stil. Und Yudhishthira rühmte sich voll Stolz, daß nie eine Lüge über seine Lippen gedrungen sei.

Nur einmal war dies geschehen und hatte ihm arge Gewissensbisse eingetragen. Aber selbst damals hätte er nicht im Traum daran gedacht, etwas zu tun, was in so unversöhnlichem Widerspruch zu seinem Charakter stand, wenn ihm dies nicht von Krishna, dem Herrn, befohlen worden wäre; und Krishna ist Gott. Es geschah in der Hitze des Schlachtgetümmels; um die Sache der Pāndavas war es schlecht bestellt, denn Drona, der ihnen ebenso wie den Kauravas ein liebenswerter Lehrer gewesen war und sich im großen Krieg auf die Seite der letzteren gestellt hatte, wütete in ihren Reihen und konnte nicht einmal mit Krishnas Hilfe niedergerungen werden. So befahl denn Krishna dem gewissenlosen Bhīma, seinen Elephanten zu erschlagen, dessen Name Aśvatthāman war, denn so hieß auch Dronas Sohn. Bhīma tat, wie ihm geheißen, und berichtete Drona, daß sein Sohn tot sei, was zur Folge haben sollte, daß jenen alle

Kampfeslust verlasse. Aber Drona wollte ihm nicht glauben, weil alle Menschen lügen; einzig und allein Yudhishthira ausgenommen, der die Verkörperung des *dharma* und der Wahrheit ist. Und Yudhishthira, von Krishna aufgestachelt, erklärte Drona, daß Aśvatthāman tot sei, fügte jedoch unverständlich murmelnd hinzu, daß er den Elephanten, nicht aber Dronas Sohn meine. Damit nun alle Menschen einsehen, daß es etwas gibt, das erhabener ist als der Mensch und höher steht als der fleischgewordene Gott selbst, nämlich den ewigen *dharma*, ereignete sich etwas Wunderbares: Während nämlich des Königs Streitwagen vorher nie den Boden berührt hatte, sondern immer eine Handbreit darüber durch die Luft geschwebt war – Rechtschaffenheit und aufrichtige Wahrheitsliebe hatten dies vermocht –, sank er nun, da die Halbwahrheit ausgesprochen war, auf den festen Erdboden herab, und Yudhishthira wurde ein Mensch wie jeder andere.

Yudhishthira sprach die Unwahrheit in Erfüllung eines göttlichen Gebotes, und Krishna gelang es sehr rasch, sich zu rechtfertigen. Der *dharma* ist subtil und schwer zu begreifen, es gibt zu allen erkennbaren Regeln Ausnahmen; so ist es in bezug auf Wahrhaftigkeit nur recht und billig zu lügen, sobald Frauen davon betroffen werden, überhaupt die Ehe, zur Verteidigung von Kühen oder Brāhmanen oder zur Lebensrettung. Vernichtete Drona nicht hemmungslos die Heerscharen der Pāndavas? Aber der König der Rechtschaffenheit war nicht überzeugt, denn was der Gott auch sagen mochte – etwas noch über Gott stehendes Höheres sagte ihm, daß er gesündigt hatte. Und dieser quälende Zweifel sollte ihn während seines ganzen weiteren Lebens verfolgen, denn es wurde immer klarer, daß der von den Brāhmanen gelehrte und vom inkarnierten Gott gelebte *dharma* mit dem *dharma*, den er in seiner Seele trug, nicht übereinstimmte. Was nützte es zu erfahren, daß der höchste *dharma* darin bestand, sich jeder Verwundung eines Lebewesens zu enthalten, wenn ihm im nächsten Atemzug geboten wurde, Opfertiere zu schlachten, oder über das größte Blutopfer, den Krieg, zu gebieten? Denn der Krieg ist ebenso wie die Selbsthinopferung der Witwen ein Opfer und den Göttern wohlgefällig. Er setzt dem sein Nein entgegen und wiederholt es immer wieder durch das ganze mächtige Epos hindurch: „Es gibt nichts Schlimmeres als den *dharma* des Kshatriya“, und seither hat mancher Hindu ebenso gedacht. Wie kann auch der *dharma* mit der Wahrheit gleichgesetzt werden, wie dies so oft geschieht, wenn Gott selbst ihn zum Lügen nötigen kann? Und gerade dies ist das Schmerzlichste, denn Yudhishthira glaubt voll Inbrunst und Beständigkeit an Krishnas Göttlichkeit; aber in dem, was er sagt und tut, liegt so vieles, was nach den höchsten Maßstäben – die er, Yudhishthira, anlegt – einfach ganz und gar unrecht ist. Yudhishthira ist erfüllt von Zweifeln über das wahre Wesen des ewigen *dharma*, aber es bleibt seiner Gattin Draupadī vorbehalten, die Weisheit und Güte Gottes offen anzuzweifeln. Yudhishthira hatte nicht nur sein Königreich verloren, sondern auch seine Brüder, seine Gattin und sich selbst. Zur Sklavin erniedrigt, wurde Draupadī halbnackt in die Versammlungshalle der Kauravas geschleppt und von den Kaurava-Brüdern grausam mißhandelt. Sklaven haben aber keine Rechte, und so sprach Yudhishthira, von den Fesseln des *dharma* gebunden, kein Wort. Später jedoch, als die Pāndavas in den Wald verbannt wurden, machte Draupadī ihren Gefühlen Luft und schleuderte dem Allerhöchsten ihre Herausforderung entgegen.

> Wie der Mensch einen Klotz mit einem Klotz spaltet, einen Stein mit einem Stein, Eisen mit Eisen – alles Dinge, die sich (selbständig) weder bewegen noch gar denken können –, so verletzt der Herr Gott, der aus sich selbst Seiende, der uranfängliche Ahnherr, ein Geschöpf mit Hilfe des anderen und verschafft sich dadurch ein Alibi. Indem er Dinge zusammenfügt, nur um sie wieder zu trennen, handelt der Herr zu seiner eigenen kurzweiligen Unterhaltung und spielt mit seinen Geschöpfen, wie Kinder mit Puppen spielen. Er behandelt seine Geschöpfe nicht, wie dies ein Vater oder eine Mutter tun würde, sondern handelt in rasendem Zorn; und da er so handelt, folgen andere seinem Beispiel ... Gewahre ich das Verderben, das dich und das Wohl des Duryodhana befallen hat, klage ich den Schöpfer an, der solcher Ungerechtigkeit zusieht. Und welchen Gewinn hat der Schöpfer davon, wenn er dem grausamen und habgierigen Sohn des Dhṛtarāshtra, der den arischen Kodex verletzt und den *dharma* erniedrigt hat, Wohlstand gewährt. Wenn es wahr ist, daß Werke *(karma)*, sobald sie ausgeführt wurden, dem Täter folgen und keinem anderen, dann ist durch jene üblen Taten der Herr selbst besudelt (MBh, 3.30.35–42).

Yudhishthira ist über diesen Ausbruch der Blasphemie entsetzt, aber er weiß keinen anderen Rat als den, im Unglück Geduld zu zeigen; denn Yudhishthiras Tugenden sind die Tugenden, die ein Brāhmane zeigen soll, nicht die des Kshatriya, und das machen ihm sowohl seine Gattin als auch seine Brüder und Krishna selbst zum Vorwurf. Er ist „standhaft, selbstbeherrscht, keusch, geduldig, stets dem *dharma* ergeben, kühn, Ehre und Gastfreundschaft erweist er Gästen, Verwandten, Dienern und allen, die bei ihm Zuflucht suchen: Er ist wahrhaftig, großzügig, asketisch und tapfer, mit sich selbst ausgesöhnt, weise und unerschütterlich; Seele des *dharma*, begeht er niemals eine Ungerechtigkeit aus Begierde oder unter dem Einfluß eigenen Ungestüms, aus Furcht oder zur Beförderung seiner eigenen Interessen" (MBh, 12.55.5–9). Solch ein Mensch konnte schwerlich ein idealer Kshatriya sein, und das weiß Yudhishthira. Seine angeborenen Neigungen ziehen ihn hin zu innerem Freisein und zu Gewaltlosigkeit *(ahiṁsā)*; er verabscheut Krieg und Gewalttat jeder Art, er findet keinen Geschmack an den Blutopfern, deren Darbringung von Königen erwartet wird. Aber er erweist als erster den Brāhmanen die gebührende Ehrfurcht, denn wenngleich es natürlich stimmt, daß man sehr schlechte Brāhmanen antreffen kann, wie es eben in anderen Religionen schlechte Priester gibt, schuldet man ihnen doch Verehrung wegen der sakramentalen Würde, die ihnen als den menschlichen Aufenthaltsorten des Brahman, des ewigen Prinzips und Ursprungs des *dharma*, eignet. Ihm wird aber auch gesagt (und er glaubt dies), daß der Brāhmane, welcher versäumt, die Tugenden der Selbstbeherrschung zu üben, und das Begehren, den Zorn, die Lust und die anderen Leidenschaften nicht besiegt hat, um nichts besser ist als ein Śudra, während der Śudra, welcher ein heiligmäßiges Leben führt, für einen Brāhmanen gehalten werden muß.

Vor dem Krieg, als Yudhishthira in den Wald verbannt wurde, hatte er seinen himmlischen Vater, den Gott Dharma, um eine einzige Gnade gebeten: „Daß ich immerdar bezwingen möge die Habgier, die Selbsttäuschung und den Zorn, und daß mein Geist immerdar beharren möge auf Gebefreudigkeit, Enthaltsamkeit und Wahrheit." Daß sich all dies ganz natürlich einstellte, entsprach seinem Wesen, aber das waren nicht die Eigenschaften, welche einem König am begehrenswertesten erscheinen durften. Als ihm daher der Sieg sein Königreich wieder einbrachte, trieb ihn das drückende Bewußtsein seiner Schuld und Unwürdigkeit, auf das Königtum zu verzichten und den Rest seiner Tage als Waldeinsiedler zu verbringen. Weder die Bitten aller seiner Brüder noch die des sterbenden Bhīsma, ja nicht einmal Krishnas Beschwörungen konnten ihn dazu bewegen, von seinem Entschluß abzugehen, bis ihm Krishna schonungslos erklärte, daß er auf seinen Verzicht verzichten müsse, wenn er sich der Befreiung würdig erweisen wolle: er müsse den letzten Kampf gegen sich selbst siegreich bestehen.

So wie du gegen Drona und Bhīshma kämpfen mußtest, so ist jetzt die Zeit gekommen, gegen deinen eigenen Sinn zu kämpfen. Du mußt dich in die Schlacht begeben, so daß (du) durch (Selbst-) Disziplin und deine eigenen Taten das jenseitige Ufer (erreichen mögest) all dessen, was die Gestalt des Nichtmanifesten hat. Dort können weder Pfeile noch Diener, noch Angehörige helfen. Gegen dich selber mußt du allein kämpfen; schon ist die Schlacht im Gange. Wenn du diese Schlacht verlierst, in welchem Zustand wirst du dich dann befinden? Erkenne, (wie nichtswürdig er sein wird, und wenn du dies getan hast,) dann wirst du deine Pflicht getan haben. Triff deine Entscheidung (und bedenke dabei) das Kommen und Gehen (aller) kontingenten Wesen, und regiere dein Königreich wie deine Väter und Vorväter es vor dir taten. Es ist kein Heil *(siddhi)* im Aufgeben äußerer Güter; im Verzicht auf den Besitz unseres Leibes mag Heil sein oder nicht sein. Welchen *dharma,* welche Freude auch immer der Mann genießen mag, der sich aller äußeren Güter entledigt hat, das sei das Los jener, die dich hassen. Der Tod wird in zwei Silben ergründet, das ewige Brahman in dreien. Der Tod ist *mama* („dies ist mein"), das Ewige ist *na mama* („nichts ist mein"). So haben der Tod und das Brahman ihren Sitz im Selbst; ungesehen lenken sie (alle) Geschöpfe, zweifle daran nicht. Wenn es wahr ist, daß die Seele nicht zerstört werden kann, dann muß das Erschlagen fremder Leiber das gleiche sein wie die Weigerung zu verletzen *(ahiṁsā)*. Da du die ganze Welt besiegt hast mit allem, was sie an Bewegtem und Unbewegtem enthält, und hast doch keinen Gedanken, daß sie dein ist, was wirst du tun mit ihr? Oder wenn ein Mann vorzöge, im Wald zu leben und von den Kräutern des Waldes sein Leben zu fristen und doch noch Dinge als sein Eigentum betrachtete, dann ist er reif, in den Mund des Todes einzutreten. Betrachte die Beschaffenheit deiner inneren und äußeren Feinde; wenn du dies tust, wirst du befreit werden von der großen Furcht (des Todes) (MBh, 14.12–13).

In der Bhagavad-Gītā hatte Krishna Arjuna angewiesen, abgeklärten Geistes in die Schlacht zu gehen, damit er seine Feinde gleichmütig erschlagen könne. Arjuna bedurfte dieser Belehrung, denn er war von Natur nicht so abgeklärt und von allem losgelöst wie sein Bruder. Ihm fehlte jene triebhafte Sehnsucht nach Befreiung, daher mußte er von der Befreiung erst erfahren und auch von Krishnas beständiger Liebe zu ihm und allen Geschöpfen – damit sie ihm nicht so sehr in kühle Ferne entrückt erscheine. Bei Yudhishthira lagen die Dinge anders: Er war seiner Natur nach ein abgeklärter und mitfühlender Mensch, dem *dharma* in Gestalt der überlieferten Auslegung ergeben, noch tiefer ergeben aber dem ewigen *dharma*, der sich in seinem Gewissen widerspiegelte – ein Mann, der gegen seinen Willen und gegen sein Gewissen in einen totalen Vernichtungskrieg getrieben worden war, dem angesichts des Mordens, in den eigenen Reihen ebenso wie in denen der Feinde, Reue und bitterer Schmerz nahezu jeden Trost raubten. Sein Kshatriya-*dharma*, den er haßte und wiederholt verfluchte, hatte zu millionenfachem Verlust menschlichen Lebens geführt, und Krishnas Versicherung, daß alles gut sei, da doch die erschlagenen Krieger bereits in Indras Himmel unaussprechliche Wonnen erlebten, gewährte ihm keinen Trost, denn er begann endlich zu begreifen, daß unter sämtlichen in der überlieferten Religion gepredigten *dharmas* einer hervortrat, der zwar nach seinem Wesen den ketzerischen Buddhisten und Jainisten eher entsprach, aber alle anderen übertraf: *ahiṁsā* – das Gebot, keinem Lebewesen in Gedanken, Worten oder Taten ein Leid zuzufügen. Indes, schon lange vor Ausbruch des Krieges hatte ihm Mārkāndeya, der heilige Seher, von einem frommen Vogelfänger erzählt, der ein Śudra war und trotzdem einen stolzen und halsstarrigen Brāhmanen unterwiesen hatte; und weiter hatte er ihm erklärt, daß man, solange man in der Welt lebt, dieses absolute Ideal niemals verwirklichen könne, denn selbst ein scheinbar so harmloser Zeitvertreib wie die Landwirtschaft schließe die Zerstörung zahlloser Lebewesen ein. Daraus ersah Yudhishthira, daß er, falls er die Königswürde abermals auf sich nehmen sollte, nicht imstande sein würde, vollkommene *ahiṁsā* zu üben – und so wollte er abtreten und im Wald das Leben eines Einsiedlers führen. Krishna merkte wohl, daß kein Appell an seinen Kshatriya-*dharma* nun noch etwas zu bewirken vermochte, und so erläutert er ihm, er bleibe, solange er seinen Verzicht nicht zurücknehme, Sklave seines Begehrens; und um ihm das Gemeinte noch deutlicher vor Augen zu führen, zeigte er ihm, daß sogar der befreite Mensch nicht frei von Verlangen ist, denn das Begehren „tanzt und lacht (selbst) für den Mann, der sich an der Befreiung entzückt“ (MBh, 14.13.19). Diese Lehre vergaß Yudhishthira nicht, als für ihn die Zeit kam, in die ewige Ruhe einzugehen.

Was immer aber Krishna sagen mochte: Yudhishthira konnte sich bis zum Schluß mit seinem Kshatriya-*dharma* nicht aussöhnen. Schließlich bestätigt der Gott Dharma selbst, was ihm die Intuition eingegeben hatte: daß die Tage dieses *dharmas* der Gewalt gezählt seien. Nachdem er nämlich Arjuna erlaubt hatte, das große Pferdeopfer zu zelebrieren, wie es siegreichen Königen obliegt, als er die Glückwünsche der Brāhmanen und anderer entgegennahm, die ihm so für die Geschenke dankten, die er mit verschwenderischer Freigebigkeit verteilt hatte, wie es königlicher Brauch war, erschien auf rätselhafte Weise ein blauäugiger Mungo vor ihm, dessen Körper zur Hälfte aus reinem Gold bestand, und sprach: „Dein (ganzes) Opfer ist nicht so viel wert wie eine Unze Gerste" (MBh, 14.90.7). Dann erzählte ihm der Mungo die Geschichte einer armen Brāhmanenfamilie, die all ihre spärlichen Lebensmittelvorräte hingab, um einen Fremden zu bewirten, so daß schließlich für sie selbst nichts blieb, und er erklärte: „Dharma hat keine Freude an Geschenken, die in Erwartung großen Lohnes im Himmel gemacht werden; ihn entzücken die kleinen Gaben, die ehrlich erlangt und durch den Glauben gereinigt werden." Sodann gab sich der Mungo als Gott Dharma selbst zu erkennen, Yudhishthiras himmlischer Vater; und Yudhishthira wußte, daß das Blut aller hingeopferten Tiere im Himmel nicht mehr willkommen war.

Und er begreift noch viel mehr als dies; denn er hat gehört, daß der große Seher Viśvāmitra während einer großen Hungersnot versucht hat, einen Kastenlosen zu zwingen, ihm das Fleisch eines Hundes zu geben, damit er seinen Hunger stille, aber der Kastenlose hatte ihm entgegengehalten, daß es einem Brāhmanen übel anstehe, verbotene Nahrung von einem Unreinen anzunehmen. Also nahm es ihm Viśvāmitra weg und sagte, daß selbst schlimme Taten einem Brāhmanen keinen Schaden anhaben könnten. Nun verstand Yudhishthira, daß in einem Ausgestoßenen sogar mehr Rechtschaffenheit sein kann als in einem so großen und heiligen Brāhmanen wie Viśvāmitra, und er sprach: „Wenn eine schreckliche Handlung, die im Widerspruch zum Glauben und zur Wahrheit steht, vorgeschrieben wird, (soll ich sie dann ausführen)? Soll ich die Maßstäbe (dieses rechtschaffenen) Sklaven mißachten? Wenn der *dharma* wirklich so kraftlos geworden ist, dann tappe ich völlig im Dunkeln und versinke in Niedergeschlagenheit" (MBh, 12.142.1–2). Denn Yudhishthira hungerte und dürstete nach Rechtschaffenheit und nach einer Lehre, die nicht von den Schriftgelehrten kam.

Yudhishthira herrschte fünfzehn Jahre lang, aber die Helligkeit war aus seinem Leben gewichen; und als er erfuhr, daß Krishna, der inkarnierte Gott, diese Welt verlassen hatte, entsagte er seinem Königreich, das ihm kein Glück gebracht hatte. Dann verfluchte er abermals den Kshatriya-*dharma,* alle Gewalttätigkeit und allen Zwang, das königliche Herrscheramt und „uns selber, die wir lebendig schon tot sind" (MBh, 15.38.8), und als er so sprach, legte er seine königlichen Gewänder ab und ging fort in den Wald mit seinen vier Brüdern und Draupadī, seiner Gattin. Einer nach dem anderen sinken sie am Wegrand hin, als erste Draupadī, dann die Zwillinge, danach Arjuna und schließlich Bhīma, der nach Yudhishthira älteste. Yudhishthira ist nun allein geblieben – aber nicht ganz allein, denn als die Brüder ihre Hauptstadt verließen, schloß sich ihnen ein kleiner Hund an und wich König Yudhishthira nicht mehr von der Seite.

Und als Yudhishthira seinen beschwerlichen Pfad allein weiterging, erschien der große Gott Indra in einem feurigen Streitwagen und hieß Yudhishthira eintreten durch die Himmelspforte, aber Yudhishthira weigerte sich, denn er trug kein Verlangen nach dem Paradies, da nun seine Gattin und seine Brüder am Wege hingestürzt waren. Aber Indra beschwichtigte ihn: sie seien bereits eingetreten und erwarteten Yudhishthira. Indes, dieser gab sich noch immer nicht zufrieden.

Yudhishthira: „Dieser Hund ist mir fortwährend treu gefolgt *(bhakta)*. Laß ihn mit mir kommen, denn ich habe Mitleid mit ihm."

Indra: „Du hast die Sterblichkeit abgeschüttelt und bist nun meinesgleichen. Alle Herrlichkeit und große Erfüllung hast du jetzt gewonnen. Heute noch wirst du Paradieseswonnen kosten. Verzichte auf den Hund, darin liegt nichts Grausames."

Y.: „Wahrlich schwierig ist es für einen Mann von Ritterlichkeit, eine ritterliche Tat zu begehen. Solche Herrlichkeit, deretwegen ich ein mir treues Geschöpf verstoßen muß, begehre ich keineswegs."

I.: „Im Paradiese ist kein Ort für Männer mit Hunden ... Verzichte auf den Hund, darin liegt nichts Grausames."

Y.: „Es hieß, einen zu verstoßen, der einem treu ergeben ist, sei ein grenzenloses Übel, so böse wie die Tötung eines Brāhmanen. Und deshalb will ich auf gar keinen Fall, meine eigene Freude suchend, diesen (Hund) heute verstoßen. Ich kann nicht einen aufgeben, der in Gefahr ist oder mir ergeben oder ohne Freund und betrübt oder in der Verteidigung seiner selbst ungeübt oder in Lebensgefahr schwebt, und koste es mein eigenes Leben. Dies ist mein unverbrüchliches Gelübde."

I.: „Hunde sind fortwährend von Zorn gepackt. Kaum sehen sie eine Gabe (die den Göttern dargebracht wird) oder das Opferfleisch oder das Opfermahl, da tragen sie es, ist es unbedeckt, davon. Verstoße du also diesen Hund, denn dadurch wirst du dir die Welt der Götter gewinnen. Du hast deine innig geliebten Brüder aufgegeben und auch Draupadī. Durch deine eigenen Werke hast du die Welt besiegt. Und doch willst du diesen Hund nicht opfern, wenngleich du auf gänzliche Entsagung dich gerichtet hast. Wahrhaftig, du bist heute verwirrt."

Y.: „Unter den Toten gibt es weder Friede noch Krieg, so glauben wir vielmehr auf Erden. Niemals wieder kann ich sie zum Leben erwecken. Während sie noch lebten, ließ ich sie nicht im Stich. Einen treuen (Freund) zu verlassen, das ist, so dünkt mich, so schlecht, wie jemanden zu verscheuchen, der Zuflucht sucht bei uns, wie Mord an einer Frau, wie Diebstahl an der Habe des Brāhmanen oder Verletzung eines Vertrags."

Auch das hatte Yudhishthira gelernt im Laufe seines Lebens, das dem in sein Herz eingegrabenen *dharma* geweiht war: daß kein ritterlicher Mann, kein Arier ein treues und ergebenes Geschöpf verlassen dürfe, und sei es auch ein Hund. Dieses Tier war jedoch kein gewöhnlicher Hund, sondern der Gott Dharma selbst, der sich Yudhishthira offenbarte und ihn ins Paradies führte. Dort wurde er zu einem höchst ehrenvollen Platz geleitet, denn er war treu und aufrichtig gewesen und hatte Mitgefühl mit allen Geschöpfen gezeigt – außer vielleicht mit sich selbst.

Aber als Yudhishthira eintrat, erstarrte er vor Erstaunen, denn er sah Duryodhana inmitten großen Gepränges festlich tafeln, jenen Duryodhana, dessen heimtückische Hartnäckigkeit, dessen böser Stolz den Krieg unvermeidlich gemacht hatten. Und abermals erhielt Yudhishthira die ewig gleiche Antwort: er sei hier, weil er seinen Kshatriya-*dharma* getreulich erfüllt habe; stets habe er offen und ehrlich gestritten, niemals im Angesichte der Feinde gewankt. Dann wurde Yudhishthira zur Hölle geführt, und dort sah er, wie seine Brüder und Draupadī in einer stinkenden Grube gepeinigt wurden. Das war mehr, als er ertragen konnte, und er tat, was er nie zuvor getan hatte, es sei denn, im ärgsten Schlachtgewühl – er verlor jegliche Selbstbeherrschung und verfluchte die Götter und auch ihren *dharma*. Aber indem er dies tat, verriet er den ewigen *dharma*, dessen Verkörperung er selbst war, denn in diesem *dharma* hat der Zorn, auch wenn er sich als berechtigte Empörung bezeichnen mag, keinen Platz. Darum wurde Yudhishthira in den friedenspendenden Wassern des himmlischen Ganges gebadet, vom Zorn gereinigt, aber noch nicht von der Liebe, dem letzten Makel aus irdischem Dasein. Zu dieser letzten Läuterung mußte er noch einmal auf Erden geboren werden, damit er endlich *moksha* und die vollkommene Leidenschaftslosigkeit erringen könne, die Freiheit und Friede zugleich ist.

SECHSTES KAPITEL

BHAKTI

„Solche Herrlichkeit, deretwegen ich ein mir treues Geschöpf verstoßen muß, begehre ich keineswegs." Diese Worte hatte Yudhishthira an den großen Gott Indra gerichtet, als er an die Pforten des Paradieses gelangte, und Indra hatte ihn getadelt, weil die Liebe der Menschen noch Macht über ihn hatte; denn in *moksha* ist keine Liebe.

Yudhishthiras Hund war *bhakta*, ‚treu und ergeben'; *bhakti* lautet die Bezeichnung einer Glaubensform, die im dravidischen Süden ihren Ursprung genommen zu haben scheint, später ganz Indien erfassen und das geistige Antlitz des Hinduismus von Grund auf verwandeln sollte. In der Bhagavad-Gītā werden dem Menschen, der Befreiung sucht, drei Pfade zum Absoluten gewiesen: der Pfad des ‚Wissens' *(jñāna)*, der Pfad des Handelns *(karma)* und der Pfad der *bhakti*. Unter ‚Wissen' wird nicht einfach Bücherwissen verstanden, das einen den Upanishaden zufolge nirgends hinführt, sondern das intuitive Begreifen des Brahman. Diese Bezeichnung wird von den Philosophen unterschiedlich gedeutet, aber in der Gītā meint sie das unmittelbare Erfassen der zeitlosen Wirklichkeit und das Untereinander-Verknüpftsein aller Dinge, die im „Großen Selbst" zusammenhängen und daher auch im individuellen „Selbst", sobald es seiner sterblichen Bande ledig ist. In bezug auf die Gītā von einem „Pfad des Handelns" zu sprechen, wäre irreführend, denn damit ist nicht gesagt, daß ein tätiges Dasein gegenüber dem kontemplativen Eigenwert besitze, sondern nur, daß es möglich und auch wünschenswert sei, ein kontemplatives Leben zu führen, während man noch dem tätigen Dasein verhaftet ist, sei es nun durch das geheiligte Priesteramt des Brāhmanen, das Kriegshandwerk des Kshatriya, die Geschäftstätigkeit des Vaiśya oder den Knechtsdienst des Śudra. Diese Tätigkeiten sind allesamt gut, jede der vier großen Klassen sollte die Pflichten ihres Standes erfüllen, denn darin besteht der von den Gesetzbüchern und dem Willen Gottes vorgeschriebene *dharma;* aber die eifrige Befolgung der Kastenpflicht kann nie und nimmer zur Befreiung führen, denn alles Handeln gebiert selbst die ihm zukommende Belohnung oder Strafe, und die „Früchte" des *karma* sind bindend, seien sie nun gut oder schlecht. Sie „haften" am Guten und auch am Bösen und wirken deshalb der Abkehr entgegen, die unumgängliche Voraussetzung der Befreiung ist. Darum also erfahren wir im Großen Epos zu wiederholten Malen, daß man, um Befreiung zu erlangen, alle Gegensätze, einschließlich dem von Gut und Böse, überwinden muß. Der „Pfad des Wissens" und der „Pfad des Handelns" haben mithin das gleiche Ziel: die Verwirklichung einer Dimension des Ewigen im eigenen Ich. Der Pfad der „treuen Hingabe", der „ergebenen Hingabe" oder *bhakti* führt jedoch dem Hinduismus ein neues Element zu. Auf der niedrigsten Stufe, wie z. B. in den *Yoga-sūtras* (die allerdings den terminus technicus *bhakti* vermeiden), bedeutet sie nicht mehr als die Besinnung auf eine Gottesvorstellung, die ewiges Urbild der befreiten Seele ist, aber in den Kommentaren zu diesen *sūtras* verhilft Gott der Seele zur Befreiung, indem er Gnade übt. In der Gītā tritt dieses göttliche Eingreifen noch viel entschiedener hervor: Gott führt die Seele nicht nur zur Befreiung, in den „Stand des Brahman", sondern läßt sie auch seiner selbst teilhaftig werden, er „veranlaßt sie einzugehen" in ihn. Er seinerseits liebt die Seele und will von ihr geliebt werden.

Die Gītā bildet einen Teil des Großen Epos, das den Anspruch erhebt, der „fünfte Veda" zu sein. Etwa zur gleichen Zeit, als das Epos seine endgültige Form annahm, also vielleicht im vierten Jahrhundert nach Christus, gewann eine riesige Menge neuer heiliger Schriften Gestalt. Diese Literatur ist unter der Bezeichnung *Purānas* bekannt. Die *Purānas,* von denen achtzehn anerkannt werden, sind riesige mythologische Epen, in welchen die Größe Vishnus oder Śivas, ihre Emanationen, Inkarnationen und Manifestationen gepriesen werden. Zusammen mit den beiden Epen, welche diese Bezeichnung eigentlich verdienen, bilden sie den Hauptteil der als *smṛti* bekannten außervedischen Schriften. Das vom ausschließlich religiösen Standpunkt aus interessanteste ist das *Bhāgavata Purāna,* das wahrscheinlich im neunten Jahrhundert zusammengetragen wurde.

Schon im Mahābhārata tritt Krishna als der inkarnierte Vishnu auf, aber er ist nicht die zentrale Gestalt des Epos, von seinem früheren Leben erfahren wir sehr wenig. Dieses Manko wurde im *Harivaṁśa* ausgeglichen, das sich den Anschein eines ergänzenden Nachtrags zum Epos gibt. Das *Bhāgavata Purāna* führt die Legende bis zum nächsten Stadium weiter, wobei besondere Aufmerksamkeit der Kindheit und Jugend des Gottmenschen gewidmet wird. Wunderbare Geschichten erzählen, wie er vor den Anschlägen des tückischen Königs Kaṁsa bewahrt und unter Kuhhirten aufgezogen wurde, wie er im werdenden Mannesalter mit den Töchtern der Kuhhirten *(gopīs)* scherzte, welche vor Liebe zu ihm ganz toll waren. Die Liebe der *gopīs* zum jugendlichen Krishna wurde zum Symbol jener Liebe, welche die Seele zu Gott zieht, und diese selbstvergessene Hingabe an das Göttliche rückt in den Mittelpunkt des Śivakults. Jedes Lebensstadium des göttlichen Helden wurde zur Erregung liebender Verehrung seiner Anbeter nutzbar gemacht. Als göttliches Kind appellierte er an den Mutterinstinkt, als Jüngling wurde er zum Geliebten der Seele, als junger Krieger der vertrauenswürdige Gefährte, der einem stets treu zur Seite steht, und als reifer Mann wurde er zum Allvater der Menschheit. Aber gerade seine Liebe zu den *gopīs* und ihre Gegenliebe gab dem Kult Śivas das besondere Gepräge: Gott liebt die Seele, die Seele liebt Gott. In diesem göttlichen Liebesverhältnis ist Gott notwendig der männliche Teil, die Seele der weibliche. Gott ergreift die Initiative, die Seele muß in passiver Erwartung der göttlichen Umarmung entgegenharren. Der Krishna des *Bhāgavata Purāna* ist eine ganz andere Persönlichkeit als der recht strenge Krishna der Gītā; er ist kein Lehrer, sondern ein Liebhaber, der hübsche, launische Schäferjunge, der die Seele mit den süßen Tönen seiner Flöte verführt.

In den im südlichen Indien gelegenen Tamil-Ländern trat der Kult Krishnas zuerst in den Vordergrund. Spätestens während des 8. Jahrhunderts, wahrscheinlich aber schon viel früher, wurde eine bedeutende geistige Erneuerung heraufgeführt von Persönlichkeiten, die sich selbst als „Ālvārs" bezeichneten, als „Männer, die über intuitive Kenntnis Gottes verfügen". Diese Männer scheinen einem dravidischen Bevölkerungsteil zu entstammen, der vom Pantheismus der Upanishaden unberührt geblieben war, so sehr ist ihre Haltung gegenüber Gott zutiefst persönlicher Art, so stark gefühlsbetont die Verehrung, die sie ihm zuwenden. Gewiß ist, daß bei ihnen die Kastenzugehörigkeit nicht zählte, denn unter den zehn anerkannten „Heiligen" gab es einige Śudras, einige Kastenlose sowie eine Frau. Zudem war die Sprache, derer sie sich bedienten, nicht das Sanskrit, sondern das Tamil. Dadurch unterschieden sie sich von den anderen nicht-arischen Sekten wie den Smārtas, deren heilige Bücher die *smṛtis* des Sanskrit waren. Die Bewegung nahm wahrscheinlich ihren Anfang außerhalb der Brāhmanischen Glaubenswelt, aber wie alle späteren Bewegungen, welche die Kasten zu beseitigen suchten, wurde sie sehr bald wieder in das Kastensystem aufgesogen.

Unter den Ālvārs hat nur der berühmteste, Nāmm'ālvār, der während der ersten Hälfte des neunten Jahrhunderts wirkte, eine Art systematischer Darstellung ihrer Glaubensinhalte hinterlassen. Nach der frühen vedischen Epoche war Nāmm'ālvār der erste, der bestritt, daß des Menschen höchstes Ziel die Befreiung sei, denn ihm sagte die liebeleere Technik des Yoga nichts, allenfalls nur, daß die Seele in der Isoliertheit ihr innerstes Wesen als das eines der vielen Diener Gottes erfuhr. Die Seele ist ja wirklich etwas Wunderbares, weil sie Gott widerspiegelt bzw. eine seiner „Erscheinungsformen" ist. „Es ist nicht möglich, von jenem wunderbaren Sein, der Seele, eine Beschreibung zu geben – jener Seele, die ewig ist und wesenhaft von Vernunft *(jñāna)* gekennzeichnet wird – die Gott mir in seiner Herablassung als Erscheinungsform seiner selbst zu erkennen gibt – oder aber ich stehe zu ihm in derselben Beziehung wie das Prädikat zum Subjekt, das Attribut zur Substanz." Für Nāmm' ālvār ist die Seele ebenso wie für die ganze Richtung der hinduistischen Orthodoxie etwas, das unzerstörbar ist, weil es nicht in der Zeit existiert. Sie hängt ganz und gar von Gott ab, nach Gott soll sie sich sehnen mit jedem Atom ihres Seins. Im Unterschied zu den Yogis und Vedāntins, die ihre gesamten Bemühungen auf die Enthüllung der zweitlosen Seele des Inneren konzentrieren, fängt Nāmm'ālvār da an, wo sie aufhören, denn der Zustand der Ruhe *(śānti)*, den der Yogi genießt, ist der ursprüngliche, unberührte Zustand der Seele, der ihr von Ewigkeit her zugehört, aber erst in *moksha* wiedergewonnen und offenbart wird. „Weiterhin erklärt er", setzt Surendranath Dasgupta auseinander, „wie er sich, durch Abtötung aller Neigungen zu anderen Dingen und die Steigerung der Sehnsucht nach Gott *in zeit- und raumloser Art* sowie durch die Qualen der Trennung, die ihm daraus erwachsen, daß er Gott nicht ununterbrochen erfahren kann, als Frau betrachtet und durch die Qualen der Liebe sein Bewußtsein verliert." Welten trennen diese Gedanken von der *tyāga*, der ‚Entsagung', und der *vairāgya* oder ‚Leidenschaftslosigkeit' der Gītā. Den Ālvārs erscheint diese Leidenschaftslosigkeit nur mit der einer unreifen Jungfrau vergleichbar, die erst durch die Berührung des Bräutigams aufgeweckt werden muß. Solange sich die Seele nicht „weiblich" gemacht hat, kann sie Gottes Liebe nicht empfangen. Da sie nur eine „Erscheinungsform" Gottes ist, hat sie selbst nichts, was sie geben könnte, sie muß daher in vollkommener Passivität verharren, um Gottes in sie einströmende Gnade zu empfangen. Krishnas Tändeln mit den *gopīs* wird uns vielleicht nicht gerade als erhabenstes Sinnbild für Gottes Liebe zum Menschen erscheinen, aber es entfesselte in der indischen

Seele einen solchen Aufschwung leidenschaftlicher Vergeistigung, daß es müßig wäre, die ungeheure Macht dieses Mystizismus der Liebe zu leugnen, wenn man in ihm überhaupt einen Wert sieht. Dieser Mystizismus läßt sich in seiner unverhüllten Sexualität mit dem bedeutender christlicher Mystiker wie der hl. Theresa und des hl. Johannes vom Kreuz vergleichen, und zwar in einer Weise, wie dies der introspektive Mystizismus der *Yoga-sūtras* und des Vedānta nicht erlaubt.

Die Befreiung zu erringen, bedeutet nur den ersten Schritt auf dem Pfade des Mystikers, wie Rāmānuja, der von den Ālvārs sehr stark beeinflußt wurde, später betonte: dies war erst die *via purgativa*, die der *via contemplativa* vorausgeht, auf welcher alles Handeln Gott überlassen bleibt, seiner Gnade und seiner Liebe; die Seele kann nichts weiter tun als sehnlichst hoffen, Gott werde sich ihrer erbarmen, und so lange und bitter die dazwischenliegenden Stadien der dürren Leere auch sein mögen, weiß die Seele doch, daß Gott endlich nicht anders als gnädig sein kann, wie sündhaft sie auch sein mag. Durch seine Gnade ist Gott nicht absolut frei, denn Liebe bedeutet – wie die Advaitins recht gut wußten – vollkommene Bindung, sie ist die größte aller Fesseln. „O Gnade", ruft Nāmm'ālvār aus, „du hast Gott der Freiheit seines gerechten Willens beraubt. Vom Hauch der Gnade berührt, kann sich selbst Gott nie wieder aus eigenem Willen von mir losreißen; denn wenn er es kann, werde ich doch noch ausrufen, ich sei der Sieger, denn er mußte die Freiheit seines Willens erkaufen, indem er sich die Gnade versagte."

Die schrankenlose Hingabe, welche die Ālvārs fordern, schließt jedoch Mitgefühl mit den Menschen, die noch der Welt des *saṁsāra* verhaftet sind, nicht aus, denn Krishna, der Herr, ist voll des Mitgefühls für alle seine Geschöpfe. Die Seele muß als seine „Erscheinungsform" sein ganzes Wesen widerspiegeln, aber sie kann dies nur dann, wenn sie von der Gnade des Herrn angerührt wurde. Ohne Gott ist der Mensch nichts, er kann allein aus sich selbst auch nicht den Geschöpfen des Herrn von Nutzen sein. Aber selbst ohne Erleuchtung ist der Mensch nicht allein in der Welt, denn die Welt selbst ist der Leib Gottes, ihre Schönheit ist Abglanz der göttlichen Schönheit.

Die Gedichte der Ālvārs, mit denen sie die „atheistischen" Buddhisten und Jainisten aus Südindien hinausgesungen haben sollen, sind von mythologischen Details ebensosehr wie von andächtiger Hingabe erfüllt. Vishnu ist noch immer der Träger des Diskus, der Bläser des Tritonshorns, der Gefährte der Göttin Lakshmī und so fort, aber die mythologischen Ausschmückungen sollen jetzt der Frömmigkeit als Stütze dienen, sie vervollständigen das Persönlichkeitsbild der Gottheit für das volkstümliche Gemüt.

Die Verehrer des Vishnu-Krishna konnten sich jedoch im südlichen Indien nicht überall und in allen Dingen durchsetzen, denn unter den Anhängern Śivas entwickelte sich eine parallellaufende Bewegung. Śiva war seinem Ursprung nach zumindest teilweise nicht-arisch, es kann daher nicht überraschen, daß die frühesten Anhänger des Rudra-Śiva, die uns bekannt sind, die Vrātyas, die Regeln und Gepflogenheiten der Kasten nicht beobachteten. Das gleiche gilt für die Kāpālikas, die im Rahmen des Rituals außerdem noch Wein tranken und Fleisch aßen und den Sexualakt zur symbolischen Darstellung der ewigen Vereinigung Śivas mit seiner *śakti* oder Schöpferkraft benutzten. Diese Praktiken wurden später von den sogenannten linken Śāktas übernommen, die von allem, was den Brāhmanen tabu war, sakramentalen Gebrauch machten: Fleisch, Fisch, Wein und Geschlechtsverkehr. Diese Kulte stellen allerdings eine Abweichung von der śivaitischen Norm dar, denn im allgemeinen maßen die Verehrer Śivas der Keuschheit höheren Wert bei als die Verehrer Vishnus. Bis zum Ende des achten Jahrhunderts hatte sich der Kult Śivas nach allen Himmelsrichtungen über Indien ausgebreitet. Seine Anhänger besaßen ihren eigenen Corpus an Schriften, die sogenannten *Āgamas*, von welchen vieles verlorengegangen ist. Obwohl sie in allen Teilen Indiens anzutreffen waren, hielten sie ihre stärkste Position im Süden, in Benares und Kaschmīr.

Ebenfalls in den Ländern des Tamil entfaltete der Śivaismus die für ihn charakteristische Form hingebungsfroher Frömmigkeit. Dies war das Werk einer Reihe von Heiligen, die das Evangelium verkündeten, daß Erlösung nur durch vollkommene Selbstauslieferung an Śiva zu gewinnen sei. Bis zum Ende des elften Jahrhunderts lagen die Hymnen dieser Heiligen gesammelt unter dem Titel *Devārām* vor; dieser wurde zusammen mit dem *Tiruvācakam*, der ‚Heiligen Äußerung' des Mānikka Vāśagar, sowie verschiedenen untergeordneten Schriften als „Tamil-Veda" bekannt. Diese Hymnen der Śivaiten unterscheiden sich von den entsprechenden Gegenstücken der Vishnuiten durch das extreme Gefühl der Unwürdigkeit, welches der Gläubige angesichts der Allheiligkeit Gottes empfindet. Die Philosophie des *Śaiva-Siddhānta,* auf welche wir aus gegebenem Anlaß hingewiesen haben, gründet sich im gleichen Maße auf die *Śvetāśvatara* Upanishad wie auf die Schriften der Tamil-Heiligen, aber erst unter dem Einfluß der letzteren maßen die Verfasser des *Śaiva-Siddhānta* den Lehren von der bedingungslos erwiesenen Gnade und der Unmöglichkeit spiritueller Höherentwicklung ohne Liebe so überwältigende Bedeutung zu. Die ganze Bewegung ist ein leidenschaftliches Aufbäumen gegen die in rituellen Formen erstarrte Religion der Brāhmanen und das Ideal der „Leidenschaftslosigkeit“, welches diese mit den Buddhisten und Jainisten teilten. Gerade gegen die letzteren eröffneten sie ihren leidenschaftlichen Kreuzzug im Namen des einen wahren Gottes Śiva. In den folgenden Strophen brandmarkt Appar, der von all diesen Sängern vielleicht am stärksten zu bewegen vermag, die Hohlheit einer ausschließlich gewohnheitsmäßigen Gläubigkeit in Wendungen, die an einen viel jüngeren Reformer gemahnen, nämlich an Kabīr.

Warum im Ganges-Strom baden oder im Kāviri?
Warum nach Comorin im Kongu-Lande ziehen?
Warum die Fluten suchen, die tosenden, des Meeres?
Erlösung wird doch jenen nur, und ihnen nur allein zuteil,
Die allerorten den Herrn anrufen, ihn, dem alles untertan.

Warum die Veden singen, der Śāstras'* Kunde hören?
Warum alltäglich aus Büchern** den rechten Wandel lehren?
Warum die sechs Vedāngas*** sagen abermals und immer wieder?
Erlösung wird doch jenen nur, und ihnen nur allein zuteil,
Die im Herzen nie vom Denken an den Herrn sich wenden.

Warum im Dschungel schweifen, durch Städte noch die Schritte [lenken?
Warum das Leben hart mit Buße reichlich quälen?
Warum kein Fleisch verzehren, ins Blaue blicken starr?
Erlösung wird doch jenen nur, und ihnen nur allein zuteil,
Die ohn' Unterlaß zum Herrn der Weisheit droben rufen.

Warum noch fasten, hungern und Schmerzen dulden der Kasteiung?
Warum zu Bergesgipfeln klimmen als Büßer ohn' Erbarmen?
Warum in Fluten baden fern und nah?
Erlösung wird doch jenen nur, und ihnen nur allein zuteil,
Die jederzeit den Herrn anrufen, ihn, dem alles untertan.

Die Bhagavad-Gītā hatte gelehrt, daß die Gottesliebe allen Menschen offenstehe, ohne Ansehen der Kaste und des Geschlechts, aber

* Heilige Texte. ** Gesetzbücher. *** Hilfsdisziplinen, die in Zusammenhang mit dem Studium der Veden stehen.

sie hatte auch gelehrt, daß jeder die Pflichten zu erfüllen habe, die ihm seine Stellung im Leben auferlegt. Für Appar jedoch, der selbst einer niederen Kaste angehörte, wurden alle Unterschiede zwischen dem Menschen und seinem Nächsten in der Verehrung Śivas aufgehoben; sobald man sich als Śivas Sklave bekannt hatte, wurden alle Sünden, sogar die Tötung eines Brāhmanen oder einer Kuh, getilgt.

Mögen die Juwelen auch aus Indras Wohnstatt sie mir geben,
Mögen sie die Oberherrschaft auch der Erde, ja des Himmels gar gewähren,
Wenn sie doch nicht die Freunde unsres Herren Mahādeva* sind,
Was frag' ich dann nach Reichtum, der von so verderbten Händen dargeboten?
Doch wenn sie Śiva lieben, der im Haupthaar
Den Ganges birgt, dann mögen sie, wer immer, sein,
Ekle Aussätzige, Kastenlose auch, ja Rindertöter gar:
Ihnen huldige ich, Götter sind sie mir.

Was aber die tamilisch-śivaitischen Heiligen von fast sämtlichen übrigen *bhakti*-Kulten abhebt, ist ihr intensives persönliches Schuldbewußtsein; der Mensch ist, so wie er fern von Gott existiert, böse und schrecklich verderbt, er ist der Sklave seiner *ānava*, seines Egoismus.

Böse, von Übel alles, mein Geschlecht, böse alle meine Eigenschaften,
Groß allein in Sünde bin ich, böse ist sogar mein Gutes.
Böse mein innerstes Selbst, töricht, das Reine meidend,
Tier bin ich nicht, und kann doch die Art des Tieres nie aufgeben.
Ich kann mit kräftigen Worten mahnen,
Menschen sagen, was sie hassen sollen,
Und kann doch nimmer Gaben reichen, nur sie anzubetteln verstehe ich.
O Erbärmlicher, der ich bin, wozu ward ich geboren?

Die Erkenntnis der eigenen Niedrigkeit läßt die Gnade Gottes nur noch wunderbarer erscheinen, denn was hat der ganz und gar in sich Ruhende durch den Bund mit einem so verderbten Wesen zu gewinnen? Solch wunderbares Sichverschenken Gottes ist das Thema der folgenden Strophe des Mānikka Vāśagar:

* Der „Große Gott": Śiva.

Was du mir gegeben hast,
Das bist du selber, o Śiva!
Und was du empfangen hast,
Das, Herr der Halle, bin ich!
O Wohltäter, sage doch,
Wer von uns beiden war klüger?
Unvergängliche Seligkeit
Hab' ich von dir empfangen.
Was aber empfingst du von mir?
Zu deinem Tempel, o Śiva,
Hast du mich Armen erhalten!
O Śiva, der du wohnest
In Tirupperunturai,
O Vater, o Herr, meinen Leib
Hast du zur Wohnung erkoren!
Und ich – ach! – hab' nichts dir zu schenken!

(Schomerus, S. 118)

Die tamilisch-śivaitischen Heiligen sehen in der Natur in noch stärkerem Maße als die Ālvārs die Spiegelung der göttlichen Herrlichkeit, die Paarung der Tiere gemahnt sie an die unteilbare Einheit aller scheinbaren Gegensätze in der transzendentalen Vereinigung Śivas mit Śakti. Das heißt nicht, daß das sexuelle Prinzip dem Göttlichen willkürlich beigemengt wurde, sondern daß das Geschlecht an sich als etwas Heiliges angesehen wird, weil es eine wesensmäßige Polarität in Gott widerspiegelt, welche Quelle seiner Schöpferkraft und Freude ist.

Denen will ich folgen, die, zum Schreine wandelnd, ihr Loblied singen,
Mit Blüten und mit Wasser für den Gott, der trägt den milden Mond
Lieblich ganz und gar in seiner Locken Pracht, von einer Girlande umkränzt den Hals,
Und mit ihm auch besingen sie Parvatī, das schöne Kind des Gottes der Berge.
Einst als ich nach Aiyāru ging, leicht und ehrerbietig setzt' ich meinen Fuß,
Sah kommen ich zwei junge Elephanten, das Männchen geleitet vom geliebten Weibchen,
Und in dem Anblick sah ich Gottes Fuß, geheime Dinge sah ich, ungesprochne.

Śiva hat einen schrecklichen und einen sanften Aspekt: Er tanzt aus schierer Freude – die Schöpfung gewinnt Gestalt; und er tanzt in manischer Raserei – alle Welten zerfallen zu Trümmern. Aber selbst wenn er als rasender Wahnsinniger erscheint, sieht sein Verehrer in ihm nichts als Liebe und Gnade.

O Rasender mit dem mondgekrönten Haar,
Du Herr der Menschen, du Quell der Gnade,
Wie könnt' ich tragen Dein-Vergessen?
Für dich ist ja doch Raum in meiner Seele.
Venney-nallūr, im „Schrein der Gnade"
Im Süden des Stromes Pennai, dort,
Mein Vater, wurde ganz ich dein;
Wie könnt' ich jetzt mein eigen Wort verleugnen?

Die Seele verliert ihre Vernünftigkeit im göttlichen Wahnsinn und überantwortet sich ganz der ‚göttlichen Torheit', wie es beim hl. Paulus heißt. Gott erfüllt alles Seiende, der Mensch sieht sich selbst als Nichts. Alle Gedanken an Befreiung werden in der leidenschaftlich aufwallenden Anbetung des tanzenden Gottes begraben. In den Worten des Mānikka Vāśagar:

Verwandte brauche ich nicht,
Ich brauche auch keinen Wohnort,
Keinen Namen, keinen Lehrer,
Was ich lernte, Herr, ist genug!
O Tänzer der goldenen Halle,
Der du wohnst in Kuṟṟālam*,
Ich hab' nur den einen Wunsch,
Daß wie eine Mutterkuh
Nach ihrem Kalbe verlanget,
Mein Herz zerschmelzen möchte
Wie Wachs vor lauter Verlangen,
Herr, nach deinem glänzenden Fuß!

(Schomerus, S. 166)

Aller Tugenden bar,
Bar aller Büßübungen
Und aller Selbstbeherrschung,
Ach, bar auch allen Wissens,
Trieb ich mich herum und tanzte
wie eine Lederpuppe
Und fiel dann stumpf zu Boden!

* Ein heiliger Ort mit einem Śivatempel.

Trotzdem hat er mir gezeiget
Gar wunderbare Dinge!
Der Herr zeigte mir den Weg
Zu unerreichbaren Welten,
Er zeigte mir seine Gestalt!
Wann werde ich Unwürd'ger
Zu meinem Herrn gelangen?

(Schomerus, S. 192)

Mich, der ich den Weg nicht kenne,
Der zur Erlösung führt,
Der ich mit Toren oft umgeh',
Mich hat den Weg der Bhakti,
Er, der Erhab'ne, gelehrt!
Damit die alten Taten
Verschwinden, hat er beseitigt
Die Unreinheit des Herzens,
Hat er mich selig gemacht,
Mich in seinen Dienst genommen!
Wer kann begreifen, daß er,
Unser Vater, gerade mir
Sich gnädig erwiesen hat?
O Wunder ohnegleichen!

Den falschen Weg habe ich
Für den richtigen gehalten,
Und doch hat er, damit ich
Nicht ziellose Wege geh',
Sondern betrete den Weg
der herrlichen Arul*,
Damit ich sehe den Tanz
Des eigenschaftslosen Tänzers,
Mir sich gnädig erwiesen!
Ach, wer kann das begreifen?
O Wunder ohnegleichen!

(Schomerus, S. 194)

Die Bhagavad-Gītā gab den Anstoß zur Umgestaltung des Hinduismus, die aus einer auf die asketischen Tugenden der Entsagung und Selbstvergessenheit gegründeten mystischen Technik eine leidenschaftliche Religion der selbstvergessenen Hingabe an Gott machte, aber der ausschließlich religiöse Impuls, welcher der ganzen *bhakti*-Bewegung Durchschlagskraft verlieh, erwuchs aus den tami-

* Gnade.

lischen Ländern Südindiens. Seit dem zehnten Jahrhundert manifestiert sich alles, was am Hinduismus im höchsten Maße wesenhaft wirkt, in der Gestalt der *bhakti*. Der Śiva-Kult gewann im zwölften Jahrhundert neuen Auftrieb, als ein Brāhmane mit Namen Bāsava erster Minister des Fürstentums Kalyān wurde, das nicht weit vom heutigen Bombay entfernt lag. Bāsava begründete die Sekte der Lingāyats oder Vīra-Śaivas, die zwar anfangs dem Kastensystem nicht abgeneigt war, später aber sowohl Kasteneinteilung als auch Bilderverehrung ablehnte. Im Laufe der Zeit entwickelten sie äußerst puritanische und brāhmanenfeindliche Tendenzen. Nach außen hin gaben und geben sie sich durch das Symbol Śivas, das *Linga*, zu erkennen, welches sie am Hals tragen, in Fragen der Lehre lehnten sie alles ab, was die Brāhmanischen Orthodoxen kennzeichnete. Sie lehnten die Autorität der Veden ab und – zum ersten Mal seit der Zeit der frühen Veden – die Lehre von der Seelenwanderung; sie verurteilten die Kinderehe und sperrten sich nicht gegen die Wiederverheiratung der Witwen. Auf diese Weise nahmen sie vieles vorweg, was die Reformbewegungen des 19. Jahrhunderts kennzeichnete.

Die innere Erneuerung des Hinduismus im Süden kam eben zur rechten Zeit, den althergebrachten hinduistischen *dharma* für die bedeutendste Kraftprobe vorzubereiten, die er je zu bestehen hatte: das Auftreten des Islam. In den zurückliegenden Jahrhunderten hatte der Hinduismus Blütezeiten und Rückschläge erlebt; Religionen waren in seiner Mitte emporgewachsen, die jene Gesellschaftsordnung ablehnten, deren Hüter die Brāhmanen waren. Die wichtigsten waren dabei natürlich die der Buddhisten und der Jainas; der Buddhismus wurde mit dem Glaubenswechsel von Kaiser Aśoka im dritten Jahrhundert vor Christus auf lange Zeit die Religion des Herrscherhauses.

Sowohl der Buddhismus als auch der Jainismus waren Glaubensrichtungen voll bekehrerischen Eifers, aber da beide inbrünstig an das Prinzip der *ahiṁsā* glaubten, also daran, daß es in direktem Gegensatz zum *dharma* steht, irgendein Lebewesen zu verletzen, war ihre Propaganda in Glaubensdingen im allgemeinen friedfertiger Natur. Gewiß erhoben sich von Zeit zu Zeit Fanatiker, auch kam es gelegentlich zu Gewalttätigkeiten, aber die Verantwortung dafür lag öfter auf seiten der hinduistischen Gegenreformer als bei ihren Widersachern. Überdies wurde die soziale Struktur des Brāhmanismus von den Buddhisten und Jainisten nie ernsthaft bedroht, weil ihre Organisation dem Wesen nach mönchisch war und sie eigentlich kaum die breiten Massen ansprachen. Als schließlich die tamilische Gegenreformation einsetzte, war es nur eine Frage der Zeit, wann ihr stets ungesicherter Einfluß auf die Bevölkerung nachlassen und schließlich schwinden würde. Zudem gewann der Hinduismus an der philosophischen Front durch das Auftreten einer glänzenden Schar scharfsinniger Philosophen, unter denen Śankara und Rāmānuja als hellste Sterne leuchteten, eine Mannigfaltigkeit philosophischer Systeme, die durchaus in der Lage waren, sich gegen die Buddhisten zu behaupten. Schließlich war ja die Philosophie in Indien nie von der Religion getrennt worden, und so kam es, daß Śankara in ganz Indien Klöster gründete, in denen die Unterweisung in der Theorie des Advaita lediglich als Propädeutikon zu ihrer praktischen Verwirklichung betrachtet wurde. Andere Philosophen folgten seinem Beispiel, und so kam es bald im ganzen Land zur Gründung von Klöstern, in denen man sich dem kontemplativen Dasein aktiv widmen konnte.

Die Ankunft des Islam hatte ganz andere Probleme und völlig neue Gefahren im Gefolge. Natürlich hatte es in Indien schon zu früheren Zeiten häufig Invasionen gegeben, aber die Eindringlinge wurden jedesmal mühelos assimiliert und auf irgendeine Weise in das Kastensystem eingegliedert. Die mohammedanischen Invasionen waren jedoch ganz anderer Art: erstens, weil der Islam von allen Weltreligionen die geringste Anpassungsfähigkeit besitzt, und zweitens, weil die mohammedanischen Eindringlinge türkischer Abstammung waren; die Türken waren aber unter allen zum neuen Glauben Bekehrten die größten Fanatiker. Die erste arabische Eroberungswelle des siebenten und achten Jahrhunderts hatte sich auf Indien nur insofern ausgewirkt, als sie die im äußersten Nordwesten gelegene Provinz Sind vom übrigen Subkontinent trennte. Aber erst seit Beginn des zehnten Jahrhunderts wurden die Einfälle der Moslems zu einer ernsthaften Bedrohung. Mahmūd von Ghazni (997–1030) unternahm mindestens siebzehn Kriegszüge nach Indien; Raub, Brandschatzung und Plünderung zeichneten seinen Weg. Der Krieg gegen die Hindus galt als heilige Pflicht, denn der Islam verhielt sich zwar tolerant gegenüber dem ‚Volk des Buches', also den Juden, Christen und Anhängern des Zoroaster, die als Empfänger wahrer Offenbarung galten, verabscheute aber die Götzenanbetung, die in seinem heiligen Buch, dem Koran, scharf verurteilt wurde. Außerdem war der Krieg gegen die Ungläubigen, sofern sie sich der Konversion widersetzten, eine heilige Pflicht, und Mahmūd, der dem Plündern gewiß nicht gleichgültig zusah, glaubte zweifellos aufrichtig, Gott mit der Zerstörung der großen Tempel des nördlichen Indien einen Dienst zu erweisen. Mit seinen Überfällen gelang es ihm, den Pandschab aus der hinduistischen Glaubensgemeinschaft herauszureißen, aber abgesehen von seiner recht beträchtlichen Störtätigkeit, blieb das übrige Indien von ihm verhältnismäßig unbehelligt.

Mit dem Auftreten der Ghūriden gegen Ende des zwölften Jahrhunderts wurde der mohammedanische Druck auf Indien anhaltend, bis zur Mitte des vierzehnten Jahrhunderts hatte sich das moslemitische Sultanat von Delhi bis weit in den Dekhan ausgebreitet, es schloß nun sogar einen Teil der Malabarküste ein. Nach 1340 jedoch wurden die Grenzen des Sultanats Delhi verkürzt, das Wachstum eines neuen hinduistischen Königreiches von Vijayanagar im Dekhan verhinderte fürs erste jedes weitere Vordringen der moslemitischen Macht. Aber der dadurch erreichte Aufschub war nur von kurzer Dauer, denn eine zweite große Angriffswelle der Moslems sollte nur zu bald einsetzen, als Bābar, der Mogulherrscher von Kābul, im Jahre 1525 in Indien einfiel. Die Erfolge häuften sich, die Mogulherrschaft wurde in Delhi auf eine sichere Grundlage gestellt, so daß 1691 die Beamten des Kaisers Aurangzeb in der Lage waren, Tribute von Tanjore und Trichinopolis im fernen Süden einzuheben. Erst in der zweiten Hälfte des siebzehnten Jahrhunderts gelang es den Hindus, zur Gegenoffensive zu rüsten. Der Held jener Bewegung war ein Marāthā mit Namen Śivajī, der, selbst ein religiöser Mensch, die moralische Kraft eines sich erneuernden Hinduismus für seinen Kampf gegen ein wesensmäßig fremdes Regime einspannte. So spielten auch die Gesänge der Marāthā-‚Heiligen' eine nicht ganz nebensächliche Rolle bei der Errichtung der Marāthā-Verfassung. Diese zweite Welle der *bhakti*-Bewegung war also eine natürliche Reaktion auf den gewaltsamen Zusammenstoß mit einer Religion, die alles in Frage stellte, was der Hinduismus jahrhundertelang verteidigt hatte.

Aber das Auftreten des Islam in Indien hatte nicht nur eine negative Seite, denn die weitblickenderen Führer der Moslems erkannten, daß man den Hinduismus nicht einfach auslöschen konnte. Akbar (1556–1605), der aufgeklärteste, wenn auch weltfremdeste von allen, suchte die beiden Glaubensrichtungen miteinander zu versöhnen, er ging so weit, daß er ein ‚Haus der Verehrung' eröffnete, in das Vertreter aller in Indien beheimateten Religionen geladen wurden, um dort an Disputationen teilzunehmen. Diesem um des Friedens willen unternommenen Wagnis blieb jedoch der Erfolg versagt, die Debatten versiegten im Jahre 1582 endgültig. Dauerhaftere Wirkung war Kabīr, einem gebürtigen Moslem, und Nānak, dem Begründer der Sikhs, beschieden in ihrem Bestreben, die Kluft zwischen den beiden Religionen zu überbrücken. Den Moslems gelang es allerdings, viele Hindus zum Glaubenswechsel zu bewegen. Dabei nahmen sie in ihrem der Seelenrettung geweihten Eifer häufig Gewaltmaßnahmen in Anspruch, jedoch erfolgten immerhin viele Konversionen freiwillig, besonders unter den Kastenlosen oder Unberührbaren, die im Glaubenswechsel eine Möglichkeit sahen, der unerträglichen gesellschaftlichen Erniedrigung zu entrinnen. Zudem ist der Islam eine Religion von höchster Simplizität, sein kompromißloser Monotheismus bot gegenüber der Kompliziertheit und Ungenauigkeit des gültigen *dharma* eine attraktive Alternative. Die Reaktion des Hinduismus auf die moslemitische Aggression bestand in einer Abkapselung: das Kastensystem, welches allein dem Hinduismus zur Individualität verhalf, wurde noch starrer, anstatt sich aufzulockern; dazu übernahmen die Hindus vom Islam einen seiner am wenigsten anziehenden Bräuche, das Verschleiern der Frauen.

Die *bhakti*-Kulte nahmen ihren Ursprung in Südindien, wo ihre Breitenwirkung im Volk durch die Benützung der Landessprache anstelle des von der Zeit geheiligten Sanskrit noch verstärkt wurde. Diese Bevorzugung sollte sich auch weiterhin behaupten, als die Bewegung nach Norden vordrang, und seit dem 14. Jahrhundert sehen wir eine unabhängige religiöse Literatur in Hindī, Marāthī und Bengālī emporsprießen – um nur die bedeutendsten Sprachen zu erwähnen. In gewissen Bezügen läßt sich die *bhakti*-Bewegung mit der protestantischen Reformation in Europa vergleichen: der Mittelpunkt des Interesses verschiebt sich vom hierarchischen Opferakt und der Hierarchie, die dabei dem Laien Mittlerdienste leistet, hin zu einer unmittelbaren und persönlichen Beziehung zwischen dem Anbetenden und seinem Gott. Als natürliche Folge davon wurde die Sprache der Liturgie, die nur die Priester verstanden, durch die Landessprache ersetzt, die in der Landessprache gesungene Hymne ergänzte und ersetzte allmählich die priesterlichen Liturgien. Weiter läßt sich die Analogie allerdings nicht führen, denn wenn es auch oft Feindseligkeiten gab gegenüber der alten Ordnung, wie sie von den Brāhmanen repräsentiert wurde, kam es doch nie zum offenen Bruch. Die vedischen Riten, welche zumindest die ‚zweimalgeborenen' Kastenangehörigen von der Empfängnis bis zur Einäscherung begleiteten, wurden weiterhin von den Brāhmanen ausgeübt, allerdings zeigte die persönliche Religion die Tendenz, ihrer Kontrolle zu entgehen, sie geriet in die Hände der ‚Sekte', an deren Spitze ein ‚Guru' stand, bei dem die Kastenzugehörigkeit keine Rolle spielte. Das Ritual war natürlich bei den verschiedenen Sekten unterschiedlich geordnet, aber das *kīrtan* oder rhythmische

Singen von Hymnen, welches gewöhnlich zur Begleitung des Tanzes diente, war für die meisten typisch. Zweck des *kīrtan* war es, im Gläubigen einen Zustand der Ekstase auszulösen, in dem er glaubte, unmittelbaren Kontakt mit dem Göttlichen aufgenommen zu haben. Über Wesen und Inhalt dieser Ekstase diskutierten die Philosophen gewöhnlich bis zum Überdruß, für den Gläubigen aber zählte nur die emotionale Erfahrung. Das alles erinnert an die ‚Begeisterung' der nicht allzu orthodoxen protestantischen Sekten, die an der Peripherie der großen reformatorischen Bewegung standen, aber was den *bhakti*-Sekten in augenfälligem Maße fehlte, waren der hohe moralische Ernst, die strenge Auseinandersetzung mit der Sünde, welche die Hauptströmung der europäischen Reformation kennzeichneten. Eine Ausnahme bildeten lediglich die tamilischen Śivaiten, denn ganz allgemein kann man sagen, daß die christliche Auffassung der ‚Sünde' als einer Beleidigung Gottes der hinduistischen Denkweise fremd blieb, bis es während der letzten zweihundert Jahre zur Berührung mit dem christlichen Westen kam. Für den Hindu bedeutet ‚Erlösung' *moksha,* und *moksha* versteht man gewöhnlich nicht als Erlösung oder Befreiung von moralischer Schuld, sondern vom Menschsein an sich, nämlich Befreiung von Raum und Zeit und tatsächliche Erfahrung der Unsterblichkeit.

Hervorragendes Charakteristikum aller *bhakti*-Sekten ist die selbstlose Hingabe an einen persönlichen Gott, die sich vorzugsweise auf stark gefühlsbetonte Weise vollzieht. *Bhakti* wird *jñāna* entgegengehalten, Hingabe dem ‚Wissen', wobei jener der Vorrang gebührt; aber der Hang zum Pantheismus, der immer wieder im Hinduismus auftrat, ließ sich nicht so leicht ausrotten, selbst in der *bhakti*-Bewegung ist er noch stark wirksam. Man bleibt unausgesetzt eines beunruhigenden Gefühls bewußt, daß der Weg des ‚Wissens', welcher praktisch die Erringung der *moksha* durch harte Selbstdisziplin bedeutet, der höhere und zuverlässigere sein müsse, da doch die *bhakti* den bequemen darstellt.

Im Norden und im Inneren Indiens hatten die *bhakti*-Kulte ihre Blütezeit vom 13. bis zum 18. Jahrhundert. Im Hindī-sprachigen Norden erscheinen die berühmten Namen des Rāmānand (14. Jahrhundert), Kabīr und Nānak (15. bis 16. Jahrhundert) und Tulsī Dās (17. Jahrhundert); bei den Marāthen kennen wir Jñāneśvar (13. Jahrhundert), Nāmdev (14. Jahrhundert), Ekanāth (16. Jahrhundert) und Tukārām (17. Jahrhundert), während in Bengalen Caitanya (15. Jahrhundert) und Rāmprasād Sen (18. Jahrhundert) an hervorragendster Stelle stehen. Alle diese Männer waren – mit Ausnahme des letzten – Verehrer Vishnus in der einen oder anderen seiner Inkarnationen als Rāma oder Krishna.

Rāmānand wurde in der Schule des Rāmānuja erzogen, er war selbst Südinder und wanderte nach dem Norden, nach Benares, aus. Er scheint der erste Lehrer außerhalb des tamilischen Südens gewesen zu sein, der das Sanskrit zugunsten der Landessprache aufgab. Wie nahezu sämtliche bedeutenden Führergestalten der *bhakti*-Bewegung, die auf ihn folgten, machte er bei seinen Anhängern keinerlei Unterschied nach Kastenzugehörigkeit, aber das bedeutet nicht, daß er oder sie das System an sich angriffen, denn nur in der religiösen Sphäre waren alle Menschen gleich im Angesicht Gottes. Draußen in der Welt mißachtete jeder die Kastenvorschriften auf eigene Gefahr.

Seine bedeutendsten Anhänger waren Kabīr und Nānak. Kabīr war von Geburt Moslem, und obwohl er sich früh vom mohammedanischen Glauben lossagte, behielt er den strengen Monotheismus des Islam und eine heftige Abneigung gegen das Kastensystem bei. Es ist daher etwas merkwürdig, wenn er Gott gewöhnlich ‚Rām' (Rāma) nennt, ungeachtet der Tatsache, daß er dem hinduistischen Polytheismus in höchstem Grade abhold war. Daraus dürfte zu entnehmen sein, daß die Vergöttlichung Rāmas bereits so weit fortgeschritten war, daß sein Name zum Synonym für ‚Gott' geworden war. Einem Kabīr dürfte er schwerlich als mythologischer Held des Rāmāyana gegolten haben. Kabīrs Absicht scheint auf die Gründung einer Religion gegangen zu sein, die weder von Dogmen noch von schriftlicher Überlieferung oder irgendeinem sozialen Gefüge irgendwie beeinträchtigt wurde. Seiner Gesinnung nach ist er viel eher Hindu als Moslem, und eben dadurch gelangte er zur Ablehnung des starren und mitunter verbissenen Dogmatismus des Islam. Der Glaube war ihm eine ganz und gar persönliche Angelegenheit, etwas, das sich zwischen einem Menschen, einem Gott und seinem Guru vollzog. „Du solltest dich von deiner eigenen Überlegung tragen lassen; du solltest deinen Fuß in den Steigbügel der Gemütsruhe setzen. Kabīr sagt: ‚Gute Reiter sind jene, welche sich dem Veda und dem Koran fernhalten.'" Seine Bemühungen, zwischen den beiden Religionen eine Brücke zu schlagen, scheiterten jedoch, seine Anhänger sind heute aufgespalten in solche, die sich als Moslems bezeichnen, und andere, die sich als Hindus bekennen. Zwischen beiden Gruppen kommt es nur zu geringfügigem Gedankenaustausch.

Von länger anhaltender Bedeutung war das Werk des Nānak (1469–1538), des Begründers der Sikhs. Wie Kabīr war Nānak strenggläubiger Monotheist und entschiedener Kastenfeind. Er organisierte seine Jünger, die ‚Sīkhs', in einer engverflochtenen und exklusiven Gemeinschaft, über der er als Guru stand. Der fünfte Guru, Arjun (1563–1606), sammelte die Schriften Nānaks und der auf ihn folgenden Gurus sowie die Aussprüche Kabīrs und anderer hinduistischer oder mohammedanischer Heiliger und fügte sie zu dem seither als heiliges Buch der Sikhs geltenden *Ādi-Granth* zusammen. Bis zur Zeit Arjuns waren die Sikhs eine friedfertige Gemeinschaft gewesen, die nur allzu ängstlich bemüht war, mit ihren Nachbarn in Frieden zu leben. Aber Arjun überwarf sich mit der mohammedanischen Regierung und wurde hingerichtet. Dieses Ereignis verwandelte die Sikhs in eine wehrhafte Bruderschaft, die dem Islam mit heftigster Feindschaft begegnete, von ihren natürlichen Verbündeten, den Hindus, aber getrennt war. Der Umwandlungsprozeß, der eine der vielen nicht-orthodoxen Hindu-Sekten zu einer militanten Bruderschaft machte, wurde durch Gobind Singh, den letzten jener Gurus, abgeschlossen, der eine Initiationszeremonie einführte, die im Trinken gesüßten Wassers aus einer gemeinsamen Schale bestand. Sie war bestimmt, die letzten Überbleibsel der Kastenunterschiede in der Gemeinschaft auszumerzen, da es bei den Hindus Männern verschiedener Kasten nicht erlaubt war, aus derselben Schale zu trinken, ohne sich einer Befleckung auszusetzen. Den Gurus wurden schon zu Lebzeiten und auch nach dem Tode göttliche Ehren zuteil, obwohl sie alle Versuche, sie zum Range eines *avatār* emporzuheben, mit Nachdruck zurückwiesen. Gobind Singh, der zehnte Guru, blieb ohne Nachfolger, und fortan glaubte man, die höchste Autorität wohne dem *Ādi-Granth* inne – mitunter auch *Granth-Sāhib* benannt –, dem ‚Herrn Buch'. In den Reihen der *bhakti*-Sekten stehen die Sikhs einzig da, insofern als sie sich vom Gros des Hinduismus getrennt haben und sich nicht als Hindus betrachten. Selbst zur Zeit Arjuns war der Bruch zwischen den beiden Religionsgemeinschaften schon vollzogen.

„Ich habe mit Hindus und Moslems gebrochen", schreibt er,
„Ich will nicht mit den Hindus beten und nicht wie die Moslems nach Mekka gehen,
Ich werde Ihm dienen und keinem anderen.
Ich will zu keinem Bild beten und nicht das Gebet der Moslems sprechen,
Ich will mein Herz dem einen, Höchsten Wesen zu Füßen legen,
Denn wir sind weder Hindus noch Muselmanen."

Sowohl Kabīr als auch Nānak nahmen in bezug auf das von ihnen als ungerecht empfundene Kastensystem eine unnachsichtige Haltung ein, ihre heftigste Verachtung behielten sie allerdings den zügellosen Anmaßungen der Brāhmanen vor. „Die Brāhmanen unseres Zeitalters“, schrieb Kabīr, „sind Zielscheiben des Spottes; ... sie werden mitsamt ihren Familien zur Hölle fahren und ihre Dienstherren mit sich nehmen.“ „Sie glauben durch die Berührung anderer Menschen befleckt zu werden: man frage sie, wer noch gemeiner ist als sie selbst.“ Auf diese extreme Einstellung gegenüber den Kasten war zurückzuführen, daß keine der beiden Sekten in die hinduistische Gesellschaftsstruktur wieder eingegliedert werden konnte, wie dies den anderen *bhakti*-Sekten gelang. Für die Sekte selbst bedeutete dies dann bei normalem Verlauf die Entwicklung zu einer endogamen und in sich abgeschlossenen sozialen Einheit oder – mit anderen Worten – zu einer neuen Kaste. Der Einfluß der *bhakti*-Reformer führte einerseits zu neuen Spaltungen, insofern als er darauf gerichtet war, in eine bereits zur Genüge aufgespaltete Gesellschaft neue Teilungen einzuführen; andererseits konnte er, je stärker er auf der *bhakti* als einer Alternative zum brahmanischen Ritual beharrte, desto intensiver als einigende Kraft wirken. Das trifft auf Tulsī Dās, der selbst Brāhmane war, besonders zu.

Überall, wo man Hindī sprach, war Tulsī Dās bekannt und geliebt, denn er ist der Autor der hindischen Version des Rāmāyana. Bei dieser handelt es sich nicht einfach um eine Übersetzung von Valmīkis Original, sondern um eine Neugestaltung, durch die mehr als hinreichend deutlich wird, daß Rāma der inkarnierte Gott ist. Seine Werke sind mithin göttlich, sie dienen dem nacheifernden Streben der Gläubigen als Vorbilder. Tulsī Dās zufolge ist *bhakti* der einzige Weg, sich der Gottheit im gegenwärtigen entarteten Zeitalter des *Kali-Yuga* zu nähern, wobei *bhakti* nicht mehr zu bedeuten braucht als das Hersagen des heiligen Namens. Die Verehrung des Namen Gottes ist innerhalb des Hinduismus natürlich nicht gerade dem Tulsī Dās in besonderem Maße eigen, ebensowenig zeichnet sich darin der Hinduismus vor den großen Weltreligionen aus. Wie die Mehrzahl der großen *bhakti*-Heiligen war Tulsī Dās kein Theologe: mitunter erhebt er den persönlichen Gott über das unpersönliche Absolute, manchmal ist er ihm nur ein Aspekt des Absoluten. Seine *bhakti* äußert sich überdies in viel zurückhaltenderer Weise als die dem Krishna, Vishnus zweiter Inkarnation, dargebrachte, denn Rāma ist eine im ganzen konventionellere und achtbarere Erscheinung als der launische und unberechenbare Krishna. Für Tulsī Dās ist das Verhältnis des Gläubigen zu seinem Gott nicht das der geliebten Frau zum Liebhaber oder das der Gattin zum Gatten, nicht einmal das des Sohnes zum Vater, sondern das eines Dieners zu seinem Herrn oder eines jüngeren Bruders zum älteren. An einer Stelle (2.123) wird Rāmas jüngerer Bruder Lakshmana tatsächlich mit der Einzelseele verglichen, Rāma selbst mit dem Brahman, während sich Sītā, seine Gemahlin, mit der Rolle der *māyā* begnügen muß. Es wird dabei nicht deutlich, ob Tulsī Dās die *māyā* mit Rāmānuja als Gottes schöpferische Kraft auffaßt oder als täuschenden Schein, wie dies Śankara und die Advaitins taten. Im Grunde aber akzeptiert er die Welt, in welcher der inkarnierte Gott wirkt, als wirklich, er akzeptiert die Götter der Mythologie als seiende, aber beklagenswerte Wesen. Schon im Mahābhārata und im Rāmāyana des Sanskrit waren die Götter außer Vishnu und Śiva ziemlich tief gesunken, aber Tulsī Dās scheint es besonderes Vergnügen zu bereiten, sie im schlechtesten Lichte darzustellen. Das trifft besonders auf Indra zu, der ‚verschlagene Krähe' und ‚schamloser Hund' geheißen wird. Aber so feindlich er den Göttern auch gesinnt ist, zeigt er doch gegenüber den Brāhmanen, den irdischen Göttern, nicht die gleiche Feindseligkeit. „Einem Brāhmanen", so sagt er, „soll man Ehre erweisen, auch wenn er dich verflucht und schlägt und grobe Worte gebraucht – so sagen die Heiligen. Ein Brāhmane muß verehrt werden, auch wenn er aller Redlichkeit und Tugend bar ist; aber ein Śudra nie, sei er auch noch so tugendhaft und gelehrt" (3 C 32). In dieser Hinsicht unterscheidet sich Tulsī Dās von der großen Mehrheit der *bhakti*-Reformer: er ist konservativ, mitunter sogar reaktionär, besonders, was seine Einstellung zu den Frauen anbelangt. Wie bei anderen Religionen zeigt sich auch im Hinduismus eine gewisse Ambivalenz in der Einstellung, die man der Frau gegenüber einnimmt. Tulsī Dās macht dabei keine Ausnahme. Sītā wird als Musterbild einer treuen und gehorsamen Gattin hingestellt, Rāmas Mutter Kausalyā verkörpert in ähnlicher Weise das Ideal aller Mütter. Man darf vielleicht Stellen außer acht lassen, welche die Frau beschuldigen, „eine höchst gefährliche und peinigende Feindin" zu sein; „eine Nacht von undurchdringlicher Finsternis, die alle Eulen der Sünde in Entzücken versetzt; ein Haken, an dem alle Fische der Empfindung und Stärke, der Rechtschaffenheit und Wahrheit gefangen werden sollen" (3 D 43 ff.), aber man vernimmt dann doch mit einiger Beunruhigung, daß Rāma, der inkarnierte Gott selbst, dessen treue Anhänglichkeit gegenüber seiner Gattin eines der Hauptthemen des Werkes liefert, erklärt, der Verlust einer Gattin gelte gar nichts im Vergleich zum Verlust eines anhänglichen Bruders (6 C 61). Trotz dieses wunden Punktes widmet Tulsī Dās' *bhakti* der auf natürlicher Zuneigung gründenden sittlichen Verhaltensweise größere Aufmerksamkeit als die ekstatischeren Krishna-Kulte.

Parallel zu der *bhakti*-Bewegung in den hindisprachigen Provinzen Indiens vollzog sich zwischen dem dreizehnten und siebzehnten Jahrhundert eine ähnliche Renaissance im Land der Marāthen. Diese gab sich mehr oder weniger nationalistisch und antimohammedanisch, war doch Śivajī (gest. 1680), der Held der Auflehnung gegen die Macht der Mogulen, selbst Schüler und Freund des Rāmdās, eines berühmten Heiligen jener Zeit. Der älteste jener Marāthā-Heiligen war Jñāneśvar, der einen umfangreichen Kommentar zur Gītā verfaßte, den *Jñāneśvarī*, sowie ein philosophisches Gedicht und zahlreiche *ābhangas* oder kurze erbauliche Gesänge, wie sie für die ganze *bhakti*-Bewegung charakteristisch waren. Als Philosoph steht Jñāneśvar dem Rāmānuja näher als dem Śankara: er ist Advaitin, unterscheidet sich aber in einer Hinsicht von der allgemeinen Lehre. Er betont nämlich nicht das absolute Einssein, das nach Śankara das Brahman und damit auch den Zustand der Befreiung kennzeichnet, sondern sieht dieses vielmehr als kontinuierliche Größe oder in vollkommenem Einklang ruhenden Organismus, dessen Struktur derart beschaffen ist, daß jeder Teil von dem ungeschmälerten Leben des Ganzen durchtränkt wird. Dies zu erfahren bedeutet, daß die eigene Persönlichkeit durch Gott ersetzt worden ist.

Wir müssen nun Nāmdev und Ekanāth, die beiden Übergangserscheinungen, übergehen und gelangen unmittelbar zu Tukārām, der unter den Heiligen der Marāthen dieselbe Stellung einnimmt, die Tulsī Dās in der hindisprachigen Welt gebührte. Er war ein viel vollkommenerer Vertreter der *bhakti* als Jñāneśvar und behauptete, daß Hingabe an Gott allein den Menschen heilige, nicht aber der Zufall der Kastenzugehörigkeit, auch nicht die Erfahrung der Befreiung. „Heilig ist die Familie", heißt es bei ihm, „und heilig das Land, wo die Diener Gottes zur Welt kommen. Sie haben sich Gott ergeben, und durch sie werden alle drei Welten heilig. Kastenstolz hat noch niemals irgend jemanden geheiligt, sagt Tukā, aber die Unberührbaren haben den Ozean des Lebens durch Hingabe an Gott überquert" (Ābh, 3241). „Ein Brāhmane, der den Namen Gottes nicht liebt, ist kein Brāhmane" (Ābh, 706), aber „ein Kastenloser, der den Namen Gottes liebt, ist wahrlich ein Brāhmane. In ihm haben Gemütsruhe und Geduld, Mitgefühl und Mut ihre Heimstatt aufgeschlagen. Wenn alle Leidenschaften des Menschen Sinn verlassen haben, ist er ebenso gut wie ein Brāhmane, sagt Tukā" (Ābh, 707).

Tukārām stellt die Gottesliebe über alles. Ohne Liebe, die selber ohne Zweitheit unmöglich ist, kann es keine wahre Fruchtbarkeit der Seele geben, sondern nur Verkümmerung. Im Hinduismus „sprach der Tor in seinem Herzen“ nicht, „es gibt keinen Gott“, sondern: „Ich bin Gott“; und Tukārām hatte keine Geduld mit Toren. „Es gibt keinen Toren auf dieser Erde, sagt Tukā, der dem vergleichbar wäre, der sich Gott nennt“ (Ābh, 2064). In einer wichtigen Hinsicht kehrt Tukārām die ganze hinduistische Wertordnung um: statt nämlich nach Erlösung aus diesem ‚Tal der Tränen‘ zu schreien, betet er, daß er immer wieder aufs neue Mensch werden dürfe, um die Liebe Gottes weiterhin erfahren zu dürfen, deren Köstlichkeit ohne Ende ist. Schönheit und Wertgehalt hängen davon ab, daß die einzelnen Dinge am richtigen Ort sind und ihre Funktion im ewigen Ganzen erfüllen. Und darum „sollst du mein Herr sein, ich dein Diener. Dein Platz soll in der Höhe sein, der meine unten ... Wasser verschlingt nicht Wasser. Ein Baum verschlingt seine Früchte nicht. Ein Diamant erscheint schön dank seiner Fassung. Gold sieht schön aus, wenn es in Zierstücke verwandelt wird. Der Schatten spendet Freuden, wenn draußen die Sonne scheint. Eine Mutter hat Milch zu geben, wenn ein Kind da ist, das sich an ihr nährt. Was für ein Glück kann einem zuteil werden, wenn man sich selbst begegnet? Ich bin glücklich, sagt Tukā, im Glauben, daß ich nicht erlöst bin“ (Ābh, 595).

Tulsī Dās und Tukārām sind vielleicht nicht nur die letzten, sondern auch die edelsten Blüten im Gebinde der *bhakti*. Eine fremdartigere Erscheinung war wohl der Bengale Caitanya, der während des sechzehnten Jahrhunderts lebte und den Tod gefunden haben soll, als er im Zustand schrankenloser Ekstase in den Jumna sprang. Caitanya war ein glühender Verehrer der Liebesaffären von Krishna und Rādhā, die Krishnas Favoritin unter den *gopīs*, nicht aber seine Gattin war. Höchste Seligkeit bedeutete ihm, sich mit Rādhā zu identifizieren und sich so den leidenschaftlichen Umarmungen seines Herrn zu ergeben. Wie bei den tamilischen Śivaiten muß auch bei ihm die Seele im Umgang mit Gott die weibliche Rolle spielen: alle Seelen sind weiblich, Gott ist der kosmische Mann. Zwar stimmt es, daß die Liebe Krishnas den Kreislauf der Wiedergeburt automatisch zerstört, aber das ist nur eine Nebenerscheinung: „Ihr höchstes Ziel ist der Genuß der Liebesseligkeit.“ Die tamilischen Heiligen hatten *sāyujya*, das ‚enge Verbundensein mit Gott‘, als Erfüllung der Befreiung betrachtet, aber die Anhänger des Caitanya wollten nicht einmal so weit gehen, so entschieden traten sie für den Unterschied zwischen Gott und der Seele ein.

„Ertönt das Wort *sāyujya*", sagt einer von ihnen, „so spürt der *bhakta* Haß und Furcht. Er zieht ihm die Hölle vor. Wird das Wort *mukti (moksha)* ausgesprochen, erwachen Haß und Furcht in der Seele; wird das Wort *bhakti* ausgesprochen, erfüllt Freude die Seele."

Die *bhakti*-Bewegung erreichte ihren Gipfel im siebzehnten Jahrhundert; sie war nahezu ausschließlich vishnuitisch ausgerichtet und sah ihre überzeugendsten Symbole in Krishna, dem launischen Liebhaber, und dem tugendfesteren Rāma. Der eigentliche Śivaismus brachte wenig Vergleichbares hervor, wenn auch der Śaktismus, in dem Śivas Gefährtin, die seine Kraft ist, Śivas Stelle als Gegenstand der Verehrung einnimmt, eine eigene *bhakti* hervorbrachte, besonders in Bengalen. Rāmprasād Sen, der während des achtzehnten Jahrhunderts lebte, war die bemerkenswerteste Gestalt dieser Bewegung.

Die Muttergottheit, in ihrer schrecklichen Gestalt Durgā oder Kālī benannt, in ihrer freundlicheren Erscheinungsform Umā oder Parvatī, war lange Zeit übel beleumdet, denn in ihrem Tempel in Kalkutta werden im Widerspruch zu den Vorschriften der *ahiṁsā* weiterhin Tiere in großer Zahl geopfert – sogar heute noch. Die Ikonographie zeigt sie auf dem Leib ihres hingestreckten Herrn tanzend, mit Schädelgirlanden bekränzt, ihre Zunge hängt bluttriefend aus dem Mund. Eine derartige Gestalt, sollte man meinen, dürfte eher Entsetzen als liebende Anbetung auslösen, aber sie faszinierte nicht nur Rāmprasād, sondern auch die weitaus bedeutsamere Gestalt eines Rāmakrishna Paramahaṁsa, der ein Jahrhundert später lebte. Die Gefühlsekstasen, die Krishna galten, sind Śivas schrecklicher Gattin schwerlich angemessen, denn sie ist schreckenerregend in ihrer Schönheit, ihr Liebreiz deckt sich mit ihrer Schrecklichkeit. Hier muß ein Zitat genügen darzutun, wie Kālī, die Mörderin, die alles tötet, was sie hervorgebracht hat, die indische Seele trotzdem zu verzückter Hingabe begeistern kann.

Stets tanzest du im Kampfe, Mutter. Noch nie war Schönheit, die deiner glich, wenn du, von deinem Haar umflossen, tanzest ohne Unterlaß, ein nackter Krieger auf der Brust Śivas.

Die Häupter deiner Söhne, an jedem Tage neu getötet, hängen als Blumengewinde um deinen Hals. Wie ist deine Hüfte geschmückt mit Menschenhänden! Kleine Kinder sind deine Ohrringe. Makellos sind deine holden Lippen; deine Zähne sind ohne Fehl wie der Jasmin in voller Blüte. Dein Antlitz ist strahlendhell wie die Lotusblume, schrecklich ist sein Lächeln, das nie schwindet. Schön wie Regenwolken ist deine Gestalt; ganz und gar blutbefleckt sind deine Füße.

Prasād sagt: Mein Gemüt gleicht einem, der tanzt. Nicht länger vermögen meine Augen solche Schönheit anzuschauen.

Rāmprasād Sen bezeichnet das Ende eines Zeitalters, des Zeitalters der *bhakti.* Im Verlaufe dieser Epoche hatte der Hinduismus einen grundlegenden Wandel erfahren. Weder der Ritualismus noch das Streben nach einsamer *moksha* hatte einem Volk, das nach religiöser Erfahrung lechzte, genügen können. Der Mystizismus selbst, der in Indien so häufig mit Religion identisch ist, löste seinen Blick vom innersten Mittelpunkt der Seele und wandte ihn dem Gott draußen zu, der die Seele liebt; und man erkannte, daß dem spirituellen Dasein eine neue Dimension angefügt worden war. Das war die innere Erfahrung. Äußerlich gesehen, prüften die *bhakti*-Reformer die Sozialstruktur der hinduistischen Gesellschaft und befanden, daß sie nicht gut sei. Das Kastensystem, welches einst einem nützlichen Zweck gedient haben mag, war nun erwiesenermaßen ungerecht, es setzte unerträgliche Trennwände zwischen Mensch und Mitmensch, und darum verbannten sie es aus ihren eigenen Brüderschaften, weil sie glaubten, daß Gott all seinen Geschöpfen die gleiche Liebe zuwandte. Aber trotz ihres Auftretens blieb das Übel – falls es schon ein solches war – bestehen; erst der Zusammenprall mit einer fremdartigen Zivilisation, die ihre Werte aus einer ganz anders gearteten Quelle schöpfte, rüttelte das Gewissen jenes Volkes auf, das geneigt schien zu vergessen, daß es, wenn es nur wollte, in Yudhishthira, dem König der Rechtschaffenheit, den vielleicht edelsten und nicht untypischsten seiner Söhne erblicken durfte.

SIEBENTES KAPITEL

BEGEGNUNG

Als die Engländer im achtzehnten Jahrhundert den Schauplatz Indien betraten, fanden sie einen Subkontinent vor, der politisch uneins und religiös gespalten war. Dabei folgte die religiöse Spaltung keineswegs immer den Territorialgrenzen. Im Laufe der Jahrhunderte hatte sich zwar der Nordwesten zu einem vorherrschend mohammedanischen Gebiet entwickelt, aber auch im übrigen Indien lebten, überall verstreut, Moslems, die im Süden am schüttersten auftraten. Der Hinduismus reagierte auf die mohammedanische Vorherrschaft und den Bekehrungseifer der Moslems mit einer Wendung nach innen. Es half nichts, daß die *bhakti*-Reformer verkündet hatten, Erlösung könne allen zuteil werden ohne Ansehen des Glaubens oder der Kaste, daß sie bemüht waren, die Schranken in ihren Gemeinschaften niederzureißen: die Kasteneinteilung blieb nicht nur, sie wurde auch noch starrer. Allerdings war das Kastensystem im achtzehnten Jahrhundert sehr unterschieden von dem im fünften Kapitel umrissenen *varnāśrama-dharma*. Zu Beginn jenes Jahrhunderts bestanden 2378 Kasten in Indien, und diese bildeten in sich abgeschlossene Gemeinschaften, die untereinander keinen gesellschaftlichen Kontakt pflegten. Es war nicht zulässig, außerhalb der eigenen Kaste zu heiraten, auch war es den Mitgliedern einer Kaste untersagt, mit Angehörigen einer anderen zu essen, zu trinken oder zu rauchen. Jede Kaste wurde von einem Kastenrat regiert, der die Kastenregeln eifersüchtig hütete und jeden bestrafte, der sie übertrat. In Extremfällen kam es vor, daß jemand auf immer ausgestoßen wurde, und das bedeutete, daß nicht nur alle Bindungen an die eigene Kaste abgeschnitten waren, sondern daß er auch von den anderen Kasten als Paria behandelt wurde, denn die Befolgung der Kastenvorschriften lag im Interesse sämtlicher bestehender Kasten.

Von den vier alten *varnas* waren wahrscheinlich nur die Brāhmanen, die im Priesteramt eine Monopolstellung besaßen, direkte Nachkommen der alten Klasse, die ihren Namen trug, aber auch sie waren in Unterkasten eingeteilt, wobei solche, die bereit waren, den Śudras in Glaubensdingen beizustehen, als zweitklassig und unrein galten. Sämtliche Kasten, die den alten *varnas* verpflichtet waren, hingen von den Brāhmanen ab, da diese die zahlreichen Sakramente *(saṁskāras)* spendeten, welche den Hindu auf seinem Lebenswege von der Empfängnis bis zum Verbrennungsplatz begleiten. Nur die Unberührbaren, also alle, die keiner der *varnas* angehörten und daher kastenlos waren, konnten aus dem segenspendenden Wirken der Brāhmanen keinen Nutzen ziehen und mußten ihre eigenen Priester stellen. Sie wurden in die Hindu-Tempel nicht eingelassen, ihre Götter wurden im hinduistischen Pantheon nicht anerkannt, was den Göttern der in die hinduistische Glaubensgemeinschaft aufgenommenen Stämme immerhin gewährt wurde. Diese Stämme bildeten gewöhnlich eine selbständige Kaste, ihre Götter wurden mit dem einen oder anderen hinduistischen Gott identifiziert. Anders war es bei den Göttern der Unberührbaren: mit denen wollten die Brāhmanen nichts zu tun haben.

Allen Hindus, die einer Kaste angehörten, galten die Unberührbaren als Quelle der Verunreinigung; ihre Berührung bedeutete Beschmutzung, die Infektion mußte durch reinigende Riten entfernt werden, die gewöhnlich eine rituelle Waschung einschlossen. In Südindien betrachtete man schon ihre bloße Nähe als Ursache der Befleckung, sie mußten daher in einiger Entfernung außerhalb eines von kastenzugehörigen Hindus bewohnten Dorfes angesiedelt werden. Und doch hatte die Kaste das Volk so sehr in der Gewalt, daß schließlich, als ein wuchtiger Angriff gegen sie vorgetragen wurde, gerade aus den niederen Kasten und den Reihen der Unberührbaren der heftigste Widerstand hervorbrach, nicht aber aus den höheren Kasten. Brāhmanen, die noch ihr Priesteramt verwalteten – viele von ihnen taten dies nicht mehr –, leisteten natürlich auch Widerstand, aber im ganzen war die Kaste umso konservativer, je niedriger sie stand. Der Grund dürfte in der Tatsache zu suchen sein, daß die Kastendisziplin bei den unteren Kasten weitaus strenger war, die Angst, ausgestoßen zu werden, daher um so größer. Zudem galt die Auffassung, daß das ganze System durch den *dharma* geheiligt wurde, seinen Ursprung göttlicher Einsetzung verdankte und daher unantastbar war.

Abgesehen vom Kastensystem und den unmenschlichen Mißständen, die es heraufgeführt hatte, gab es aber noch viele andere hinduistische Bräuche, die gleichermaßen durch den *dharma* geheiligt wurden und in den meisten Weltgegenden für unmenschlich gegolten hätten: die Ermunterung der Witwen, sich auf den Scheiterhaufen ihrer Gatten selbst zum Opfer darzubringen, die Verehelichung der Kinder, lange ehe sie das Pubertätsalter erreichten, der unfreiwillige Witwenstand und die Tempelprostitution. Weniger unmenschlich, aber ebenso hemmend wirkte der Umstand, daß Reisen nach Übersee den Verlust der Kastenzugehörigkeit mit sich brachten. Das waren einige Sachverhalte, welche die Engländer während des achtzehnten Jahrhunderts in Indien antrafen.

Die mohammedanische Vorherrschaft über Indien hatte kaum irgendwelchen Einfluß auf die hinduistische Lebensführung. Verfolgungen wechselten mit Zeiten der Duldung, der Strom der Konversionen – teils wurden sie erzwungen, teils aus freien Stücken vollzogen – riß nie ab, aber im ganzen störten die Moslems die Hindus in ihren Bräuchen nicht, obwohl sie nur Abneigung und Verachtung für diese übrig hatten; auch waren sie nicht bestrebt, sie zu reformieren. Die Anwesenheit der Engländer in Indien – wenn sie auch im Vergleich zu den Einfällen der Mohammedaner nur verschwindend geringe Ausmaße annahm – eröffnete dagegen den Hindus gänzlich neuartige Perspektiven, die ihrer Lebensauffassung völlig fremd waren. Wohl mischte sich die Regierung zunächst so wenig wie möglich ein in die inneren Angelegenheiten der hinduistischen Gemeinschaft; man war ja in erster Linie nicht an der Ethik des Hinduismus interessiert, sondern daran, aus dem Chaos, in dem Indien während des achtzehnten Jahrhunderts versunken war, wieder Ordnung erstehen zu lassen. Daneben traten jedoch die christlichen Missionare auf, die naturgemäß nicht stumm bleiben konnten angesichts gewisser Zustände und Gewohnheiten, die – an ihrem *dharma* gemessen – moralisch verwerflich waren, und man muß um der Gerechtigkeit willen feststellen, daß die Hindus dank der oft taktlosen und aggressiven Verdammungsurteile, mit denen die christlichen Missionare damalige Bräuche belegten, die heute allgemein als unmenschlich angesehen werden, ihren Blick wie einst Yudhishthira über einen *dharma,* der entwürdigt und verfälscht worden war, hinweg auf den *dharma* richteten, den sie im eigenen Gewissen entdeckten.

Der Anstoß zur Reform kam, wie man erwarten durfte, von der gesellschaftlichen Elite, die zu den aus Europa eingeführten Ideen den engsten Kontakt hatte, und ebendiese Ideen erweckten das Bedürfnis nach einer Reform. Die *bhakti*-Bewegung hatte die Tore im wahrsten Sinne des Wortes allen Kasten und allen Kastenlosen aufgetan, aber ihre Triebkraft war religiöser Natur gewesen, und nicht sozial: an ‚guten Werken' in christlichem Sinne bestand kein Interesse. Die Reformbewegungen des neunzehnten Jahrhunderts wurden dagegen in erster Linie durch ein soziales Gewissen angeregt sowie durch die feste Absicht, den Hinduismus von manchen Dingen zu befreien, und sie schreckten auch nicht davor zurück, diese als übel zu bezeichnen, wie sehr sie immer durch eine angeblich göttliche Billigung geheiligt sein mochten.

Die erste Reformbewegung, welche zum Kampf antrat, war der Brāhmo Samāj; er war vom Westen inspiriert. Wie in anderen Weltteilen brachte die westliche Zivilisation zwei gänzlich verschiedenartige Elemente mit: die ‚Philosophie' des Fortschritts, die in der Revolution der Naturwissenschaften ihre Grundlage besaß und ihre philosophische Rechtfertigung in der Aufklärung des achtzehnten Jahrhunderts suchte, und den christlichen Glauben. Eine Verbindung zwischen beiden brauchte nicht notwendig, ja nicht einmal naturgemäß zu bestehen, aber das Christentum galt nichtsdestoweniger als die Religion des weißen Mannes und als der Glaube, der ihm in so erstaunlichem Maße Macht und Erfolg eingetragen hatte. In den Anfangsstadien der Bewegung, als der Hinduismus eine Periode der Stagnation und des Verfalls durchmachte, fand das Christentum geneigte Ohren. Trotzdem erzielten die christlichen Missionsstationen nicht die hohen Zahlen an Konvertiten, auf die man gehofft hatte; eine Ausnahme bildeten die Unberührbaren, bei denen zum Teil Bekehrungen en masse Erfolg hatten. Die gebildeten Schichten hingegen mochten sich zwar jener Mißbräuche, die ihren Glauben entstellten, geschämt haben, waren aber dennoch nur widerstrebend bereit, ihn gegen einen anderen auszutauschen, zumal dies gleichbedeutend mit einer Lossagung vom eigenen Volk gewesen wäre. Während sie einerseits über die Kaste als Institution spotteten, waren sie ihr andererseits selbst bis zu einem gewissen Grad zwanghaft verbunden. Schließlich waren sie ja Hindus, und ‚Hindu' ist nichts weiter als das persische Wort für Inder; daher erschien vielen die Ablehnung des Hinduismus als eine Verleugnung Indiens.

Rām Mohan Roy (1772–1833), der Begründer des Brāhmo Samāj, war schwerlich ein typischer Hindu. Seine Familie hatte zur Anhängerschaft des Caitanya gehört, er selbst wurde in Patna, dem Zentrum mohammedanischer Gelehrsamkeit, erzogen. Diese früh einsetzende Schulung nährte in ihm eine tiefe Abneigung gegen Bilderverehrung, und als er daranging, die Stiftungsurkunde des Brāhmo Samāj zu entwerfen, verfügte er, daß kein Götterbild, „keine Statue und Skulptur, kein Schnitzwerk, Gemälde, Bild, Porträt oder Abbild irgendwelcher Art in das besagte Gebäude aufgenommen werden" dürfe. Seine Abneigung gegen bildliche Darstellungen machte ihn jedoch nicht zum Bilderstürmer, dazu war seine Achtung vor der echten Überzeugung anderer Menschen viel zu groß; und darum legte er in der gleichen Urkunde nieder, daß „kein Gegenstand, sei er lebendig oder leblos, der einzelnen oder einer Gruppe als Gegenstand der Verehrung galt oder gilt oder später ein solcher werden oder sein sollte, geschmäht oder geringschätzig oder verächtlich genannt werden oder Ziel einer so gearteten Anspielung sein solle." Im Jahre 1814 ließ er sich in Kalkutta nieder, wo er nach gründlichem Studium der Upanishaden und der *Brahmasūtras* feststellte, daß in diesen ein unverfälschter Theismus gelehrt wurde, ferner, daß in ihnen keine Billigung der Bilderverehrung enthalten sei. In Kalkutta begegnete er auch den Missionaren aus Serampore, studierte die Bibel und kam zu dem Schluß, daß die in ihr enthaltenen Lehren „eher zu sittlichen Prinzipien führen und für den Gebrauch vernunftbegabter Wesen angemessener waren als irgendwelche anderen", die ihm begegnet seien. Seine Einstellung zu Christus sollte später für die aufgeklärten Hindus im allgemeinen typisch werden: er nahm die Morallehre der Evangelien rückhaltlos an und schätzte besonders die Bergpredigt, lehnte jedoch den gesamten theologischen Überbau ab, der um die Gestalt Christi als Gottessohn errichtet worden war. Von den fundamentalen Lehrsätzen des Hinduismus lehnte er die Lehre von der Seelenwanderung ab. Sieht man von den Lingāyats ab, bedeutete dies einen gänzlich neuen Aufbruch im Hinduismus.

Rām Mohan war an der Reformierung der Mißstände innerhalb des Hinduismus stärker interessiert als an der eigentlichen Religionsausübung, es war daher weitgehend seinen Bemühungen zu verdanken, daß die Witwenverbrennung im Jahre 1829 für gesetzwidrig erklärt wurde. D. S. Sharma sagt mit Recht, Rām Mohan sei „ein viel bedeutenderer Mann als (seine Nachfolger) Debendranāth Tagore oder Keshab Chandra Sen, aber keine zutiefst religiöse Seele" gewesen. Sein eher kühles und rationales Temperament prägte auch den Brāhmo Samāj, der vornehmlich die Intellektuellen ansprach, nicht aber die Masse des Volkes.

Im Jahre 1830 wurde die erste ‚Kirche' des Brāhmo Samāj eröffnet, in ihr hielt man Gottesdienste ab, die mit dem Lesen einiger Stellen aus den Upanishaden, einer Predigt und dem Singen theistischer Hymnen aus der Feder Rām Mohans und seiner Freunde ausgefüllt waren. Bemerkenswert ist dabei, daß in diesem Gottesdienst für Gebete oder Kontemplation kein Raum vorgesehen war. Die unmittelbare Vereinigung mit dem Göttlichen wurde nicht gefördert. Im Jahre 1833 starb Rām Mohan.

Einige Jahre lang lag der Brāhmo Samāj aus Mangel an geeigneter Führung und Organisation darnieder. Im Jahre 1842 aber schloß sich Debendranāth Tagore, der Sohn eines der engsten Mitarbeiter Rām Mohans, dem Samāj an und führte ihm zugleich seinen eigenen *Tattvabodhinī Sabhā* zu, eine Vereinigung, die zu religiösen Diskussionen und Gebeten zusammentraf. Debendranāth war ein Mann von ganz anderem Schlage als Rām Mohan. Er war von zutiefst religiöser Gemütsrichtung, sein ganzes Leben lang war er Träger spontaner mystischer Erfahrungen. Die erste widerfuhr ihm nach dem Tode seiner Großmutter, im Alter von achtzehn Jahren. „Ein seltsames Bewußtsein der Unwirklichkeit aller Dinge ergriff plötzlich Besitz von meinem Verstand", schreibt er. „Eine starke Abneigung gegen den Reichtum wuchs in mir ... In meinem Inneren wurde eine Freude erweckt, wie ich sie nie zuvor gefühlt hatte." Seit jenem Augenblick flossen ihm Gebet und Anbetung ganz natürlich zu. Als er zum anerkannten Führer des Samāj wurde, fügte er dem von Rām Mohan vorgezeichneten Gottesdienst das Gebet an.

Da Rām Mohan betont hatte, seine Religion stelle einfach eine Rückkehr zu der ‚reinen' Religion der Veden dar, sandte Tagore vier Studenten nach Benares, die feststellen sollten, wie die orthodoxe Interpretation der Veden und Upanishaden tatsächlich lautete. Als die Gelehrten zurückkehrten, wurde offenbar, daß in jenen ehrwürdigen Texten vieles enthalten war, das mit den Grundsätzen des Samāj nicht übereinstimmte. Man kam daher überein, die Veden, die Upanishaden und andere heilige Schriften nicht als unfehlbare Leitsterne anzuerkennen. Vernunft und Gewissen sollten fortan als höchste Autorität gelten, die Lehren der Schrift waren nur insoweit anzuerkennen, als sie „mit dem Licht in uns" im Einklang standen. Zum Unvereinbaren gehörten auch jene Sätze, die Śankara als Quintessenz des Vedānta ausgesondert hatte: „Ich bin Brahman", „Das bist du" und was weiter folgt. Diese Einstellung zur Heiligen Schrift war nicht ganz und gar neuartig: neu war jetzt die öffentliche Leugnung der Unfehlbarkeit der Veden. Bisher war es üblich gewesen, die Saṁhitās und Brāhmanas einfach zu ignorieren und die Upanishaden so zu deuten, wie es den jeweiligen Zwecken entsprach. Debendranāth lehnte alles ab, was mit seinen persönlichen Ansichten nicht übereinstimmte, und sammelte eine Auswahl passender Stellen aus den Upanishaden, dem Epos und anderen Werken und versah sie mit dem Titel *Brāhma Dharma*. Dieser sollte als das heilige Buch der Sekte fungieren. Die hierbei angewandte Methode, nur solche Teile aus den Schriften auszuwählen, die zu den eigenen Vorstellungen passen, sollte für die modernen Reformer typisch werden, in besonderem Maße fällt sie im Falle Gandhis auf.

Im Jahre 1857 nahm der Brāhmo Samāj einen Neuling auf: Keshab Chandra Sen, der damals erst neunzehn Jahre zählte und von reformatorischem Eifer erfüllt war. Debendranāth faßte zu dem jugendlichen Feuerkopf eine tiefe Zuneigung und ließ sich von einer Woge der Begeisterung zu Veränderungen hinreißen, die weit über das ihm Gemäße hinausgingen.

Saṁskāras oder Sakramente spielen im gesamten Leben jedes Hindu eine wichtige Rolle, aber solche Zeremonien umfassen die Verehrung religiöser Symbole, was wiederum in den Augen der Brāhmos Götzendienst bedeutete. Aus diesem Grunde wurde entschieden, daß kein Brāhmo an derartigen Zeremonien teilhaben könne; neue Zeremonien wurden nach streng monotheistischen Grundsätzen ausgearbeitet. Sodann erhob sich als entscheidendes

Problem das Kastensystem: dieses wurde ebenfalls verworfen, Angehörigen der ‚zweimalgeborenen' Kasten wurde zur Auflage gemacht, den heiligen Faden, das Zeichen ihrer Initiation, wegzuwerfen. All das beunruhigte den konservativer eingestellten Flügel des Samāj, der anfing, Tagore unter Druck zu setzen. Es kam zur Krise, als das Gebäude des Samāj durch einen Zyklon so stark zerstört wurde, daß die Versammlungen in Tagores Haus abgehalten werden mußten. Da er unbestreitbar Herr im eigenen Hause war, bestand Debendranāth darauf, daß die Kultpriester den Faden trugen, wenn sie dort ihres Amtes walteten. Daraufhin setzten sich Keshab und seine Anhänger, die in der Mehrzahl waren, ab und gingen dazu über, ihre eigene Partei den ‚Brāhmo Samāj von Indien' zu nennen. Debendranāths Rumpfpartei, jetzt unter dem Namen *Ādi Samāj* oder ‚Ursprünglicher Samāj', wurde in zunehmendem Maße konservativ und pietistisch.

Nach der Sezession des Jahres 1865 vertiefte sich Keshab in christliche Literatur und die heiligen Bücher der übrigen Weltreligionen. Ergebnis dieses Eklektizismus war eine weitere Sammlung von Texten, welche nun allerdings eine Fülle von Stoffen barg, die mit dem Hinduismus nichts mehr zu tun hatten. Um die Gottesdienste lebendiger zu gestalten, führte Keshab den *kīrtan* des Caitanya samt der aus Gesang und Tanz bestehenden Begleitung ein, daneben erweckte ein Englandaufenthalt in ihm die Begeisterung für die Emanzipation der Frau und die Mädchenbildung. Nach seiner Heimkehr zog er gegen die Kinderehe zu Felde und brachte den Samāj dahin, Eheschließungen von Witwen und Heiraten zwischen Angehörigen verschiedener Kasten zu feiern. Es war weitgehend den unermüdlichen Anstrengungen der Brāhmos zu verdanken, wenn die Regierung ein Gesetz erließ, das nicht nur die Eheschließungen der Brāhmos legalisierte, sondern auch die Kinderehe abschaffte und Eheschließungen zwischen den einzelnen Kasten sowie die Wiederverheiratung von Witwen gestattete.

Wie wir gesehen haben, war Keshabs Radikalismus für die Abschaffung der hinduistischen *saṁskāras* innerhalb des Samāj verantwortlich gewesen. Um so überraschender mußte es wirken, als er zuließ, daß seine eigene Tochter ihre Ehe mit einem jungen Prinzen gemäß dem orthodoxen hinduistischen Ritual schloß und nicht nach der abgewandelten Form des Brāhmo. Das Erstaunen schlug in Groll um, als Keshab verkündete, daß er seine Zustimmung nur gegeben habe, weil er einer dahingehenden Offenbarung teilhaftig geworden war. Daraus folgte ein neuerliches Schisma: die Mehrheit sagte sich abermals los und bildete den *Sādhāran* (‚allgemeinen')

Brāhmo Samāj. Keshab selbst nannte seine Partei die ‚Kirche der neuen Anordnung'. Es war eine recht eigenartige ‚Kirche'.

In seinen späteren Jahren stand er stark unter dem Einfluß der Ideen von Rāmakrishna Paramahaṁsa, der sämtlichen Religionen den gleichen Wahrheitsgehalt zubilligte. Auf diesem Wege gelangte Keshab zu der Überzeugung, daß die Mission der Neuen Anordnung darin bestand, alle diese Religionen und Offenbarungen miteinander in Einklang zu bringen, und um diese Aufgabe zu erleichtern, bereicherte er sein Ritual nicht nur durch Wiederaufnahme einiger Zeremonien des orthodoxen Hinduismus, sondern auch durch die Einführung der Taufe und der Kommunion aus dem Christentum. Zugleich wurde er zu einem glühenden Verehrer Christi und akzeptierte sogar Christi Göttlichkeit und die Lehre von der Heiligen Dreifaltigkeit.

Er befand, „das Alte Testament war die erste Anordnung; das Neue Testament die zweite; uns wurde in diesen Tagen die dritte Anordnung zuteil." Dieser ‚dritten Anordnung' war jedoch keine Dauer beschieden, denn Keshab starb im Jahre 1884, und damit blieb die Herde ohne Hirten. Alle, die weiterhin treu zu ihm hielten, betrachteten ihn als Gott und ließen die Aufstellung irgendeines anderen Führers nicht zu. Die Mehrheitsgruppe aber, die sich nach der Affäre um Keshabs Tochter losgesagt hatte, gewann neue Kraft und konnte eine Zeitlang bescheidene Erfolge erzielen. Sie lehnte den Kult, den man der Persönlichkeit Keshabs erwiesen hatte, ab und erteilte alle Vollmacht einem aus hundert Mitgliedern bestehenden Allgemeinen Ausschuß, der seinerseits eine zahlenmäßig beschränkte Exekutive wählte, welche die Angelegenheiten des Samāj sowohl in Kalkutta als auch in den Missionszentren zu verwalten hatte. Ihr Glaube war auf Linderung des Leidens gerichtet und wies vage Anklänge an das Christentum auf: es gibt nur einen Gott, der im Geist und in der Wahrheit verehrt werden soll. Kein Buch darf als unfehlbar gelten, „aber die Wahrheit soll aus allen Schriften und den Lehren aller Personen ohne Unterschied des Glaubens und des Vaterlandes ehrerbietig hingenommen werden. Die Vaterschaft Gottes, die Brüderlichkeit des Menschen und die Güte zu allen Lebewesen sind das Wesen wahrer Gläubigkeit."

Der Brāhmo Samāj litt wohl unter dem Schisma, flößte dem Hinduismus aber immerhin ein soziales Gewissen ein, das er nie zuvor besessen hatte. Von den christlichen Missionaren übernahm er bereitwillig die Lehren Christi, wie sie in den synoptischen Evangelien aufbewahrt wurden, lehnte jedoch Christi Göttlichkeit ab und betrachtete auch die christliche Missionstätigkeit mit zutiefst verwurzeltem Mißtrauen, da er in ihr eine Bedrohung des Hinduismus in seiner wörtlichsten Bedeutung sah: sie mußte eine Aufspaltung des indischen Volkes bewirken. Die Brāhmos waren die ersten, die erkannten, daß das Auftreten der westlichen Zivilisation in Indien den Untergang jenes hinduistischen *dharmas* bedeutete, der jahrhundertelang bestanden hatte. Ihr Ziel war es, den eigenen Glauben von der Spitze bis zum Unterbau zu reformieren und in die Gußform der dem neunzehnten Jahrhundert gemäßen humanitären Einstellung zu pressen. Sie kamen aber nicht aus dem Volk, und obwohl sie das Gewissen der oberen Gesellschaftsschicht wachrüttelten, war ihre Wirkung auf die breiten Massen des indischen Landvolkes gleich Null.

Dem Brāhmo Samāj verwandt, ohne ihm angegliedert zu sein, war der Prārthana Samāj in Bombay, der einen ausschließlich sozialen Standpunkt einnahm und sich gegen sattsam bekannte Übelstände wie Kinderehe und das Verbot der Wiederverheiratung von Witwen wandte. Anders als die Brāhmos sah der Prārthana Samāj in seiner Bewegung keinen vollständigen Bruch mit der Vergangenheit, sondern eine Fortführung der *bhakti*-Tradition der Marāthā-Heiligen, die auch monotheistisch und gegen das Kastensystem eingestellt waren. Das geistige Haupt der Bewegung, Mahadev Govind Ranade, fühlte sich als hinduistischer Protestant, entschlossen, alle späteren Hinzufügungen zu tilgen, die seiner Auffassung nach den alten Glauben allmählich verdunkelt hatten. Von den Protestanten unterschied er sich jedoch dadurch, daß er sich alle Mühe gab, sich nicht mit den Orthodoxen zu verfeinden; er verlangte von den Mitgliedern seines Samāj nicht, daß sie die Kastenzugehörigkeit oder die Bilderverehrung oder die traditionellen Sakramente ihrer Religion aufgaben. Er sah im Samāj einen Gärstoff, der im Laufe der Zeit den ganzen hinduistischen Koloß durchdringen und umgestalten könnte, wenngleich er einsah, daß weder seine Bewegung noch der Brāhmo Samāj das Gemüt des Volkes als Ganzes angesprochen hatte. Aber er glaubte mit aller Leidenschaft an die Größe und Bestimmung Indiens, und zwar nicht auf Grund irgendwelcher kruder nationalistischer Erwägungen, sondern weil er erkannte, daß Indiens Beitrag zum religiösen Leben der Welt unermeßlich war und bleibenden Einfluß besaß. Zu jener Zeit wurde der Hinduismus von den christlichen Missionsträgern heftig angegriffen, aber Indiens beste Söhne erfaßten die Wahrheit mancher gegen sie erhobenen Anklagen trotz der Maßlosigkeit, mit der die christlichen Propagandisten zum Teil vorgingen. Die alten Auswüchse durften nicht in Ewigkeit geduldet werden, weil sie im Widerspruch zu dem standen, was das unbedingte menschliche Gewissen akzeptieren kann. Aber all dies spielte nur eine untergeordnete, wenn auch parasitäre Rolle in einer edlen Religion, die in jeder Beziehung alle Bemühung ebenso wert war wie das, was die christlichen Missionare anboten. Indien, so glaubte er, war ebensosehr auserwähltes Volk wie Israel: „Ich bekenne meinen unbedingten Glauben an zwei Artikel meines Glaubensbekenntnisses. Dieses unser Land ist das wahre Land der Verheißung. Dieses unser Volk ist das auserwählte Volk ... Wenn die wunderbare Errettung einiger tausend Juden einen Zweck hatte, dann ist diese noch wunderbarere Bewahrung eines Fünftels der Menschheit nicht bloßem Zufall zu verdanken." Die christliche Offensive, die mit Unterstützung durch die höchste Staatsgewalt rechnen konnte, hatte die Selbstachtung des Hindu im tiefsten erschüttert. Indem Ranade Praktiken abschrieb, die man nicht mehr als periphere Erscheinungen am hinduistischen *dharma* verteidigen konnte, trug er viel dazu bei, jene Selbstachtung wiederherzustellen, und bereitete damit den Weg für die höherer Selbstgewißheit entspringenden Neufassungen jenes *dharma*, die da kommen sollten.

Ganz anderer Art als der Brāhmo Samāj und der Prārthana Samāj war und ist der Ārya Samāj. Sein Begründer, Swami Dayānanda Sarasvatī, unterschied sich von seinen Vorläufern schon dadurch, daß er ganz im orthodoxen Geiste erzogen worden war. Er war ein tüchtiger Sanskrit-Gelehrter, seine frühen Werke hatte er häufiger in Sanskrit als in der Landessprache abgefaßt. Sein Vater war ein glühender Verehrer Sivas und gänzlich der Orthodoxie verschrieben. Als Vierzehnjähriger wurde er in den Śiva geweihten Tempel am Ort gebracht, um die ganze Nacht hindurch Wache zu halten, aber diese Wacht bewirkte gerade das Gegenteil dessen, was sein Vater erwartet und erhofft hatte; denn während der Knabe dasaß und das Idol anstarrte, fragte er sich, in welcher denkbaren Beziehung dieses zu dem Gott Śiva stehen könne, der, wie man ihm gesagt hatte, der allmächtige und allwissende Schöpfer, Erhalter und Zerstörer des Alls war. „Ich halte es für unmöglich", brach es aus ihm hervor, „die Vorstellung eines allmächtigen, lebendigen Gottes mit diesem Götzenbild in Einklang zu bringen, welches zuläßt, daß die Mäuse auf seinem Körper umherlaufen, und auf diese Weise duldet, daß sein Abbild besudelt wird, ohne auch nur den leisesten Widerspruch zu erheben." Im Jahre 1846 – er war damals 21 oder 22 Jahre alt – befanden seine Eltern, nun sei die Zeit gekommen, ihn zu verheiraten. Daraufhin lief er von daheim weg und durchstreifte ganz Indien, um einen Guru zu suchen. Nach mancherlei Wechselfällen fand er im Jahre 1860 den Guru, nach dem er gesucht hatte, und dieser Guru erteilte ihm den Rat, die Veden zu studieren und auszulegen, da diese seiner Meinung nach im Laufe der Jahrhunderte in gröbster Weise entstellt worden seien. Aus jener Zeit rührt seine öffentliche Mission.

Zunächst trug er die Kleidung eines *sannyāsin* und predigte in Sanskrit, später aber wechselte er zu konventionellerer Kleidung und zur Hindī-Sprache über. Sein persönlicher Erfolg war ungeheuer; im Jahre 1875 gründete er in Bombay den Ārya Samāj; aber seinen aufsehenerregendsten Erfolg hatte er in Lahore im Pandschab. Der Samāj, den er dort im Jahre 1877 bildete, stellte das Mutterhaus in Bombay bald in den Schatten und wurde zum Hauptquartier der Bewegung.

Dayānanda stand mit seinen Angriffen auf die Mißstände, welche den Hinduismus jener Zeit entstellten, hinter niemandem zurück. Er war damit kein Nachahmer der Christen, sondern begründete sein Vorgehen mit der Auffassung, all das stehe in glattem Gegensatz zu der reinen Lehre der Veden. Unter Veden verstand er nicht den kompletten Corpus vedischer Schriften, der die Brāhmanas und Upanishaden ebenso umfaßt wie die Saṁhitās, sondern einzig und allein die Saṁhitās. Bisher hatten sowohl die indischen als auch die europäischen Kommentatoren der Veden gelehrt, die Saṁhitās seien polytheistisch, da die Götter – Agni, Indra, Varuna etc. – einander unähnlich seien und ausgeprägte Individualität besäßen. Das leugnete Dayānanda mit aller Heftigkeit. Es mochte wahr sein, wenn man die Veden in ‚weltlicher' Weise deutete, aber es traf nicht zu, sobald man sie in ‚yogischer' Weise auslegte, und diese, so behauptete er, sei die einzig gültige. Der Veda war nach Auffassung der Orthodoxen nicht bloß ein Buch, das im Lauf der Geschichte Gestalt gewonnen hatte, er war der *sanātana dharma*, das ‚ewige Gesetz', und als solches existiert er von Anfang an außer der Zeit und unabhängig von ihr. Er ist ewige Wahrheit und umfaßt alles, was zur Erlösung erforderlich ist. Aber er muß richtig ausgelegt werden, und Dayānanda allein hielt den Schlüssel zu dieser rechten Deutung in Händen.

Mit der Verwerfung aller späteren, dem ursprünglichen vedischen Erbe angefügten Zusätze befand sich Dayānanda auf ziemlich sicherem Boden, denn es ist ganz richtig, daß es in den Veden keine Bilderverehrung gibt, kein Kastensystem, keine *avatārs*, keine Pilgerfahrten zu heiligen Flüssen und anderen heiligen Orten, sie enthalten nichts über Kinderehe oder das Verbot der Wiederverheiratung von Witwen. Dayānandas Behauptung, seine Lehren leiteten sich geradlinig aus den Saṁhitās her, wird erst fragwürdig, wenn man den positiven Aspekt seines Anspruchs beleuchtet; dieser erweist sich als derart ungesichert, daß man ihn nur anerkennen kann, wenn man bereit ist, ihm zuzugestehen, was er weiterhin für sich geltend macht: der einzige göttlich inspirierte Deuter der Veden zu sein. Die meisten Lehren, die er gelten läßt, sind ja gerade später als der Veda formuliert worden. Die Lehre vom *karma* und der Wiedergeburt etwa, an der er festhält, erscheint nicht in den Saṁhitās, sie tritt zum ersten Male in den Upanishaden auf. Warum er gerade darauf verfiel, sich im Widerspruch zur gesamten Tradition der indischen Sanskritwissenschaft darauf zu versteifen, daß Lehren, die allgemeiner Übereinkunft zufolge frühestens in den Upanishaden oder dann später erscheinen, im Keim bereits in den Saṁhitās vorhanden seien, ist gänzlich unerfindlich, denn er geriet dadurch in unnötigen Gegensatz zu den Orthodoxen, die er doch nach Lage der Dinge hätte friedlich stimmen müssen; seinen Hauptkampf hatte er nämlich gegen die bekehrungsfreudigen Konfessionen zu führen: gegen Christentum und Islam.

Ranade hatte sich als den Luther der Hindus gesehen, aber der Vergleich ist ungenau, denn Luther trennte die Christenheit – zum Teil gegen seinen Willen – in zwei Lager, während Ranade sorgsam darauf bedacht war, nichts zu tun, was die Einheit des Hinduismus beeinträchtigen könnte. Hingegen war der Ārya Samāj mit seiner extremen Haltung, seinem Eifer, alle in die religiöse Gemeinschaft zurückzuführen, die den Lockungen des Christentums und des Islam erlegen waren, mit seinem leidenschaftlichen Reformwillen, seiner Sorge um die Bewahrung der hinduistischen Einheit angesichts ihrer Bedrohung durch aggressiver ausgerichtete Konfessionen, mit seiner Energie, seiner aggressiven Rührigkeit und gelegentlichen Skrupellosigkeiten der Societas Jesu aus der Zeit der europäischen Gegenreformation nicht unähnlich.

Dayānanda starb im Jahre 1883. Kurz nach seinem Tod erhob sich eine Kontroverse zwischen den Fortschrittlichen und den Konservativen im Samāj. Die Fortschrittlichen traten nicht nur für moderne Erziehung und Freizügigkeit in der Nahrung ein, sie betrachteten auch den Samāj als Mittelpunkt einer Weltreligion, die nicht auf Indien beschränkt war. Die Konservativen erhoben derlei universalistische Ansprüche nicht, sie waren Vegetarier und bevorzugten in der Erziehung die altehrwürdige hinduistische Methode. Die Fortschrittlichen gewannen die Oberhand. Ihre Überzeugungen lassen sich folgendermaßen zusammenfassen: Sie „halten nicht nur an der Unfehlbarkeit des Veda fest, sondern auch an *karma* und Wiedergeburt, der Heiligkeit der Kuh, der Wirksamkeit des *homa* (vedisches Opfer geklärter Butter) und an der Bedeutsamkeit der *Saṁskāras*, sie verdammen in eindeutigen Formulierungen Götzendienst, Tieropfer, Ahnenverehrung, Pilgerfahrten, Pfaffentrug, Opfergaben in Tempeln, das Kastensystem, die Unberührbarkeit und Kinderehen, weil sie vedischer Billigung ermangeln. Sie bezwecken eine universale Kirche ohne Unterschied der Kaste und Rasse – eine Kirche, die auf der Autorität des Veda gründet."

Auf diese Weise wurde der Ārya-Samāj intolerant, dogmatisch und aggressiv. Durch die Einführung einer als *Śuddhi* bezeichneten Zeremonie ermöglichte er den Unberührbaren, mit dem heiligen Faden versehen zu werden und damit den einer Kaste zugehörenden Hindus – in den Augen des Samāj, aber nicht in denen der Orthodoxie – ebenbürtig zu werden. Die gleiche Zeremonie wurde dazu benutzt, abtrünnige Hindus wieder in den Glauben ihrer Väter aufzunehmen. Der Samāj pflegt unter seinen Mitgliedern eine militante Gesinnung, indem er gegen Christentum und Islam energische Propaganda betreibt, in der praktisch alle Griffe erlaubt sind. In Britisch-Indien wurde dem Samāj die Arbeit daran nicht leicht gemacht, die Moslems ihrerseits zögerten nicht, der Gewalt mit Gewalt zu begegnen. Den schwersten Schlag erlitt er jedoch, als Indien aufgeteilt wurde und sein Hauptquartier in Lahore an die Pakistanis fiel. Der Ārya Samāj erfuhr von seinen mohammedanischen Widersachern keine Gnade: sein Besitz wurde konfisziert, sämtliche Samājisten, die den Moslems in die Hände fielen, wurden dem Schwert geopfert. Im unabhängigen Indien aber setzen sie ihr Werk fort, das darin besteht, weitere Abwanderungen zum christlichen und mohammedanischen Glauben zu verhindern und die Abgefallenen abermals zu bekehren.

Dayānandas Ziel war es gewesen, dem Hinduismus ein Selbstvertrauen und einen aggressiven Geist einzuhauchen, die ihm zuvor gefehlt hatten. Weitere Stützung sollte die Moral der Hindus aus einer ganz anderen Richtung erfahren – von der Theosophischen Gesellschaft.

Die Theosophische Gesellschaft wurde von Madame Helena Petrovna Blavatsky (für ihre Anhänger H. P. B.) und Oberst Olcott ins Leben gerufen. Die Eröffnung fand im Jahre 1875 in New York statt, Olcott wurde Vorsitzender, Madame Blavatsky korrespondierende Schriftführerin. Madame Blavatsky behauptete, über okkulte Kräfte zu verfügen, und gab vor, unmittelbaren Gedankenaustausch mit mysteriösen Personen zu pflegen, die sie ‚Meister' oder ‚Mahātmas' nannte; diese waren ihren Erklärungen zufolge in Tibet beheimatet. Zwei von ihnen erhielten die exotisch klingenden Namen Koot Hoomi und Morya. In New York hatte sie wenig Erfolg; daher beschloß sie – die Gründe sind nicht ganz klar –, nach Indien zu gehen, und nahm Oberst Olcott mit. Dort hatte sie mehr Glück. Von dem Augenblick an, da sie und der Oberst indischen Boden betraten, bekannten sich die beiden als glühende Bewunderer alles Indischen und als verschworene Gegner der christlichen Missionare. Für sie war der Hinduismus nicht nur die älteste aller Weltreligionen, sondern auch der Urquell, aus dem alle echte Gläubigkeit strömte. Im Jahre 1885 erlitt das Ansehen der Theosophischen Gesellschaft allerdings einen bösen Schlag. Madame Blavatsky hatte ihren Ruf teilweise durch die Erzeugung psychischer ‚Phänomena' erlangt, denen sie übermäßige Bedeutung zumaß. Ihre Feinde aber, die recht zahlreich waren, verdächtigten sie des Betruges und bewogen die Gesellschaft für Psychologische Forschung in London, einen Beauftragten auszuschicken, der die ‚Phänomena' an Ort und Stelle untersuchen sollte. Nach langer und geduldiger Prüfung kam dieser zu dem Schluß, daß die ‚Phänomena' erschwindelt waren. Diese Bloßstellung fügte der Gesellschaft in den Augen der Außenwelt großen Schaden zu, wenngleich ihre verläßlichsten Mitglieder in ihrer Ergebenheit gegenüber der Gründerin nicht wankend wurden und auch in ihrem Glauben an die Echtheit ihrer Kräfte oder an die Realität der Weisungen, die sie angeblich von den geheimnisvollen ‚Meistern' aus Tibet erhielt, nicht schwankten.

Die Lehren der Theosophen findet man in Madame Blavatskys beiden großen Werken *Isis Unveiled* (Die entschleierte Isis) und *The Secret Doctrine* (Die Geheimlehre). Für den Uneingeweihten stellen sie eine ermüdende Lektüre dar; Gegner der Gesellschaft haben versichert, daß vieles von dem in ihnen enthaltenen Gedankengut aus anderen Werken plagiiert sei. Dies war nicht im entferntesten der Eindruck, den diese Bücher auf Mrs. Annie Besant machten, die die *Secret Doctrine* zum Zweck der Besprechung in der *Review of Reviews* erhalten hatte. Bis zu diesem Zeitpunkt war Mrs. Besant Freidenkerin und Sozialistin gewesen, Mitglied der Fabian Society und Gesinnungsgenossin Bernard Shaws und der Webb. Mit der Lektüre der *Secret Doctrine* sollte sich das alles ändern. Sie löste sich sofort von ihren früheren Anschauungen und wurde eine begeisterte Theosophin. Sie hatte Indien und alles Indische lieben gelernt, schon ehe sie überhaupt hinkam, denn sie glaubte, daß sie in einer früheren Inkarnation Hindu gewesen sei. Seit dem Augenblick, da sie indischen Boden betrat, gab sie sich ganz dem indischen Volke hin und übertraf die einheimischen Reformer bei weitem in ihrer Begeisterung, mit der sie alles Hinduistische verteidigte, darunter auch manches, was viele Reformer lieber vergessen hätten. Ihre Tatkraft kannte keine Grenzen, man könnte ohne Übertreibung sagen, daß kein Einzelner so viel leistete, um in den Hindus den Stolz auf ihr religiöses Erbe zu wecken: Sie erhob die Hindus aus dem tiefverwurzelten Gefühl der Minderwertigkeit, das die Unterwerfung ihres Landes unter ein fremdländisches Joch und die Angriffe, die von den selbstsicheren Eiferern anderer Glaubensrichtungen auf ihre Religion gemacht wurden, in ihnen ausgelöst hatten. Tatsächlich ist es weitgehend der Theosophischen Gesellschaft und ihrer unkritischen Verhimmelung alles Hinduistischen zu verdanken, daß der Hinduismus imstande war, nicht nur seinen alten Minderwertigkeitskomplex abzuschütteln, sondern sich auch den anderen großen Religionen der Welt zumindest als ebenbürtig an die Seite zu stellen.

Die Reformbewegungen innerhalb des Hindusismus hatten bis zu diesem Zeitpunkt ausschließlich sektiererischen Charakter getragen. Weder der Brāhmo Samāj noch der Ārya Samāj, ganz zu schweigen von der Theosophischen Gesellschaft, verfügte aber über eine echte Verwurzelung in der indischen Gesellschaft. Die Theosophische Gesellschaft war fremdländischen Ursprungs, während die beiden Samājs insofern exklusiv waren, als sie von ihren Mitgliedern verlangten, gewissen Praktiken abzuschwören – etwa der Bilderverehrung –, die vom praktizierten Hinduismus nicht zu trennen waren. Ihnen mangelte in Dingen des Glaubens und der religiösen Gebräuche jene weitherzige Toleranz, die stets für den Hinduismus kennzeichnend gewesen ist.

Derartiges konnte man gewiß nicht von Rāmakrishna Paramahaṁsa behaupten. Gadhādhar Chatterji – so lautete sein Name, ehe er *sannyāsin* wurde – kam im Jahre 1834 als Sproß einer armen, aber orthodoxen Brāhmanenfamilie im Distrikt Hugli in Bengalen zur Welt. Im Alter von achtzehn Jahren wurde er zum Unterpriester am neueröffneten Kālī-Tempel in Dakshineśvar – vier Meilen nördlich von Kalkutta – ernannt. Mit diesem Augenblick verfiel er der Göttin in heftiger Liebe: es scheint kein anderes Wort dafür zu geben, wenn auch seine Liebe eine kindliche, keine sexuelle Neigung war; und doch war diese Leidenschaft von solcher Intensität, daß sie ihm keine Ruhe ließ. Er hungerte und dürstete nach Gott, seiner Mutter, aber sein Durst blieb lange Zeit ungestillt. Es geschah, daß er in Trancezustände verfiel, in denen alle Lebenszeichen von seinem Leib gewichen zu sein schienen, und diese Heimsuchungen nahmen so bedenkliche Formen an, daß er den Tempel verlassen mußte. Über zwölf Jahre lang lebte er in den nahegelegenen

Wäldern, von ungestillter Sehnsucht nach dem Göttlichen gepeinigt. Zu guter Letzt wurde er durch einen Strahl der Erleuchtung belohnt, was er zweimal geschildert hat.

„Damals litt ich qualvolle Schmerzen", sagte er, „weil mir die beseligende Vision der Mutter nicht zuteil geworden war. Mir war, als würde mein Herz ausgedrückt wie ein nasses Handtuch. Ich wurde überwältigt von einer großen Ruhelosigkeit und von der Furcht, daß es mir nicht beschieden sein könnte, sie in diesem Leben zu erkennen. Ich konnte die Trennung nicht länger ertragen; das Leben schien nicht lebenswert. Plötzlich fielen meine Augen auf das Schwert, das im Tempel der Mutter aufbewahrt wurde. Entschlossen, meinem Leben ein Ende zu machen, sprang ich auf wie ein Wahnsinniger und ergriff es, als plötzlich die heilige Mutter sich mir offenbarte und ich bewußtlos zu Boden fiel. Was danach um mich geschah, wie jener Tag, wie der nächste verging, weiß ich nicht; aber in mir war ein stetes Strömen ungetrübter, nie dagewesener Wonne, und ich fühlte die Gegenwart der Göttlichen Mutter."

Oder anders:

Die Gebäude und ihre verschiedenen Teile, der Tempel, ja alles schwand aus meinem Blick, ohne die geringste Spur zu hinterlassen; statt dessen umgab mich ein grenzenloser, unendlicher, strahlender Ozean der Bewußtheit, der reinen Geistigkeit. So weit das Auge reichte, stürzten seine schimmernden Wogen von allen Seiten mit schrecklichem Getöse wild auf mich zu und begruben mich ganz und gar. Ich rang nach Luft. Ich wurde von den Wogen aufgehoben und fiel besinnungslos zu Boden.

Während dieses Lebensabschnittes traf er auf eine Asketin, die ihn in den *Tantras* unterwies – so hießen die unorthodoxesten und dunkelsten hinduistischen Schriften –, und diese halfen ihm anscheinend, jene Heimsuchungen unter Kontrolle zu bringen, die ihn zuvor überwältigt hatten. Später näherte sich ihm ein Advaitinischer Mönch, der ihn in den Mysterien des reinsten Monismus unterwies und unter dem Namen Rāmakrishna in seinen Orden einführte. Am allerersten Tage ihrer Begegnung, so wird erzählt, erfuhr Rāmakrishna die sogenannte *nirvikalpa-samādhi*, die von Praktikern des Yoga als höchstes erreichbares Stadium der ‚Überbewußtheit' angesehen wird. Auf dieser Stufe schwindet jede Spur der Zweiheit dahin, das bewußte und denkende Ich ist vollkommen ausgelöscht. Rāmakrishnas spirituelle Erfahrungen waren reich und vielfältig.

Er hatte unausgesetzt Visionen der Göttlichen Mutter, der er weiterhin in leidenschaftlicher Hingabe zugetan blieb; ein andermal sah er sich als Rādhā, die Lieblingsgopī des jugendlichen Krishna, und erlebte in dieser Gestalt auch die Gegenwart Krishnas; auch erfuhr er wiederholt die Ehewonnen Sītās, Rāmas treuer Gattin. Als er unter mohammedanischen Mystikern weilte, hatte er eine Vision Muhammads; das Studium des Neuen Testaments soll eine Vision Christi herbeigeführt haben. Die erstaunliche Vielfalt seiner spirituellen Erfahrungen überzeugte ihn davon, daß alle Religionen wahr sein müßten, da sie doch alle nur verschiedene Pfade zu einem Ziel seien: der Erkenntnis des absoluten Einsseins aller Dinge im Einen Brahman.

Im Alter von fünfundzwanzig Jahren hatte er ein sechsjähriges Mädchen geheiratet. Das Mädchen blieb allerdings noch dreizehn Jahre bei den Eltern, danach schloß sie sich in Dakshineśvar ihrem Gatten an, um dort bis zu seinem Tode für seine Bedürfnisse zu sorgen. Die Ehe wurde nie vollzogen, da Rāmakrishna nun ein *sannyāsin* war, durch Gelübde zu ewiger Keuschheit verpflichtet. Er verabscheute alles Geschlechtliche und erzog sich selbst dazu, in allen Frauen die ‚Heilige Mutter' selbst zu sehen. Seine Jünger folgten seinem Beispiel und sprachen von seiner Gattin als der ‚Heiligen Mutter'. „Frauen und Gold", meinte er, seien die Erzfeinde aller Geistigkeit – wobei allerdings die Frauen nicht als menschliche Wesen, sondern als Objekte männlichen Begehrens betrachtet werden. Daran war nichts neu, denn ganz im Gegensatz zur allgemeinen Auffassung gibt es im Hinduismus einen starken puritanischen Einschlag. Keuschheit und freiwillige Armut zählten stets zu den am höchsten geschätzten Tugenden.

D.S. Sharma schreibt über Rāmakrishna: „In den Lehren aus Sri Rāmakrishnas schöpferischer Lebensphase ist – so darf man sagen – nichts Neues enthalten. Denn er kam weder zu zerstören, noch zu erfüllen .... ‚Er war die Verkörperung des gesamten religiösen Denkens der indischen Vergangenheit.' Er ist ein Zweig vom wahren Weinstock. Er redet nicht wie ein Schriftgelehrter, sondern wie einer, der Macht hat" (*Hinduism through the Ages,* p. 137).

‚Er kam weder zu zerstören, noch zu erfüllen .... Er ist ein Zweig vom wahren Weinstock. Er redet nicht wie ein Schriftgelehrter, sondern wie einer, der Macht hat.' Die Worte sind uns vertraut; daß sie einem Hindu so natürlich-ungezwungen von den Lippen flossen, ist ein Beweis für den Erfolg der britischen Missionare, die das Evangelium in der englischen Übersetzung so gründlich verbreiteten, daß es beinahe ein Teil des hinduistischen *dharma* wurde; es gibt aber auch Zeugnis von ihrem Versagen, denn es war ihnen nicht gelungen, die Hindus davon zu überzeugen, daß sie durch eine Übertragung ihrer Anhänglichkeit irgend etwas zu gewinnen hätten. Das Assimilationsvermögen des Hinduismus ist so unbegrenzt, daß Rāmakrishna keine Schwierigkeit darin sah, Christus als *einen* Sohn Gottes gelten zu lassen, einen *avatār* Vishnus, wenn man will, aber jeden Ausschließlichkeitsanspruch hätte er als Ursache der Entzweiung und daher als schädlich betrachtet. Der christliche Glaube war, wie andere Religionen, ein Weg unter vielen, am richtigen Ort wohl ein sehr guter Weg, aber es war sehr fraglich, ob das heilige Land Indien für ihn der rechte Ort war.

Rāmakrishnas Stärke lag in seiner Persönlichkeit und in der außergewöhnlichen Anziehungskraft, die er auf seine Mitmenschen ausübte. Gewiß – er sagte nichts Neues (denn es ist schwierig, im Hinduismus etwas Neues zu sagen), aber alles, was er sagte, *klang* neuartig, denn er war ein Meister des schlichten Wortes und besaß ein unfehlbares Gespür für den rechten Ton, wenn es darum ging, schlichten und nicht ganz so schlichten Gemütern etwas so darzustellen, daß sie es ohne weiteres verstehen konnten. Viele Mitglieder des Brāhmo Samāj kamen zu ihm, unter anderem auch Keshab Chandra Sen, und durch sie kam er mit einem Phänomen wie dem des westlich angehauchten Inders in Berührung, der seinem eigenen hinduistischen *dharma*, dessen er sich vielleicht insgeheim schämte, entwurzelt war und in den christlichen *dharma* der neuen Herren Indiens noch nicht einbezogen war. Solche Leute behaupteten, religiös zu sein, aber ihm erschienen sie nicht so, denn ihnen fehlte die Erfahrung dessen, was die Hindus heute gewohnheitsmäßig mit ‚Gotterkenntnis' bezeichnen; sie wußten nichts von *samādhi* und *moksha*. Sie hatten ihren Monotheismus den Missionaren von den Lippen gelesen, und was ihnen davon gut erschien, hatten sie auf Treu und Glauben angenommen; ihm aber war zuteil geworden die lebendige Erfahrung der Gegenwärtigkeit seiner Heiligen Mutter und die gänzlich unsägliche Erfahrung des *nirvikalpa-samādhi* gar, in der es kein Bewußtsein gibt außer der zeitlosen Bewußtheit an sich. Daher konnten die gefälligen Formulierungen der Theologie auf ihn nicht anziehend wirken; ohne Erfahrung war Religion etwas Totes. Alleiniges Ziel war ihm, etwas von seiner persönlichen Erfahrung auf andere zu übertragen. Im Unterschied zu den Brāhmos suchte er nicht die hinduistische Gesellschaft zu reformieren, vielmehr suchte er andere zur Erkenntnis der in ihnen schlummernden göttlichen Kräfte zu führen.

Man hat dem Hinduismus oft den Vorwurf gemacht, die Unterscheidung von Gut und Böse zu verwischen; diese Beschuldigung ermangelt nicht einer gewissen Berechtigung. Indes – Yudhishthiras Leidenschaft zu Rechtschaffenheit und Wahrheit und Rāmas vollkommene Hingegebenheit an die Pflicht kennzeichnen den Hinduismus in seiner edelsten Prägung ebensosehr wie Krishna, der moralisch recht ambivalente Gott, oder die scheinbare Immoralität mancher Śakti-Kulte. Für Rāmakrishna aber verlieren die Begriffe Gut und Böse jeden Sinn, sobald *moksha* erlangt wird, denn alles, was da *ist*, ist gut, weil es Gott ist, und wie das in der Schlange befindliche Gift der Schlange keinen Schaden zufügt, so ist das, was den Menschen, die noch an ihr Ich gefesselt sind, als böse erscheint, an sich nicht böse, sondern gut.

> Vor vielen Jahren (so soll er gesagt haben) erklärte mir Vaishnavacharan, daß man nur dann vollkommenes Wissen erlange, wenn man Gott im Menschen sehe. Nun sehe ich, daß er es ist, der sich in verschiedenerlei Gestalten bewegt, bald als ehrlicher Mann, bald als Betrüger oder als Bösewicht. Also spreche ich: Nārāyana (Krishna) in der Gestalt eines ehrlichen Mannes, Nārāyana in der Gestalt eines Schwindlers, Nārāyana in der Gestalt eines Bösewichts, Nārāyana in der Gestalt eines wollüstigen Menschen.

Die in einer derartigen Haltung ruhenden Gefahren liegen auf der Hand: auch Rāmakrishna war sich ihrer bewußt. Auf Grund der Erfahrungen, die ihm zuteil geworden waren, erkannte er Aussprüche der Upanishaden wie jenes ‚Ich bin Brahman' als im wörtlichen Sinne wahr an, aber solange man derartiges nicht selbst erfahren hat, habe man kein Recht zu sagen: ‚Ich bin Brahman', weil es auf der relativen Stufe, auf der sich ein solcher Mensch bewegt, nicht wahr ist. Der *dharma* ist für alle bindend, die noch nicht die Befreiung erlangt haben, und der *dharma* verlangt auch, daß man anderen Menschen Gutes tue, und sei es auch nur, um sich selbst zu helfen, indem man anderen hilft. „Durch solche menschenfreundlichen Handlungen", so soll er Aufzeichnungen zufolge gesagt haben, „tust du in Wahrheit dir selbst Gutes. Wenn du sie uneigennützig verrichten kannst, wird dein Inneres rein, du wirst die Liebe Gottes lernen. Sowie du diese Liebe besitzest, wirst du ihn erkennen."

Rāmakrishna war von Natur ein *bhakta* und kein *jñānin*, er war viel mehr andächtiger Verehrer Gottes als introspektiver, das Eine in sich selbst suchender Mensch. Aber obwohl er einen Advaitin zum Lehrer gehabt hatte, offenbarten ihm seine Verzückungen nicht eine statische Monade – das zweitlose Eine –, sondern zeigten vielmehr, daß „Gott alles geworden ist". Sein Verstand mochte dies gelegentlich leugnen, aber Rāmakrishna legte keinen Wert auf den Verstand. Seine Anhänger entwickelten sich jedoch philosophisch in rein monistischer Richtung weiter, sie bestritten allem Seienden außer dem Einen das wahre Sein. Damit dürften sie aber Rāmakrishnas lebendige Erfahrung verfälschen, denn für ihn sind Unendlichkeit und Endlichkeit nicht voneinander trennbar, vielmehr ist das Endliche vom Unendlichen ganz und gar durchdrungen; die Welt *ist* Gott, Gott *ist* die Welt. Über *māyā* sagt er: „Das All wird durch die große *māyā* Gottes erschaffen. Die große *māyā* enthält sowohl die *māyā* des Wissens als auch die *māyā* der Unwissenheit. Durch die Hilfe der *māyā* des Wissens entwickelt man Tugenden wie die Vorliebe für heiligmäßigen Umgang, Wissen, Frömmigkeit, Liebe und Entsagung. Die *māyā* der Unwissenheit besteht aus den fünf Elementen und den Objekten der fünf Sinne ... Diese lassen uns Gott vergessen." Seine Lehre läßt sich vielleicht in einem Satz folgendermaßen zusammenfassen: „Führe ein tugendhaftes Leben, auf daß du Gott erkennest."

Rāmakrishna war die Gabe der Spontaneität eigen; er besaß kein Organisationstalent und erblickte in sich auch nicht das Haupt einer Bewegung. Aber er erkannte spirituelle Begabungen, wenn er auf solche stieß, und so erkannte er dieses Talent in Narendranāth Datta, der nach seiner Einweihung durch Rāmakrishna den Namen Swami Vivekānanda annehmen sollte. Auf dem Missions-College in Kalkutta erzogen, hatte er sich besonders auf dem Gebiet der europäischen Philosophie hervorgetan; er war ein typisches Produkt der neuen verwestlichten Mittelklasse, die ihre indischen Wurzeln verloren zu haben schien und ihre geistige Heimat im Brāhmo Samāj gefunden hatte. Eine Begegnung mit Rāmakrishna genügte, all das zu ändern: er war sofort dem Zauber des Meisters erlegen. Er hat vom zweiten Zusammentreffen einen Bericht hinterlassen, in dem er darlegt, wie Rāmakrishna seine spirituelle Kraft auf ihn übertrug:

> Etwas vor sich hin murmelnd, die Augen auf mich gerichtet, so näherte er sich mir. Ich dachte, er könnte irgend etwas Seltsames tun wie bei der vorausgegangenen Gelegenheit. Aber im nächsten Augenblick hatte er seinen rechten Fuß auf meinen Körper gestellt. Die Berührung erweckte in mir eine neuartige Empfindung. Mit offenen Augen sah ich, daß die Wände und alles andere im Raum sich rasend schnell herumdrehten und im Nichts auflösten, und das ganze Universum war ebenso wie mein indivi-

duelles Sein im Begriff, in einer alles umschließenden, geheimnisvollen Leere aufzugehen! Ich schwebte in schrecklicher Furcht und glaubte, dem Tode nahe zu sein, denn der Verlust der Individualität bedeutete nichts weniger als dies. Außerstande, mich zu beherrschen, rief ich aus: „Was ist das, was du mir da antust? Ich habe Eltern daheim!" Er lachte laut auf, und indem er mir gegen die Brust schlug, sagte er: „Nun gut, laß es jetzt wieder zur Ruhe kommen. Alles wird zu seiner Zeit sich fügen." Das Wunderbare daran war, daß er kaum so gesprochen hatte, als jene seltsame Erfahrung von mir wich. Ich war wieder ich selbst und ich stellte fest, daß alles innerhalb und außerhalb des Raumes wieder war wie zuvor. All das nahm weniger Zeit in Anspruch als meine Erzählung, aber es wandelte meinen Geist ganz und gar um.

Im Jahre 1886 starb Rāmakrishna, nachdem er Vivekānanda zu seinem geistigen Erbe auserkoren hatte. Dieser sammelte eine kleine Gruppe von Rāmakrishnas Jüngern um sich, die den Kern jenes Rāmakrishna-Ordens bildeten, der heute in der ganzen Welt seine Vertreter hat und in den Vereinigten Staaten besonders stark ist. Fünf Jahre lang wanderte Vivekānanda durch ganz Indien, wobei er nach Art der *sannyāsins* älterer Zeiten von den Gaben lebte, welche ihm das Volk bereitwillig spendete. Als er Kap Comorin, die südlichste Spitze Indiens, erreichte, versank er in tiefer Meditation und sann über das unglückliche Los nach, welches Indien beschieden war.

Auf Kap Comorin (schrieb er), als ich im Tempel der Mutter Kumāri saß, auf dem äußersten Zipfel des indischen Felsens, kam mir ein Plan in den Sinn. Wir sind unser so viele *sannyāsins,* die herumziehen und das Volk in der Metaphysik unterweisen – das ist alles Wahnsinn. Pflegte unser Guru-deva (Rāmakrishna) nicht zu sagen: „Ein leerer Magen taugt nicht zum Glauben." Daß diese armen Leute wie die Tiere leben, liegt ganz einfach an ihrer Unwissenheit. Angenommen, ein paar selbstlose *sannyāsins* gehen, aus Neigung, anderen Gutes zu tun, von Dorf zu Dorf und verbreiten Bildung und suchen auf verschiedenerlei Weise die Lebensbedingungen aller Menschen bis hinunter zu den *candāla* (Unberührbaren) zu bessern, indem sie durch mündliche Belehrung und unter Benützung von Karten, Kameras, Globen und ähnlichen Hilfsmitteln wirken: kann dies nicht mit der Zeit Gutes bewirken? Wir haben als Volk unsere Individualität verloren, und darin ist die Ursache allen Unheils in Indien zu sehen. Wir müssen dem Volk seine verlorene Individualität zurückgeben und die Massen aufrütteln.

Diese Einsicht sollte die ganze künftige Ausrichtung der Rāmakrishna-Mission ändern. Eine Folgeerscheinung war Vivekānandas Teilnahme an der ersten Sitzung des Weltparlaments der Religionen, die im Jahre 1893 in Chicago stattfand. Hier konnte er zum ersten Mal den Hinduismus der Welt als einen universalen Glauben vorstellen; und der Hinduismus, der so lange von moslemitischen und christlichen Angriffen in die Verteidigung gedrängt worden war, ging erstmalig zur Offensive über. Er bezeichnete sich als einen Angehörigen des ‚ältesten Mönchsordens der Welt', seinen Glauben nannte er die ‚Mutter aller Religionen'. Nachdem er solchermaßen den Primat der vedischen Offenbarung nachdrücklich festgestellt hatte, fuhr er nichtsdestoweniger mit den Worten seines Meisters fort: „Wir erkennen alle Religionen als wahr an."

Das waren dann auch die Hauptthemen seiner Predigertätigkeit in Amerika und England, die er allerdings weiterentwickelte und differenzierte. Sind alle Religionen wahr, so folgt notwendig, daß es keinen Sinn hat, die eine wahre Religion gegen die andere einzutauschen. Man muß sich also jeder Konversion energisch widersetzen, denn sie bedeutet eine gewaltsame Entwurzelung des Konvertiten und unnötige Leiden für ihn und alle, die ihm lieb und teuer sind und und nun von ihm zurückgelassen werden: „Wünsche ich denn, daß der Christ zum Hindu werde?" ruft er aus. „Gott bewahre mich davor. Wünsche ich, daß der Hindu oder der Buddhist ein Christ werde? Gott bewahre ... Der Christ soll nicht Hindu oder Buddhist werden, und ein Hindu oder ein Buddhist soll ebensowenig Christ werden. Vielmehr muß jede Religion den Geist der anderen in sich aufnehmen und dabei doch ihr Wesen bewahren und gemäß dem eigenen Gesetz des Wachstums reifen." Aber trotz dieses grundlegenden Bekenntnisses geht aus Vivekānandas Schriften klar hervor, daß er nicht alle Religionen als gleichermaßen wahr ansah. Seine Lesart des Vedānta ist die des Śankara: Zweitlosigkeit in kompromißlosester Weise. Religionen sind nur wahr auf der relativen Ebene, insofern nämlich, als sie sämtlich Pfade darstellen, die zum Einen führen. Man lasse jeden Menschen den Pfad wandeln, für den er geboren wurde, denn jeder und alle werden endlich zur absoluten Wahrheit finden, in der alles – Subjekt, Objekt und die Beziehung zwischen beiden – als das unteilbare Eine zu sehen sein wird.

Vivekānanda vollbrachte die außerordentliche Leistung, dem gänzlich statischen Monismus Śankaras Leben einzuhauchen. Er verkündete in Europa und Amerika die absolute Göttlichkeit des Menschen und die Sündhaftigkeit jener christlichen Gepflogenheit, das Hauptaugenmerk auf die Sünde zu richten. Diese Fixierung an die Sünde und die daraus folgende Hilflosigkeit des Menschen sowie seine absolute Abhängigkeit von der Gnade Gottes sah er wie Nietzsche als etwas Zermürbendes und Entwürdigendes an. Der Mensch ist von Geburt an frei *(mukta)*, seine Befreiung begleitet ihn fortwährend, er ist es und niemand anderer, der sich in der Täuschung gefangenhält. Er birgt in sich die Kraft, seine Ketten abzuwerfen, nur das Verhaftetsein mit dem elenden, unwirklichen Ich hindert ihn, dies zu tun. Darum: „Erst wenn wir niemanden haben, nach dem wir greifen können, keinen Teufel, dem wir unsere Schuld aufladen können, keinen persönlichen Gott, der unsere Bürden trägt, wenn wir allein verantwortlich sind, werden wir uns zu unserem höchsten und edelsten Sein aufschwingen. Ich bin der Reine und Gesegnete ... Ich habe weder den Tod noch die Furcht, ich habe keine Kaste und keinen Glauben. Ich habe nicht Vater, noch Mutter und Bruder, weder Feind noch Freund, denn ich bin Sein, Wissen und Wonne an sich; ich bin der Selige, ich bin der Selige. Mich bindet nicht Laster und nicht Tugend, kein Glück und kein Elend. Pilgerfahrten und Bücher und Zeremonien werden mich nie binden können. Ich habe weder Hunger noch Durst; der Leib gehört nicht mir, auch bin ich nicht dem Aberglauben und dem Verfall unterworfen, die den Leib heimsuchen: ich bin das Sein, das Wissen und die Wonne an sich; ich bin der Selige, ich bin der Selige."

Die unverhüllte Herausforderung, die damit an alle Werte des orthodoxen Christentums erging, blieb nicht ohne Wirkung, gelang ihm doch die Bekehrung verschiedener Engländer zu treuen Anhängern, auch legte er den Grundstein zum Neo-Vedāntismus in Amerika, der später Aldous Huxley, Gerald Heard und andere bekannte literarische Größen anzog. Nach seiner Rückkunft kümmerte er sich in Indien um die Gründung von *maths* oder Klöstern auf der ganzen Halbinsel, und diese gedeihen und vervielfältigen sich auch weiterhin. Er glaubte noch, daß die hinduistische Geistigkeit allen überlegen war – sie allein verkündete ja die große Wahrheit der Advaitins und die Mittel zu ihrer Verwirklichung –, aber seit jener Erhellung, die ihm am Kap Comorin widerfahren war, erkannte er immer deutlicher, daß diese Geistigkeit mit praktischem Dienst an den Bedürftigen und mit den wissenschaftlichen Techniken des Westens, die solchen Dienst ermöglichen, im Bunde stehen müsse. So konzentrierte sich die Rāmakrishna-Mission in Indien auf die Verrichtung guter Werke – nur durch Selbstentäußerung kann man ja auf Selbsterkenntnis hoffen –, während sie sich im Ausland darauf konzentrierte, das Evangelium des Neo-Vedāntismus zu verbreiten, indem sie die Aussprüche Rāmakrishnas, die Werke Vivekānandas, ihre Lebensgeschichte und eine Reihe klassischer Texte des Advaita nebst englischen Übersetzungen veröffentlichte. Auf diese Weise hat sie vieles geleistet, um den Westen mit dem monistischen Gedankengut des Hinduismus vertraut zu machen. Sie hat Indien geistige und religiöse Geltung verschafft, ihr unermeßlicher Beitrag zum geistigen und religiösen Kulturgut wird heute allgemein anerkannt. Am 4. Juli 1902 starb Swami Vivekānanda. Durch ihn begann die Saat, die sein Meister gesät hatte, reiche Früchte zu tragen.

ACHTES KAPITEL

YUDHISHTHIRA KEHRT ZURÜCK

Seht, ich sende euch wie Schafe mitten unter Wölfe. Seid darum klug wie die Schlangen und arglos wie die Tauben.

Mahātma Gandhi war kein Christ, und daß er keiner war, verwunderte die Christen im höchsten Maße; denn während der ganzen Neuzeit hatten sie niemals einen Menschen gesehen, der getreulicher Christi Spuren gefolgt wäre. Woraus aber schöpfte er seine erstaunliche Kraft, und wie kam es, daß er allein ein ‚Volk von Sklaven‘ in ein Volk freier, selbstgewisser und aufopferungsfähiger Menschen verwandeln konnte? Gandhi sah sich nicht in erster Linie als den Baumeister der indischen Unabhängigkeit von britischer Herrschaft, sondern als Befreier des indischen Geistes von den Fesseln der Gier und des Zorns, des Hasses und der Verzweiflung. In seiner zerbrechlichen Gestalt vereinigten sich die altehrwürdigen Ideale der Entsagung, des ‚Nicht-Verletzens‘ (*ahiṁsā*, von ihm mit ‚Gewaltlosigkeit‘ übersetzt) und der Wahrheit. Er bezeichnete sich selbst als *sanātanī* Hindu, als einen, der dem *sanātana dharma* folgt, dem ‚ewigen Gesetz‘, wie es sich einst im *dharmarāja* Yudhishthira verkörperte. Gandhis Zwiespalt war derselbe wie der Yudhishthiras: Was und wo *war* der *sanātana dharma*, dem er, nach seinen eigenen Worten, folgte? War er in seinem Herzen oder lag er in dem, was die Brāhmanen verkündeten?

Die christlichen Missionare hatten viele Fehler – „Ich vermisse Aufgeschlossenheit, Demut und Bereitschaft ihrerseits, sich mit den Massen Indiens zu identifizieren“, hatte er ihnen in Kalkutta erklärt –, aber sie hatten mit anklagenden Fingern auf Mißbräuche gedeutet, die das Gewissen der Welt aufschreckten; der krasseste war die Unberührbarkeit. Nach Meinung der Brāhmanen war die Unberührbarkeit wesentlicher Bestandteil des *sanātana dharma,* die *Gesetze des Manu* schienen für sie einzutreten. Gandhi aber hatte seit Kindestagen die Unberührbarkeit für unsinnig gehalten. Später im Leben sollte er sie dann abstoßend finden; er weigerte sich sogar, mit jemandem zusammenzuarbeiten, der versäumte, sie öffentlich zu brandmarken. Worin bestand dann seine ‚Orthodoxie'?

Man wird sich erinnern, daß Yudhishthira von den gleichen quälenden Zweifeln gemartert wurde. War der von den Brāhmanen gepredigte *dharma* der ‚ewige' *dharma* oder war es jener *dharma,* welcher Quellgrund seines eigenen Seins war, der *dharma,* durch den er der ‚König des *dharma*' war, der ‚König der Rechtschaffenheit', weil das Gewissen eines wahrhaftigen Mannes nicht in die Irre führen kann. Er zögerte, weil Gott selbst ihn zu Gewalttat und Krieg getrieben und zur Lüge veranlaßt hatte, aber er *wußte* trotzdem, daß sein Gewissen die ‚Rechtschaffenheit' der Brāhmanen und selbst die Krishnas überstieg. Yudhishthiras Zwiespalt war noch quälender, noch tiefgreifender gewesen als der Gandhis je sein konnte. *Sein* Gewissen lehnte sich als erstes gegen eine gewalttätige und ungerechte Gesellschaft auf: vor ihm hatte es keine Reformer gegeben. Gandhi fand günstigere Vorbedingungen, denn er hatte im Brāhmo Samāj einen Vorläufer gehabt, der sich in aller Offenheit gegen das Kastensystem, die Unberührbarkeit und eine Vielzahl anderer fragwürdiger Einrichtungen ausgesprochen und selbst die unfehlbare Autorität der Veden in Zweifel gezogen hatte; er sah auch den Ārya Samāj des Dayānanda vor Augen, dessen Auslegung des Veda so sehr von der des Orthodoxismus verschieden war, daß man mit den heiligen Texten anscheinend fast alles machen konnte, was man wollte. Daher erschien es ganz selbstverständlich, wenn er von der Schrift sagen konnte: „Mein Glaube an die hinduistischen Schriften zwingt mich nicht, jedes Wort und jeden Vers als Ausfluß göttlicher Eingebung anzuerkennen. Auch behaupte ich nicht, irgendwelche unmittelbare Kenntnis dieser herrlichen Bücher zu besitzen. Wohl aber behaupte ich, den Wahrheitsgehalt der wesentlichen Lehren jener Schriften zu kennen und zu empfinden. Ich lehne es ab, mich durch irgendeine Auslegung binden zu lassen, so gründlich sie auch sein mag, wenn sie mit der Vernunft und dem moralischen Bewußtsein unvereinbar ist." Das gepeinigte Gewissen Yudhishthiras spricht aus dem Munde des Mahātma Gandhi. Und Gandhis Gott ist auch der Gott Yudhishthiras, nicht aber der Gott der *bhakti* oder der Philosophen. „Für mich ist Gott die Wahrheit und die

Liebe. *Gott ist Ethos und Sittlichkeit;* Gott ist Furchtlosigkeit; Gott ist die Quelle des Lichts und des Lebens und ist doch darüber und jenseits all dessen. *Gott ist das Gewissen.*" Gott ist also eigentlich das, als was Gandhi ihn in seinem Herzen empfindet: er ist nicht der Gott der Gesetzbücher und auch nicht der der Veden, wenn es sich erweisen sollte, daß diese mit dem Licht in seinem Inneren in Widerspruch stehen.

Yudhishthira war ein Kshatriya, der sich in heftiger Empörung gegen den *dharma* seines Standes wandte. Er sah sich der auf Eroberung gerichteten Macht seiner Vettern, der Kauravas, gegenüber, und er war bereit, mit seinen Zugeständnissen bis zum Äußersten zu gehen; erst als alles andere versagt hatte, als ihm die Kauravas sogar fünf Dörfer, die sein Herrschaftsbereich bleiben sollten, abschlagen wollten, stürzte er sich, von Krishna angestachelt, in den blutigen Krieg. Er haßte den Krieg aus tiefster Seele, und als er vorüber war, nahm er voll bitterer Pein die Verantwortung für das Blutbad auf sich, an dem er tatsächlich unschuldig war. Gandhi gehörte der Vaiśya-Kaste an, das Kriegführen war daher in keiner Weise Bestandteil seiner Pflichten; aber die Umstände und sein Gewissen zwangen ihn, den Kshatriyas seiner Zeit, der britischen Regierung Indiens, gewaltlosen Krieg zu erklären. Yudhishthira mußte zuletzt gegen seinen Willen seine Zuflucht zu den Waffen nehmen, weil dies der *dharma* seines Standes war; für Gandhi bestand keine derartige Verpflichtung. Er hatte gehofft, die Auseinandersetzung ausschließlich mit den Mitteln der Gewaltlosigkeit führen zu können, aber sogar er konnte schließlich die blinde Wut der Massen nicht eindämmen: die Gewaltlosigkeit wich der Gewalt, und das bedeutete für Gandhi die geistige Niederlage. So wie sich Yudhishthira nach Beendigung eines siegreichen Krieges nicht vom Gefühl der Schuld und Verantwortlichkeit befreien konnte, übernahm Gandhi die volle Verantwortung für den Ausbruch der Gewalttat, den seine Kampagne des passiven Widerstandes (Civil Disobedience) heraufgeführt hatte und gegen den er aus tiefster Seele Protest erhob.

Yudhishthira, der als *dharma-rāja* die Verkörperung des hinduistischen Orthodoxismus war, hatte seine Stimme immer wieder gegen die Ungerechtigkeit des *kshatriya-dharma* erhoben, und als er schließlich in den Himmel einging und für sein unwandelbares Festhalten an Rechtschaffenheit und Wahrheit mit jauchzendem Zuruf begrüßt wurde, empfand er vor alledem solchen Ekel, daß er den trügerischen *dharma* der Götter und Brāhmanen verfluchte und um Erlaubnis bat, zur Hölle gehen zu dürfen: denn Yudhishthira konnte nicht so tun, als kenne er nicht den ganzen *dharma*, wie er von den Menschen gedeutet wurde, war er ihm doch in jeder Erscheinungsform oft und oft in ungeheurer Länge und Ausführlichkeit auseinandergesetzt worden. Gandhi hatte es besser, denn er besaß keine gründliche Kenntnis der heiligen Texte. Er kannte nur die Bhagavad-Gītā genau, sie spendete ihm unerschöpflichen geistigen Trost, auch in dunkelsten Stunden. Von den volkstümlicheren Schriften kannte und liebte er das Rāmāyana des Tulsī Dās, aber seine Bekanntschaft mit den Gesetzbüchern, die schon im Keim das ganze Kastensystem enthielten, die Unberührbarkeit und die Pflicht jeder Regierung, nicht nur das eigene Territorium auszudehnen, sondern auch in den Angelegenheiten ihres Volkes herumzuschnüffeln, war nur oberflächlich. Die Ironie war dabei, daß die britische Regierung, indem sie auf Grund ängstlicher Bedenken jegliche Einmischung in das Kastengesetz ablehnte und ganz Indien unter ihre Herrschaft brachte, nach den Maßstäben der Gesetze des Manu die Pflichten ihrer Klasse aufs schönste erfüllte. Der *sanātana dharma* hatte in der Form, wie er von den Brāhmanen ausgelegt wurde, während des neunzehnten Jahrhunderts einige sehr unangenehme Erschütterungen erfahren; Gandhi folgte daher nur gesicherten Richtlinien, wenn er erklärte, er wolle sich „von keiner Auslegung binden lassen, so gründlich sie auch sein möge, wenn sie mit der Vernunft und dem moralischen Empfinden unvereinbar ist."

Nach dem Massaker von Amritsar im Jahre 1919 wandte sich Gandhi, bis dahin loyaler Untertan, gegen das britische Empire: es war ‚satanisch' geworden. Indes – der komplexe Charakter dieses wunderbaren Menschen war so seltsam organisiert, daß man mit Recht sagen kann, der Kampf um die nationale Unabhängigkeit war nur eine Begleiterscheinung des großen Kampfes, und der ging für ihn um die Wiedergewinnung der Würde, der Selbstachtung und der Seele Indiens. Für Gandhi ging der Kampf gegen den britischen Imperialismus Hand in Hand mit dem Kampf gegen die Unberührbarkeit, denn beide hielten Indien in Knechtschaft: die Briten politisch, die Unberührbarkeit moralisch; denn indem die einer Kaste zugehörigen Hindus die Unberührbaren als Unreine behandelten, machten sie sich selbst doppelt unrein. Was auch immer Gandhi im Kampf zu erreichen suchte: seine Waffen waren stets *ahiṁsā* (‚Gewaltlosigkeit, die Weigerung, irgendein Lebewesen zu verletzen'), Wahrhaftigkeit, Höflichkeit und Liebe. Es ist nicht leicht, seine Feinde zu lieben, und noch weit weniger leicht, sie zur Gegenliebe zu bewegen; und doch gelang Gandhi eben dieses Wunder. Mochte er auch die britische Herrschaft über Indien als ‚satanisch‘ brandmarken, so verwechselte er doch nie das System mit dem britischen Volk, und schon gar nicht mit einzelnen Angehörigen dieses Volkes, unter denen er viele ergebene Freunde besaß. In ähnlicher Weise entfachte seine Kampagne gegen die Unberührbarkeit im Gewissen Indiens eine so verzehrende Flamme, daß die Gefahr bestand, die Empörung könnte sich gegen die Brāhmanen richten, die für die Verewigung des Systems verantwortlich waren. Das wollte Gandhi nicht dulden, denn er wußte: wie man die Gewalt nicht mit Gewalt bezwingen kann, sondern nur durch ihr Gegenteil, so war auch die starre Opposition der Brāhmanen gegen alles, was *sie* als falsch ansahen, nur zu überwinden, indem man sie davon überzeugte, daß es richtig war. Und er siegte wahrhaftig: er führte die Waffe, welche die Hindus seit undenklichen Zeiten verstanden haben, die Waffe des Hungerns, und der Widerstand brach zusammen wie von Zaubermacht berührt. Zum ersten Mal in der Geschichte öffneten die hinduistischen Tempel ihre Pforten den Unberührbaren – den *Harijans,* dem ‚Volk Gottes‘, wie Gandhi sie aus tiefem Mitgefühl heraus genannt hatte. Der *dharma* der Brāhmanen war dem *dharma* des Gewissens und des Mitleidens gewichen.

Gandhi deutete den *sanātana dharma* stets nach eigenem Belieben, betrachtete sich aber trotzdem als ‚Orthodoxen‘. So kam es, daß er keine gegen die Brāhmanen gerichtete Maßnahme duldete, erst recht nicht zu einer Zeit, als offenbar wurde, daß die letzte Stunde der Orthodoxie bereits geschlagen hatte und die neue ‚Orthodoxie‘, wie sie vom Mahātma gepredigt und vorgelebt wurde, bereits im Begriff war, an ihre Stelle zu treten. Allen Nicht-Brāhmanen erklärte er:

> Wenn ihr euch – und das müßt ihr – gegen die Unberührbarkeit stemmt, ladet nicht die Schuld auf euch, in eurer Mitte eine neue Unberührbarkeit zu schaffen. In eurem Hasse, eurer Blindheit, eurem Zorn über die Brāhmanen versucht ihr, die ganze Kultur, die ihr von vergangenen Zeitaltern ererbt habt, mit Füßen zu treten. Mit einem Federstrich, vielleicht gar mit Gewalt, wollt ihr aus lauter Ungeduld den Hinduismus seiner Grundlage berauben. Indem ihr mit der äußeren Hülle des Hinduismus unzufrieden – und mit Recht unzufrieden – seid, begebt ihr euch in Gefahr, auch den Kern, das Leben selbst, zu verlieren.

Gandhi mochte von allen möglichen nicht-hinduistischen Ideen beeinflußt sein – und war dies tatsächlich –, aber er wurzelte zutiefst im *sanātana dharma* seines Heimatlandes, aus dem er all seine Kraft schöpfte; es war nicht der *dharma* der Gesetzbücher und der Brāhmanen, sondern der *dharma*, welcher auf *ahiṁsā*, Wahrheit, Entsagung, Leidenschaftslosigkeit und einer aller Kreatur Gottes in gleichem Maße zuteilwerdenden Liebe beruhte, der *dharma* Yudhishthiras, des Königs der Rechtschaffenheit. Er war aber auch klug genug zu erkennen, daß beides, Gutes von bleibendem Wert und Schlechtes und Verfälschtes, von niemand anderem als den Brāhmanen von Generation zu Generation weitergereicht worden war. Man zerstöre die Brāhmanenklasse, so befand er, und man zerstört den Hinduismus. Kein Mensch kann sagen, ob er recht hatte, aber kein Zweifel kann wohl daran bestehen, daß der Hinduismus – auch in der durch Gandhi geprägten Form –, wenn er weiterbestehen soll, von irgendeiner leitenden Hand geführt werden muß. Entfallen dafür die Brāhmanen, was bietet sich dann als Alternative an? Das war die Frage, welche Gandhi den übereifrigen Reformern stellte, und sie blieb ohne Antwort.

Wahrhaftigkeit, *ahiṁsā* (Gewaltlosigkeit) und *brahmacaryā* (Enthaltsamkeit) sind die drei großen Tugenden, die Gandhis Leben beherrschten. Anders als die Advaitins behauptete er nicht zu wissen, daß Gott die Wahrheit und die Wahrheit Gott sei. Unter Wahrheit verstand er Wahrhaftigkeit zum eigenen Selbst und zum inneren Licht, das unser Gewissen ist. Darum zögerte er nicht auszusprechen, daß der Atheismus, wenn er echter Überzeugung entspringt, die Wahrheit des Atheisten sei. Andererseits war er durchaus nicht naiv genug zu glauben, daß das Gewissen notwendig unfehlbar sei: es läßt sich nicht nur von falschen Anschauungen, sondern auch durch falsche Lebensführung verbiegen. Deshalb ist die Wahrheit untrennbar von *ahiṁsā* und *brahmacaryā* – dem ‚Nicht-Verletzen', das andererseits bejahende und allumfassende Liebe ist, und der Selbsteinschränkung in allen Dingen, im Essen und Trinken genauso wie in sexuellen Beziehungen.

Gandhis Ansichten in bezug auf Sexualität waren ebenso streng wie die Rāmakrishnas, denn ihm war die Sinnenlust in jungen Jahren nicht fremd geblieben, er kannte die verderbliche Kraftvergeudung, die das zügellos auf sie gerichtete Streben mit sich bringt. Von Unverheirateten verlangte er vollkommene Enthaltsamkeit, während er bei Verheirateten der Meinung war, daß ihnen der Geschlechtsverkehr nur zum Zweck der Zeugung erlaubt werden dürfe. Wünschte man keine große Familie, dann konnte man nur Selbstbeherrschung üben. Empfängnisverhütung war ihm ein Greuel. „Er verurteilt das Geschlechtsleben als mit dem sittlichen Fortschritt der Menschheit unvereinbar", schrieb Rabindranāth Tagore, „sein Abscheu vor der Geschlechtlichkeit ist ebenso groß wie der des Autors der ‚Kreutzersonate', aber anders als Tolstoi zeigt er keine Abneigung gegen das Geschlecht, welches den Mann in Versuchung führt. Vielmehr ist seine Zärtlichkeit gegen Frauen eigentlich einer seiner edelsten und beständigsten Charakterzüge, und von den Frauen seines Landes zählen einige zu den besten und treuesten Gefährten, die der von ihm geführten Bewegung angehören."

Um die Wahrheit in sich zu finden, muß man die negative Tugend der *brahmacaryā* üben. *Brahmacaryā*, ‚das dem Brahmanen gemäße Verhalten', bedeutet in der Praxis völlige Selbstkontrolle, und Gandhi erkannte, daß die Etymologie des Wortes den Schlüssel für den Zweck liefert, zu dem diese Tugend verordnet wurde: es ist der sichere Weg des *dharma*, der zur *moksha* führt.

> Die volle und richtige Bedeutung von *brahmacaryā* (schreibt er) ist die Suche des *Brahman*. Das *Brahman* durchdringt jedes Sein, es kann daher gesucht werden durch Eintauchen in das innere Selbst und Erkenntnis des inneren Selbst. Diese Erkenntnis ist ohne völlige Kontrolle der Sinne unmöglich. Somit bedeutet *brahmacaryā* Beherrschung aller Sinne in Gedanken, Worten und Taten zu jeder Zeit, an jedem Ort.

Diese Selbstbeherrschung aber muß, obwohl sie für die Suche nach der inneren Wahrheit unerläßlich ist, mit einer sich verschenkenden Liebe zu allen Lebewesen der Außenwelt gepaart sein. Beide halten einander im Gleichgewicht und ergänzen einander, wobei erstere den *antarātman* spiegelt, das innerste Selbst, welches der Gott in uns ist, während letztere hinausreicht nach dem alles durchdringenden höchsten Brahman, welches dasselbe Geistwesen in der Objektwelt darstellt.

Gandhi lebte aus dem Geist, nicht aus dem Buchstaben, es wäre daher müßig, wollte man versuchen, seine Anschauungen zu verabsolutieren. Es heißt oft, er habe seine Auffassung der *ahiṁsā* von den jainistischen Mönchen übernommen, die er in jungen Jahren gekannt hat, oder aus der Bergpredigt oder von Tolstoi. Keine dieser Erklärungen erscheint erforderlich, denn seine Lehre steht in der Gītā, die er gründlich kannte, und auch im Großen Epos überhaupt an hervorragender Stelle, sie durchsetzt und erfüllt das gesamte jüngere hinduistische Gedankengut. Überdies entspricht die von Gandhi geübte *ahiṁsā* in keiner Weise der buchstabengläubigen Abgeschmacktheit der Jains, denn er wußte ebensogut wie der rechtschaffene Vogelsteller aus dem dritten Buch des Mahābhārata, daß man nicht leben kann, ohne Leben zu zerstören. Zu wiederholten Gelegenheiten wurde ihm vorgeworfen, er entschuldige die ‚Gewalt', die dem Tierreich angetan wird. Er hatte veranlaßt, daß ein Kalb, welches in seinem *āśram* im Todeskampf lag, von seinen Leiden erlöst werde, er hatte zugelassen, daß man schädliche Affen von den Getreidefeldern seines kleinen Gemeinwesens trieb, er hatte die Tötung streunender Hunde in Bombay entschuldigt. Die Fanatiker beschuldigten ihn natürlich, seine eigenen Prinzipien zu verletzen, aber Gandhi ließ sich nicht beirren und erklärte, im Falle des Kalbes sei es wahre *ahiṁsā*, dem Leiden ein Ende zu setzen, da doch der Tod in jedem Fall eintreten müsse; ließe man das Tier aber elend dahinsiechen, so wäre dies eigentlich ‚Gewalttätigkeit'. In den beiden anderen Fällen stellte er sich auf den Standpunkt, daß das Wohl menschlicher Wesen den Vorrang gegenüber dem Wohl des tierischen Geschöpfes haben müsse. Uns erscheint dies ganz natürlich und vernünftig, aber dem Hindu, in dessen Gefühlswelt die Tiere dem Menschen viel näherstehen, als wir dies jemals zu empfinden vermöchten, ist das weniger klar. Darin zeigt sich die natürliche Folge seines Glaubens an die Wiedergeburt; sowie man diesen nämlich annimmt, unterscheiden sich die Tiere vom Menschen nur graduell und nicht in der Art. Sie haben Seelen wie wir, es ist also ganz natürlich, daß viele der unbedeutenderen Gottheiten im hinduistischen Pantheon in Tierform auftreten: Gottheiten wie Hanuman etwa, der Affenkönig, dessen Ergebenheit gegen Rāma als Musterbild menschlicher Devotion im Angesicht Gottes hingestellt wird, oder der elefantenhäuptige Ganesha, einer der Söhne Śivas, der vor Beginn jedes wichtigen Unternehmens angerufen werden sollte. Daraus erklärt sich die Tatsache, daß Gandhi zwar stets das Wohl menschlicher Wesen über das der Tiere stellte, wenn beide einander ausschlossen, aber doch niemals imstande war, tierisches Leben anzutasten oder derartiges zu billigen, ohne wahre Seelenqualen zu erdulden.

Zu den vielen Dingen, die uns an Gandhi in Erstaunen setzen, gehört auch die Tatsache, daß er behauptete, ein orthodoxer Hindu zu sein, und doch der größte Reformator war, den der Hinduismus je aufzuweisen hatte. Der Grund liegt darin, daß er in die Praxis umsetzte, was er predigte, genauer – mit den Worten Louis Fischers –: „Er predigte nicht über Gott und Religion; er war eine lebendige Predigt. In einer Welt, in der wenige nur dem zerrüttenden Einfluß von Macht, Reichtum und Eitelkeit widerstehen, war er ein guter Mensch." Obwohl er Mittelpunkt und Führer der mächtigen Freiheitsbewegung Indiens war, sah er sich selbst doch niemals als solchen: Er sah in sich einen *sannyāsin* – und war es auch –, dem ‚Befreiung‘ viel eher von den Fesseln der Sünde – der Begierde, des Zorns, des Neids, der Trägheit etc. – als Befreiung von den Briten bedeutete. Die eine, so meinte er, war ohne die andere nicht möglich, denn solange sich die Inder nicht von egoistischen Leidenschaften befreit hatten, würden sie sich nicht von den Briten befreien. Und die Ereignisse gaben ihm recht. Durch seine Furchtlosigkeit und seinen Glauben, sein Fasten und sein unaufhörliches Gebet wurden nicht nur die Hindu-Tempel den Unberührbaren aufgetan – ‚Gottes Volk‘, das Gandhi als sein eigenes angenommen hatte –, schließlich dankte auch der britische Rāj ab, Indien gewann seine politische Unabhängigkeit. Allerdings nahm Gandhi an den Feierlichkeiten nicht teil, denn für ihn war es die größte Niederlage seines Lebens. Er allein hatte mit seinem Beispiel Mut, uneingeschränkte Demut im Angesicht Gottes und der Menschen und äußerste Gleichgültigkeit gegenüber dem eigenen Selbst gezeigt und damit das indische Volk, Hindus wie Moslems, angespornt, ihm nachzueifern. Der Widerhall, den er fand, war glänzend gewesen, aber gerade als der völlige Sieg der *ahiṁsā* über ein Regime der Gewalt und der kommerziellen Gier in seine Reichweite gerückt schien, verwandelte sich der Geist der Selbstaufopferung abermals in Haß und offene Gewalttat. Während seiner späteren Lebensjahre war Gandhi nicht mehr der Baumeister der Unabhängigkeit, sondern der Arzt, der die Wunden zu verbinden suchte, die Haß und Gewalttat dem eigenen Volk schlugen. Schon hatten diese begonnen, das Land zu entstellen, und schließlich führten sie zu einem Ergebnis, das für ihn die endgültige und vollkommene Tragik bedeutete: die Teilung Indiens und das anschließende innerstaatliche Blutbad. Der Geist der Gewalt war noch nicht gebannt, vergeblich hatte er seine Sendung angetreten; denn diese ‚Befreiung‘, diese *moksha* war nicht die *moksha*, welche ihm als Schicksal Indiens vorgeschwebt hatte. Indiens Fortschreiten zur *moksha* hätte seinem eigenen entsprechen sollen, es hätte ein Weg der Vollkommenheit und der Beispielhaftigkeit sein sollen – ein Weg der Wahrheit, der Wahrhaftigkeit gegen sich und gegen andere, welche die Wahrheit auch im Nächsten anerkannte, so sehr sie sich von der eigenen unterscheiden mochte, ein Weg der Selbstdisziplin und der Selbstverleugnung (denn nur so kann das wahre Selbst verwirklicht werden) und ein Weg der Sanftmut, der Liebe und der Vergeltung des Bösen durch Gutes. Dies war sein Weg gewesen; und er war der Mikrokosmos, zu dem Indien den Makrokosmos darstellte. Als sich Indien nicht zu jenen Höhen emporschwingen konnte, zu denen er ihm den Weg wies, galt sein ganzes Bestreben der Heilung jener Wunden, die es sich in selbstzerstörerischem Wahn beibrachte. Seinem eigenen Urteil zufolge war er gescheitert wie Yudhishthira vor ihm. Aber eigentlich haben beide gesiegt, denn beide waren sich selbst treu geblieben, ihrem Gewissen, der Wahrheit, dem *sanātana dharma,* wie sie ihn in sich selbst erblickten, und daher auch Gott.

Yudhishthira war „standhaft, selbstbeherrscht, keusch, geduldig, stets dem *dharma* ergeben, kühn, Ehre und Gastfreundschaft erweist er Gästen, Verwandten, Dienern und allen, die bei ihm Zuflucht suchen: er ist wahrhaftig, großzügig, asketisch und tapfer, mit sich selbst ausgesöhnt, weise und unerschütterlich; Seele des *dharma,* begeht er niemals eine Ungerechtigkeit aus Begierde oder unter dem Einfluß eigenen Ungestüms, aus Furcht oder zur Beförderung seiner eigenen Interessen". Dasselbe gilt für Mahātma Gandhi, den Yudhishthira seiner Zeit.

Die Gleichsetzung zwischen dem mythischen Helden und dem modernen Heiligen mag gekünstelt erscheinen, besonders im Licht der anerkannten Tatsache, daß Gandhi vielen nichthinduistischen Einflüssen ausgesetzt war. Er schloß die erste Bekanntschaft mit seiner geliebten Gītā nicht in Indien, sondern in London, wo er als junger Mann studierte; seine Ansichten über die Gewaltlosigkeit gelangten unter dem Einfluß des alternden Tolstoi zur Reife, mit dem er korrespondierte, als er sein erstes Experiment in gewaltlosem Widerstand gegen eine ungerechte Regierung in Sachen der indischen Gemeinde von Südafrika unternahm. Man füge dem das Vertrautwerden mit der Bergpredigt hinzu, die ihn – wiederum in London – unmittelbar ansprach, sowie die engen und dauerhaften Freundschaften, die er mit frommen Christen in Südafrika und nach seiner Rückkehr auch in Indien knüpfte: was bleibt dann noch von seiner vielgerühmten hinduistischen Orthodoxie übrig?

Es ist richtig, daß Gandhi in jenen frühen Jahren fern von Indien eine Vielfalt religiöser Ideen in sich aufnahm, die er aus mannigfachen Quellen zog, aber seine Kenntnis des Rāmāyana von Tulsī Dās war der eigentliche Nährboden, der diese neuen Ideen aufnahm; und seine Entdeckung der Gītā fiel ganz zufällig mit der Lektüre von Madame Blavatskys *Key to Theosophy* zusammen, der seinen Blick wieder auf den angestammten Glauben zurücklenkte und „ihn von der durch die Missionare verstärkten Vorstellung befreite, daß der Hinduismus voller Aberglauben stecke". Durch umfangreiche Lektüre religiöser Schriften gelangte er zu der Überzeugung, daß alle Religionen wahr, allerdings unvollkommen seien. Somit war es die Pflicht aller Menschen guten Willens zu reformieren, was unvollkommen war an ihren eigenen Religionen, nicht aber, einzelne ihrer Tradition zu entwurzeln und auf etwas aufzupfropfen, was ihnen fremd und unverständlich erscheinen mußte. Immer schon war es das Genie des Hinduismus gewesen, alles zu absorbieren, was sich von anderen Religionen übernehmen ließ; selbst im Großen Epos kann man diesen lebendigen Prozeß des Absorbierens und Abweisens am Werk sehen. Dort nämlich gehorcht Yudhishthira dem altehrwürdigen *dharma* nur schweren Herzens, aber selbst wenn er der Verzweiflung nahe ist, wird ihm ein besserer und edlerer *dharma* wahrscheinlich von einem Kastenlosen oder einem Tier vorgehalten; und auf diese Weise lernt er, daß *ahiṁsā* die Wahrheit ist und daß das prunkvollste Tieropfer auch nicht das bescheidenste *Selbst*-Opfer aufwiegt, auch wenn es sich um eine unwürdige Sache handeln sollte. Diese Lehren nahm der Hinduismus vom Buddhismus an, aber erst durch die Persönlichkeit Yudhishthiras, des *Dharma-rāja*, gelang ihnen die allmähliche Durchdringung des älteren Glaubens.

Damit ist genau umrissen, was Gandhi tat: Er nahm die Sittenlehre der Bergpredigt und den transzendentalen Monotheismus des Islam in sein eigenes hinduistisches Dasein auf und teilte beides durch seine Persönlichkeit ganz Indien mit. Er hätte das nicht vollbringen können, wenn er weiterhin dabeigeblieben wäre, den ‚englischen Gentleman zu spielen', wie er dies während seiner Anfänge in London getan hatte. Und es war nicht nur Effekthascherei, die ihn veranlaßte, europäische Kleidung abzulegen und gegen das Lendentuch des *sannyāsin* und das Spinnrad einzutauschen. Es handelte sich vielmehr um ein intuitives Gespür für jene Art religiöser Sinnbildlichkeit, die seinem Volk geradewegs zu Herzen gehen würde, denn das Lendentuch des *sannyāsin* stellte die völlige Selbstverleugnung dar (‚ein Mann der Frömmigkeit erniedrigt sich zum Nichts'), und das ärmliche Spinnrad zeigte, daß er und alle, die nicht ganz mittellos waren, ihr Sein den ‚Ärmsten, den Niedrigsten und den Verlorenen' geweiht hatten. Indem er den Schmuck einer fremdartigen Zivilisation ablegte, stellte er sich auf die Niedrigsten aus seinem Volk ein und durch das Volk auf die Religion, die auch seine war, ja – die ihm mehr angehörte als das Gebilde aus Fleisch und Knochen, das seinen unbezwingbaren Geist beherbergte. Aber in ihm wurde diese Religion zu etwas Edlerem, Mitfühlenderem und Reinerem, als sie je zuvor gewesen war. Nachdem er sie mit allem bereichert hatte, was er in den Lehren Jesu, Tolstois und des Koran als das Beste erkannte, gab er sie seinem Volk zurück, gewandelt, aber noch immer der ewige *dharma*.

Der Hinduismus ist keine exklusive Religion wie das Christentum oder der Islam; die Tatsache, daß Gandhi nie glücklicher war, als wenn er sich mit Anhängern vieler Religionen zum Gebet niederließ und jeder gemäß dem eigenen *dharma* zu dem Einen Gott betete, ändert somit nicht das mindeste daran, daß er ganz Hindu war. Er konnte den Ausschließlichkeitsanspruch des Christentums und des Islam nie verstehen, und aus diesem Grund war seinem Unterfangen, Hindus und Moslems zu einer Nation zusammenzuschweißen, kein dauerhafter Erfolg beschieden. Der Islam, das waren für ihn Kabīr und die Sūfī-Mystiker, deren Toleranz und Eklektizismus ebenso weitherzig waren wie seine. Er verstand auch niemals den unversöhnlichen Haß gegen ‚Götzendienst' und die ‚Verknüpfung dessen, was anders als Gott ist, mit Gott', der dem orthodoxen Islam so tief eingewurzelt ist. Dazu war er viel zu sehr Hindu.

In späteren Jahren fragte man Gandhi, was er als das Wesen des Hinduismus betrachte, und er erwiderte darauf, daß der gesamte Hinduismus in der ersten Strophe der *Īśā*-Upanishad enthalten sei, die er folgendermaßen übersetzte:

> Alles, was wir in diesem großen Universum sehen,
> wird von Gott durchdrungen.
> Verzichte darauf und genieße es.
> Begehre niemals Reichtum oder Besitz.

Gott ist der Herr, der das All durchdringt, dem alles darin gehört. Daher muß man der Welt entsagen, weil sie einem nicht gehört; man muß sich aber auch an ihr erfreuen und in ihr arbeiten, weil sie ihm gehört und er wünscht, daß man ihn bei der Zerstörung des Bösen unterstütze. Was das Böse anlangt, so ist es ein Geheimnis, das keiner verstehen kann. Darum sagt Gandhi:

> Ich nenne Gott den lange Leidenden und Geduldigen, und zwar nur, weil er das Böse in der Welt zuläßt. Ich weiß, daß er am Bösen keinen Teil hat. Er ist sein Urheber und bleibt doch unberührt von ihm.
>
> Ich weiß auch, daß ich Gott niemals kennen werde, wenn ich nicht mit dem Bösen ringe und dagegen ankämpfe, und sei es um den Preis des Lebens. Ich werde im Glauben bestärkt durch meine eigene bescheidene und begrenzte Erfahrung. Je reiner ich zu werden versuche, desto näher glaube ich Gott zu sein. Um wie vieles reicher wäre ich erst, wenn mein Glaube nicht mehr bloße Rechtfertigung ist wie heute, sondern so unverrückbar wie die Felsen des Himalaja und so weiß und hell wie der Schnee auf ihren Gipfeln geworden ist?

Um zur Wahrheit zu gelangen – der eigenen Wahrheit, der Wahrheit der anderen und schließlich jener Wahrheit, die Gott ist, muß der Mensch seinen Leib martern; denn nur durch Kasteiung des Körpers kann er die tödlichen Sünden der Begierde, des Gebundenseins, des Hasses, des Neids, der Trägheit und vor allem des Egoismus und des Besitzwillens (des Bewußtseins von ‚Ich' und ‚Mein') abtöten, aus denen alles Böse hervorgeht. Dies gilt Gandhi als unabdingbare Voraussetzung alles tugendvollen Handelns. „Erst wenn wir uns zu völliger Nichtigkeit erniedrigt haben, können wir das Böse in uns besiegen. Gott verlangt nicht weniger als völlige Selbsthingabe als Preis für die einzige wirkliche Freiheit, die wert ist, besessen zu werden. Und wenn sich ein Mensch so selbst verliert, sieht er sich sogleich im Dienst alles Lebendigen stehen. Es wird sein Entzücken und seine Erholung. Er ist ein neuer Mensch, der nimmer müde wird, sich im Dienst der göttlichen Schöpfung zu verschenken." Oder, in den Worten der *Īśā*-Upanishad: „Entsage und genieße."

Erst an letzter Stelle stand für Gandhi das Amt des religiösen Neuerers in Gegensatz zu dem des Sozialreformers: er begründete keinen Samāj und keine Mission. Vielmehr gründete er im Gefolge uralter Tradition einen *āśram,* eine religiöse Gemeinde, die bei ihm Männern, Frauen und Kindern offenstand und gemäß seinen eigenen mönchischen Regeln geführt wurde. Dorthin pflegte er sich zurückzuziehen, wann immer dies die politische und religiöse Lage gestattete, dort fühlte er sich am glücklichsten und zwanglosesten. Die Prinzipien, die bei der Gestaltung des *āśram* maßgebend waren, sind typisch für Gandhis empirischen Zugang zum Religiösen. Die Dreiheit der Tugenden, von der alle übrigen Tugenden abhängen – Wahrhaftigkeit, *ahiṁsā* und *brahmacaryā* – bildete naturgemäß den Eckpfeiler, auf dem das Leben des *āśram* gründete, wobei die beiden letzteren unerläßliche praktische Voraussetzung der ersteren waren. *Brahmacaryā* bedeutet im engeren Sinne des Wortes absolute Keuschheit, unnachsichtige Beherrschung des Fortpflanzungstriebes. Dieser Trieb ist allerdings weniger elementar als der Selbsterhaltungstrieb; die Selbsterhaltung wiederum hängt ihrerseits von der Nahrung ab: um zu leben, muß der Mensch essen. All das läßt Gandhi, der Gītā folgend, gelten, aber so wie alle sexuellen Handlungen niemals um der bloßen Lust willen vorgenommen werden dürfen, muß das Lustmotiv auch der Nahrungsaufnahme fernbleiben. Daher war das vierte Gelübde im *āśram* das ‚Gelübde, den Gaumen zu bezähmen', welches nicht nur den Verzehr von Fleisch und den Alkoholkonsum – vor dem Gandhi instinktiver Abscheu bewahrte – verbot, sondern auch den Genuß aller Speisen, die leicht des Menschen niedere, animalische Natur zu wecken vermöchten. Für Gandhi war es selbstverständlich, daß kein fruchtbares geistiges Leben möglich ist, solange das Triebleben nicht unter unnachsichtige Kontrolle gebracht wird: Das war unausgesetzt Inhalt seines Predigens und genauso seines praktischen Verhaltens. Das Gelübde, nicht zu stehlen, wurde dahingehend gedeutet, daß jeder nur Anspruch auf ein Existenzminimum habe, alles, was dieses übersteigt, ist um nichts besser als unrechtmäßiges Eigentum. Darauf folgte das Gelübde der Furchtlosigkeit. Gandhi hielt es für unbedingt notwendig, wenn Indien jemals seine Seele wiederfinden sollte. „Ich erkannte durch mein Umherziehen in Indien, daß mein Land von lähmender Furcht gepackt ist", schreibt er. „Ich gebe euch zu bedenken, daß es nur Einen gibt, den wir zu fürchten haben, und das ist Gott. Wenn wir Gott fürchten, dann werden wir keinen Menschen fürchten, wie hochgestellt er auch sein mag; wollt ihr dem Gelübde der Wahrhaftigkeit Folge leisten, dann ist Furchtlosigkeit unbedingt erforderlich." Das Wunder, das Gandhi wirkte, bestand darin, daß er durch sein Beispiel von Mut angesichts der überwältigenden Übermacht dem indischen Volk zeigte, wie man Verhaftung, Schläge und Einkerkerung mit dem zuversichtlichen Mut von Männern begegnete, die wissen, daß ihre Sache gerecht ist.

Dann gab es noch das Gelübde, das sich auf die Unberührbarkeit bezog; und da ging es um eine Frage, in der Gandhi keinen Kompromiß kannte. An die Mitglieder des *āśram* erging folgende Anweisung:

> Es gibt einen unauslöschlichen Makel, den der Hinduismus heute mit sich herumschleppt. Ich habe mich geweigert zu glauben, daß er uns aus unvordenklichen Zeiten überliefert wurde. Ich glaube vielmehr, daß jener unglückliche, erbärmliche und erniedrigende Geist der ‚Unberührbarkeit' über uns gekommen sein muß, als wir den Tiefstand unserer Entwicklung erreicht hatten. Das Böse hat sich an uns geheftet und ist uns bis heute geblieben. Es ist meiner Meinung nach ein Fluch, der über uns gekommen ist; und solange dieser Fluch an uns haftet, solange werden wir, so meine ich, jede Heimsuchung dieses heiligen Landes als gerechte Strafe ansehen müssen für das untilgbare Verbrechen, das wir begehen.

Um zu zeigen, daß er das, was er da lehrte, auch ernst nahm, hatte Gandhi schon während der Zeit, als er in Südafrika weilte, einen Unberührbaren in sein Haus aufgenommen und seine orthodoxe Gattin gezwungen, sich um diesen zu kümmern. Nach seiner

Rückkehr wiederholte er diese trotzige Herausforderung orthodoxer Gesinnung auf indischem Boden. Die Unberührbaren, deren Würde er bekräftigte, indem er sie *Harijans* oder ‚Volk Gottes' nannte, wurden Gegenstand seiner leidenschaftlichen und mitfühlenden Sorge. Durch das Beispiel, das er gab, indem er mit ihnen aß und sie in seinem *āśram* aufnahm, beschämte er die einer Kaste angehörenden Hindus so sehr, daß sie seinem Beispiel folgten.

Zu den verbleibenden Gelübden, die von den Angehörigen des *āśram* abgelegt wurden, gehörte *svadeśi* oder die Unterstützung der einheimischen Industrien und die Tuchproduktion auf dem Handwebstuhl. Er brachte die Intellektuellen unter seinen Anhängern zur Verzweiflung, weil er dem Spinnrad ebensoviel Bedeutung beimaß wie den in viel weiteren Kreisen gebilligten Grundsätzen, die er im *āśram* vertrat. Sie konnten diese ‚Manie' nicht verstehen, weil sie ihre hinduistischen Wurzeln verloren hatten. Für Gandhi aber war Spinnen *karma-yoga* in Vollendung – es war ein Tun, das ohne Rücksicht auf seine ‚Früchte' verrichtet wurde, das ‚unvergleichliche Heilmittel', der ‚Mittelpunkt, um den die Gītā gewebt ist'. Es war nicht nur *karma-yoga,* der Yoga des Handelns, es war auch *brahmacaryā* insofern, als es den Webenden von bösen Begierden frei machte, und es war *ahiṁsā,* ein Werk der Liebe, vollbracht – vielleicht als Sühne für den ‚Makel' der Unberührbarkeit – für Indiens zerlumpte Massen.

Gandhis Einstellung zum Hinduismus ging davon aus, daß er Indiens *dharma* sei. Es war daher die Pflicht des aufgeklärten Hindu, ihn in allen Erscheinungsformen zu erhalten, die sich erhalten ließen, aber auch alles auszumerzen, was sein soziales Gewissen beleidigte. So verteidigte er den *varnāśrama-dharma* (s. S. 114), den Tempelgottesdienst, die Verehrung von ‚Idolen', die häuslichen Riten, welche orthodoxe Hindus daheim auszuführen hatten, und die Verehrung der Kuh. Seine Verteidigung des *varnāśrama-dharma* bedeutete allerdings nicht, daß er das Kastensystem in der zu seiner Zeit bestehenden Form unterstützte. Er bekannte damit nur seine Auffassung, daß die auf Grund hereditärer Prinzipien vollzogene Aufteilung der Gesellschaft in die umfassenden Klassen eines gelehrten Priesterstandes, einer ausgebildeten Herrscherschicht, die Masse des Landvolks und der Handwerker sowie eine Klasse all derer, die körperliche Arbeit leisten, zur besseren Ordnung der Gesellschaft beitrage, einer Gesellschaft, die mit dem *dharma* mehr in Einklang stand als sonst eine. Zudem sah er, daß die hinduistischen Riten, die in Wohnungen und Tempeln in Gegenwart von Bildwerken stattfanden, welche eine bestimmte Erscheinungsform des Göttlichen darstellten, das Bindemittel waren, das den Hinduismus zusammenhielt. Man beseitige dieses, und man zerstört den Hinduismus selbst. Gandhi nahm Religionen als das, was sie sind: Organisationen begrenzter menschlicher Wesen, deren Zweck es ist, durch Ritual, Zeremonien und Symbole das endliche Wesen Mensch aus seiner ganz und gar zeitbedingten Dimension hinaus in einen Seinszustand zu erheben, der jenseits der Zeit liegt. Religionen sind auf *moksha* gerichtete *dharmas*. Jede von ihnen und alle zusammen sind wahr – und unvollkommen. Und weil sie unvollkommen sind, müssen sie vielmehr danach zielen, sich zu vervollkommnen, anstatt Einzelwesen einem *dharma*, welcher ihnen angehört, zu entziehen und einem fremdartigen zuzukehren. Den Christen hätte er – mit Recht – zurufen können: „Was siehest du aber den Splitter in deines Bruders Auge, und wirst nicht gewahr des Balkens in deinem Auge?" Unsere Splitter sind ebenso wie unsere Balken unsere eigene Angelegenheit, nur wir können sie entfernen; und Gandhi war es, der den Balken der Unberührbarkeit aus dem Auge des Hinduismus löste, nicht aber waren es die christlichen Missionare.

Gandhi behauptete, ein orthodoxer Hindu zu sein, seine Anhänglichkeit an die Religion seiner Ahnen war tief und echt, aber seine Verpflichtung gegenüber dem Gewissen ging noch tiefer. Es ist unwesentlich, ob sein Gewissen durch christliche oder Tolstojsche Einflüsse geformt wurde oder durch Ruskin, Thoreau und John Stuart Mill – daß alle diese Einflüsse eine gewisse Rolle spielten, dürften nur wenige bestreiten –, oder ob es durch Übung strengster *brahmacaryā* gereinigt und veredelt wurde, wie er selbst betonen würde; bestehen bleibt die Tatsache, daß er sich selbst als Deuter des hinduistischen *dharma* sah, wie er wirklich ist, nicht, wie er in einem Zeitalter der Verderbnis geworden war. Er war in der Geschichte, was König Yudhishthira im Mythos war: das Gewissen des Hinduismus, das nach Rechtschaffenheit hungert und dürstet, ohne sich um den Buchstaben des göttlichen oder menschlichen Gesetzes zu kümmern. Weil er ein Heiliger war und weil er tat, was er predigte, konnte er die Hindumassen zur Gefolgschaft sammeln, nicht nur im Kampf um politische Unabhängigkeit, sondern auch im Kampf um die ‚Befreiung' ihrer Seelen und der Seele des Volkes durch den ewigen *dharma*, der ihnen stets angehört hatte, aber durch verderbte und böse Bräuche verdunkelt worden war. Er tat, was er konnte, um das Gebäude des Hinduismus zu retten, und verteidigte dabei sogar Praktiken wie die Verehrung der Kuh, die ja eigentlich der Sanktion durch die Tradition völlig ermangelte. Er sah nämlich in der diesem sanftmütigen Tier erwiesenen Ehrerbietung die ‚Verehrung der Unschuld', die ‚Beschützung der Schwachen und Hilflosen' und ‚eine der wunderbarsten Erscheinungen der menschlichen Entwicklung'. Er erkannte, daß der Hinduismus gewiß zum Tode verurteilt wäre, sollte er solcher Äußerungen des ‚Aberglaubens', die ihm sein charakteristisches Gepräge gaben, beraubt werden, sollte er auf ein blutloses Moralsystem reduziert werden. Annie Besant hatte dies vor ihm empfunden, und Gandhi hätte ihr zugestimmt, wenn sie sagt:

> Man begehe keinen Fehler. Ohne Hinduismus hat Indien keine Zukunft. Der Hinduismus ist das Erdreich, in welchem Indien Wurzeln schlägt; wird es diesem entrissen, so muß es unausweichlich dahinwelken, wie ein Baum, der entwurzelt wurde... Man lasse den Hinduismus in Frieden, jenen Hinduismus, der Indiens Wiege war und bei solchem Dahinscheiden Indiens Grab wäre.

Gandhi hat den Hinduismus nicht sich selbst überlassen: Aber nach Gandhi wird der Hinduismus nie mehr sein, was er ehedem war. Es wäre unrichtig, wollte man behaupten, der Hinduismus unterscheide sich in seiner gegenwärtigen Gestalt von jenem Zustand, den er als Religion darbot, ehe Rām Mohan Roy zum ersten Mal viele seiner fundamentalen Voraussetzungen anzweifelte, und die Tatsache, daß zumindest seine sakramentale und liturgische Struktur intakt geblieben ist, ist weitgehendst Gandhis beschwichtigendem Einfluß zu verdanken. Die alten Mißstände sind beseitigt worden: Witwen besteigen nicht mehr den Scheiterhaufen des hingeschiedenen Gebieters, niemand verbietet ihnen, wieder zu heiraten; Kinderehen werden immer seltener, die Tempel stehen den Unberührbaren offen, die Tempelprostitution wurde abgeschafft, und zumindest in den Städten stoßen kastenzugehörige Hindus und Unberührbare aneinander, ohne daß sich erstere über die solchermaßen zugezogene Befleckung Sorgen zu machen brauchen. Die Schranken, welche die Kasten trennen, fallen allmählich, wenn auch die Heirat zwischen Angehörigen verschiedener Kasten immer noch eher Ausnahme als Regel ist. Aber das gilt ja nicht nur für Indien, sondern für jede Gesellschaft konservativer und traditionsbewußter Prägung, und Gandhi selbst teilte die instinktive Abneigung des Hindu gegen die Vermischung der Kasten.

Die Krise, durch welche der Hinduismus heute geht, gleicht in mehrerlei Weise der Krise des modernen Judaismus, denn ‚Hindu' ist ebenso wie ‚Jude' sowohl rassische als auch religiöse Bezeichnung. Juden und Hindus mögen den Glauben wechseln, aber beide riskieren damit, von den Orthodoxen ‚ausgestoßen' zu werden, in deren Augen sie aufgehört haben, zur völkischen Gemeinschaft zu gehören. Im anderen Fall, wenn sie innerhalb der nationalen Religionsgemeinschaft bleiben, können sie ‚orthodox', ‚liberal' oder bloß agnostisch eingestellt sein, was bedeutet, daß sie sich in den Rahmen der Nationalkirche einfügen. Der ‚liberale' Hindu hat, wie der liberale Jude, mit vielem, was geschriebenem Gesetz und mündlicher Überlieferung angehört, gebrochen, er hat vom Christentum vieles angenommen und kennt seine synoptischen Evangelien mindestens ebenso gut wie die Gītā und gewiß besser als die Upanishaden. Gleichzeitig sieht er in allen Religionen Gutes und neigt wie Gandhi dazu, sie sämtlich als verschiedenartige Wege zu sehen, welche zur gleichen Wahrheit führen. Wäre er gezwungen, im einzelnen darzulegen, was diese Wahrheit wohl beinhalte, dürfte er wahrscheinlich antworten, es sei das ‚Einssein alles Seienden'. Er haßt die Ausschließlichkeit des Christentums und des Islam, die er mit Recht als Hindernis auf dem Wege zu harmonischem Zusammenwirken aller Religionen betrachtet. Oft wird er leugnen, für religiösen Synkretismus Verwendung zu haben, und statt dessen lieber erklären, es sei ihm teuerstes Anliegen, daß sich jede religiöse Überlieferung gemäß dem ihr angeborenen Geist entwickle und entfalte und dabei stets die anderen großen Religionen ehre und achte als Pfade, die dem gleichen Mittelpunkt zustreben, dem Einen, das zugleich die Wahrheit und die Liebe ist. Dies erscheint ihm häufig als selbstverständlich, und er ist zutiefst bestürzt angesichts des Eifers, den seine christlichen und mohammedanischen Freunde entwickeln, wenn es darum geht, Außenstehende für die jeweilige religiöse Gemeinschaft zu gewinnen. Er unterscheidet sich dabei wenig von seinen Vorfahren, über die Al-Bīrūnī sagte: „Es gibt bei ihnen sehr selten Auseinandersetzungen über religiöse Themen; im äußersten Fall streiten sie mit Worten, niemals aber setzen sie ihre Seele, ihr Leben oder ihren Besitz wegen religiöser Kontroversen aufs Spiel."

Natürlich besteht weiterhin eine orthodoxe Richtung, die im hinduistischen *Mahāsabhā* organisiert ist, aber sie kämpft auf verlorenem Posten und weiß darum. Es ist nach alledem kein Zufall, daß Mahātma Gandhi, der mehr als irgendein anderer dazu beigetragen hat, den Hinduismus von dem durch die Zeit geheiligten ‚Fluch' der Unberührtheit zu befreien, den Tod durch die Hand eines orthodoxen Fanatikers fand.

In Europa brachte die Reformation die Gegenreformation hervor, und der alten Kirche gelang es, sich von den früheren Übelständen zu reinigen und aus eigener Kraft in neuer Gestalt zu erstehen. Der hinduistische Orthodoxismus zeigt gegenwärtig keinerlei Anzeichen einer derartigen Erneuerung: Er hat seine Macht über die Städte verloren, und nach Meinung vieler ist es nur eine Frage der Zeit, wann er auch alle Macht über die Dörfer verlieren wird; eines der dem Hinduismus anhaftenden Paradoxe war ja schon immer die gähnende Kluft, welche seine edleren Manifestationen von den ausgesprochen abergläubischen und magischen Praktiken trennt, welche die religiöse Kost der ländlichen Massen ausmachen. Mit der bis in die niederste Gesellschaftsschicht reichenden westlichen Erziehung und der fortschreitenden Industrialisierung des Landes wird die ganze religiöse Struktur des Hinduismus einer ernsthaften Spannung ausgesetzt. Aber sein Wesen umfaßte eine derartige Absorptions- und Anpassungsfähigkeit, daß es aberwitzig wäre, voraussagen zu wollen, wie er dieser neuartigen und beispiellosen Krise begegnen wird.

Indessen hat der Hinduismus dank der Initiative Vivekānandas, in jüngerer Zeit auch durch das unermüdliche Wirken einer ganzen Reihe von Propagandisten, die von Śrī Aurobindo Ghose bis zu Sir Sarvepalli Rādhakrishnan reicht, seine Geltung als eine der größten und tiefgründigsten Religionen der Welt im Bewußtsein der Menschheit gefestigt. Es bedeutet durchaus keinen Tadel an diesen Denkern, wenn man feststellt, daß sie Indien dienten, indem sie den Hinduismus der westlichen Welt in weitgehend westlichen Begriffen und in einer Art und Weise dargestellt haben, die westlichem Denken leicht faßlich ist. Allerdings hat keiner von ihnen den überwältigenden Eindruck auf die indischen Massen gemacht, der von Mahātma Gandhi ausging, und ebensowenig haben sie wie Rabindranath Tagore die unverfälschte Essenz des Hinduismus gewonnen und verbreitet.

Am Vorabend der Unabhängigkeit verkörperten Gandhi und Tagore gemeinsam Indiens neue Würde, Selbstsicherheit und Leidenschaft zur Wahrheit. Gandhi war der ‚*Mahātma*', der ‚mit der großen Seele Begabte', Tagore der *Gurudev*, ‚der göttliche Lehrmeister'. Obwohl die beiden Männer nicht immer gleicher Meinung waren, ergänzten sie einander: Gandhi, der asketische *sannyāsin*, der doch auch keine strenge Scheidung zog zwischen Leben im Gebet und Leben der Tat, zwischen Religion und Politik, und Tagore, der Mystiker und kontemplative Mensch, der alles Natürliche liebte und doch in seiner Schule in Śāntiniketan nachwies, daß Kontemplation sinnlos sei, wenn sie nicht in schöpferisches Handeln umgesetzt werde. Gemeinsam verkörperten Gandhi und Tagore in vollendeter Weise den Geist des neuen Hinduismus, der doch noch so viel von der unverfälschten Eigenart des alten in sich barg, daß niemand behaupten könnte, dies sei eine neue Religion oder es sei ein gewaltsamer Bruch mit der Vergangenheit vollzogen worden.

Rabindranath Tagore, der wohl ein Kind der Stadt und Objekt englischer Erziehung war, verdankte doch viel seinem Vater Debendranāth. Von diesem erbte er einen Hang zur Mystik, der weder ganz aus dem Advaita noch aus der *bhakti* lebte, sondern eine subtile Verschmelzung beider Richtungen darstellte – eine Synthese, die nach Auffassung Debendranāths in der *Iśā* Upanishad vollkommensten Ausdruck fand und, obwohl sie im Unendlichen begründet war, alles Endliche umfing und heiligte.

> Alles, was immer auf Erden sich regt, wird vom Herrn durchdrungen. Entsage ihm zuerst, dann genieße. Begehre nicht das Gut irgendeines Menschen ... In blindes Dunkel treten alle jene ein, die am Zusammengesetzten Freude haben.

Diese beiden Strophen könnten als der Text dienen, zu dem alles, was Rabindranath Tagore geschrieben hat, den Kommentar bildet: sie stellen den eigentlichen Stoff seiner Dichtung dar. Die Botschaft Tagores steht in krassem Gegensatz zum Advaita Vedānta der Śankara und Vivekānanda, ja sogar zu Rāmakrishna, denkt man an seine extremeren Äußerungen. Rāmakrishna sagte einmal:

> Mit unbeirrbarer Zielstrebigkeit ließ ich mich abermals nieder, um zu meditieren, und sowie die anmutige Gestalt der göttlichen Mutter vor mir erschien, gebrauchte ich meine Urteilskraft als ein Schwert, und mit diesem trennte ich sie in zwei Teile. Da fand mein Gott kein Hindernis mehr, er schwang sich sogleich über den Bereich des bedingten Seins hinaus, und ich verlor mich in *samādhi*.

Derartiges wäre Tagore entweder unbegreiflich oder widernatürlich erschienen. Ihm bedeutete die Versenkung in das Unendliche niemals Ausschließung des Endlichen: Endliches und Unendliches waren nicht voneinander getrennt, sondern unauflöslich verbunden, es gab keinen Widerspruch zwischen dem Zustand der ‚Erlösung' und dem Zustand der ‚Gebundenheit', dem ‚Nicht-Zusammengesetzten' und dem ‚Zusammengesetzten', zwischen dem *dharma* als moralischer Pflicht und der *moksha*, zu welcher der *dharma* nur Spiegelung in der endlichen Welt ist, denn der goldene Faden, der sich sowohl durch Unendliches wie durch Endliches zieht, durch Gott und die Welt, ist Liebe und Entzücken. Es kann aber weder Liebe noch Freude geben, solange es keine Zweiheit und Gegenseitigkeit gibt.

Sogar in Kindertagen waren ihm mystische Erfahrungen zuteil geworden, die ihn mit ihrer den eigenen Wahrheitsgehalt verbürgenden Autorität begreifen gelehrt hatten, daß Mensch und Natur auf irgendeine geheimnisvolle Weise eins sind: zwischen beiden besteht eine Harmonie und eine Beziehung, die sie miteinander verschmilzt und doch weder den einen noch die andere der unverwechselbaren Wahrheit beraubt.

Ich erinnere mich noch jenes Tages aus meiner Kindheit (so schreibt er), an dem ich gezwungen wurde, mich durch die Lektionen eines Elementarbuches zu quälen, das mit isoliert dastehenden Wörtern übersät war, deren Sinn in der Mühsal des Buchstabierens erstickte. Die vormittägliche Stunde bot sich mir als eine einstmals hell angeleuchtete Seite aus einem Buch dar, die verstaubt und verblaßt war, von belanglosen Zeichen, Flecken und Lücken entstellt, schal und leer in ihrer mottenzerfressenen Bedeutungslosigkeit. Plötzlich stieß ich auf einen aus aufeinander bezogenen Wörtern gebildeten Satz in Reimform, der folgendermaßen übersetzt werden könnte: ‚Es regnet, die Blätter zittern.' Augenblicks betrat ich eine Welt, in der ich den vollen Sinn meiner Existenz wiederentdeckte. Mein Gemüt rührte an die schöpferische Ausdruckswelt, und in demselben Augenblick war ich nicht mehr nur ein Lernender, dessen Geist von Leseübungen erstickt und in einen Klassenraum gesperrt war. Das rhythmische Bild von den zitternden, vom Regen getroffenen Blättern erschloß meinem Geist eine Welt, die nicht nur aus Informationen spricht, sondern Harmonie mit meiner Existenz ausstrahlt. Die sinnleeren Bruchstücke verloren ihre inselhafte Vereinzelung, mein Geist schwelgte im Einssein einer Vision. In ähnlicher Weise erschienen mir an jenem Morgen im Dorf die äußeren Umstände meines Lebens im erhellenden Einssein der Wahrheit. Alle Erscheinungen, die wie ziellose Wellen erschienen waren, offenbarten sich meinem Geist als auf einen grenzenlosen Ozean bezogen. Ich fühlte mit Gewißheit, daß irgendein Wesen, das mich und meine Welt in sich schloß, in allen meinen Erfahrungen seinen bestmöglichen Ausdruck suchte, indem es sie in eine sich stets erweiternde Individualität zusammenfaßte, die ein geistiges Kunstwerk ist.

Diese Vision vom wechselseitigen Verhaftetsein alles Seienden durchzieht alles, was Tagore je geschrieben hat, sie ist sein ständig wiederkehrendes Thema. Seine Erfahrung bestätigte ihm nicht die monistischen Abstraktionen Śankaras, sondern die pantheistischen Einsichten der Upanishaden, die das Eine im Vielen sahen, nicht in der Loslösung von diesem. Was Tagore zu tun versuchte und was ihm auch in einzigartiger Weise gelang, war eine allgemeinverständliche Nachschöpfung der eigentümlichen ‚Atmosphäre' der Upanishaden, die letzten Endes die geistige Luft des Hinduismus im ganzen ist, die stets gleiche Salzhaltigkeit, die den großen Ozean des ewigen *dharma* durchdringt, der sogar in seinen ausgefallensten Manifestationen gegenwärtig bleibt. Tagore sah sich nicht wie Gandhi als einen ‚orthodoxen' Hindu, er war auch nicht der Meinung, daß die aus dem Westen nach Indien eingeführte mechanistische Zivilisation zurückgedämmt werden könne oder sollte. Gandhi glaubte, das Spinnrad würde die Rettung der indischen Dorfkultur bringen, aber Tagore erkannte und erklärte auch in aller Offenheit, daß es sich dabei um eine ganz und gar künstliche Form des *karma-yoga* handle, die zum Untergang verurteilt war, sobald die magische Gestalt des Mahātma von der Bühne abtrat. Seine eigene Lösung war bescheidener, da sie sich nur auf seinen persönlichen Kreis erstreckte, aber sie war ein Modellfall, von dem er hoffte, daß andere ihn nachahmen würden. Sogar die Seele des Knaben in Kalkutta hatte sich nach dem offenen Land gesehnt, nach dem Geheimnis ewigen Seins, welches seine sich ewig wandelnde Schönheit abwechselnd verhüllte und enthüllte – der Welt der *tapovana* der Alten, der stillen Wälder, in denen Weise ihre Einsiedlerklausen bauten und durch ihrer Hände Arbeit das Chaos eines vergiftenden Dschungels in einen geordneten Garten verwandelten. Was wir schaffen und tun, unser *karma,* bringt uns, wenn es gut ist und in Einklang steht mit dem *dharma* in uns, unserem Gewissen und unserer natürlichen Anlage (denn *dharma* ist beides), der ewigen Bestimmung immer näher, welcher die ganze Welt durch die Notwendigkeit der Entwicklung allein schon auf immerdar zusteuert, welche sie unter dem Blickwinkel der Ewigkeit auch schon erreicht hat. Das also ist die vollkommene ‚Freiheit', die vollkommene *moksha,* die „in der Harmonie einer Beziehung liegt, die wir nicht durch *Wissen* erkennen, sondern durch *Sein.* Gegenstände des Wissens verharren stets in unendlicher Entfernung von uns, den Wissenden. Denn Wissen ist nicht Vereinigung. Wir gewinnen die Welt der Freiheit nur durch vollkommene Sympathie."

Um diese Sympathie, dieses Zusammengehörigkeitsgefühl mit der Natur, zu wecken und zu entfalten, gründete Tagore in Śāntiniketan im heimatlichen Bengalen eine Schule, in der die Schüler durch ständigen Kontakt mit natürlichen Erscheinungsformen zum Erfassen des Göttlichen geführt werden sollten. Unter seiner liebevollen Obhut wurde die Arbeit dem Spiel angenähert, so daß jeder Tag zu einem Feiertag wurde, eigentlich zu einem geheiligten Tag. Er wollte, daß seine Schüler Gott ähnlich sein möchten, dessen Arbeit zugleich sein Spiel ist – sein *karma* und sein *līlā* – mühelose Bemühung, die voll Freude aufgewendet wird. Das Material, mit dem er begann, war nicht gerade vielversprechend, denn seine ersten Schüler, so versichert er, „brachten eine unerträgliche geistige Verdrehtheit mit. Der Brāhmane war hochmütig, der Nicht-Brāhmane erbärmlich in seiner verschüchterten Selbsterniedrigung. Sie haßten jede Arbeit zum allgemeinen Wohl, damit nicht jemand außer ihnen auch nur den geringsten Vorteil erlange. Sie waren verdrossen, wenn man von ihnen verlangte, zum eigenen Besten eine Arbeit zu verrichten, die ihrer Meinung nach von einem bezahlten Diener getan werden sollte. Sie waren einem Leben auf Kosten der Mildtätigkeit anderer nicht abgeneigt, aber sie schämten sich der Selbsthilfe."

Aber Tagore formte aus diesen ichsüchtigen Individuen eine selbstlose Gemeinschaft, in der jeder dem anderen half, indem er sein eigenes Selbst und seine eigene ‚Wahrheit' verkörperte und unbewußt die Kraft in sich aufsog, die aus dem Leben in der All-Harmonie erwächst, und diese Kraft freudig dem Zweck weihte, jene Wirkkräfte bis zum äußersten zu entwickeln, die in jedem von uns unerweckt ruhen, und dadurch seine Persönlichkeit dehnte, bis sie groß genug war, die Persönlichkeit jenes Gottes zu erfühlen, der zugleich der Mensch im Bereich des Makrokosmos ist. Beginnt erst einmal die Liebe ihr heilendes Wirken, dann schmilzt auch das widerspenstigste Material und wird gefügig. „Für diese Knaben hatten Ferien keine Bedeutung. Ihre Studien, so rastlos sie betrieben werden, sind keine lastende Aufgabe, sie werden vielmehr von einem feiertäglichen Geist durchdrungen, der in Beschäftigungen in ihrer Küche und in ihrem Gemüsegarten, beim Weben und bei kleinen Ausbesserungsarbeiten Gestalt gewinnt. Gerade weil ihre Schularbeit nicht von ihren gewohnten Beschäftigungen getrennt wurde, sondern einen Teil ihres Alltags bildet, trägt sie sich mühelos selbst durch das ihr innewohnende vorandrängende Strömen."

Für Tagore war Śāntiniketan ein Mikrokosmos der Welt, wie sie seinen Wünschen vorschwebte – einer Welt, in welcher „die der Innenschau sich erschließende Vision der Allseele, die ein Gläubiger des Ostens in der Einsamkeit seines Geistes erfährt, mit jenem (westlichen) Geist des Dienens vereinigt werden könnte." Eben dies war ihm in Śāntiniketan gelungen.

Für Tagore und genauso für Gandhi gilt *moksha* sowohl für das Individuum als auch für das All: sie ist die Erfüllung des *dharma* jedes einzelnen Menschen durch die Aufopferung ebenjenes *dharma* im *dharma* der Gemeinschaft und durch die Gemeinschaft im *dharma* der ganzen erschaffenen Welt. Dies führt zur vollkommenen ‚Befreiung‘ und Freiheit des Geistes, in der sich jeder quallos in den einen Ozean der Wahrheit ergießt, die das Eine und das All ist.

Und was ist diese Wahrheit? „Zu erkennen, daß man eins ist mit dem ganzen Universum, die Einzelseele in der Allseele aufgehen zu lassen, (dies) heißt, die Wahrheit kennen." Und die Sünde? „Sünde ist nicht einfach eine vereinzelte Tat, sondern eine Einstellung zum Leben, die als selbstverständlich voraussetzt, daß unser Ziel im Endlichen liegt, daß unser Selbst die letzte Wahrheit ist und daß wir nicht alle dem Wesen nach eins sind, sondern jeder nur als abgegrenztes Einzelwesen existieren." Tagores Vision ist die des Rāmānuja, der wie kein anderer jenen vergeistigten Hauch, der das majestätische Gebäude des Hinduismus durchweht, eingefangen und in Worte gekleidet hat, die sogar ein Mensch des Westens verstehen kann, wenn er nur will. Das Absolute ist innen und außen, man kann es nicht teilen. Es ist in der ewig vergänglichen Welt des *saṁsāra* genauso gegenwärtig wie im zeitlosen Augenblick der *moksha,* die nach Auffassung der Monisten allein wirklich ist. Zu behaupten, es sei nur in dieser letzteren gegenwärtig, hieße sowohl Gott als auch den Menschen verstümmeln. „Wenn wir sagen, daß wir ihn allein auf dem Wege der Innenschau erkennen und aus unseren äußerlichen Tätigkeiten herauslassen können, daß wir durch die Liebe im Herzen seiner teilhaftig werden wollen, ihm aber nicht sichtbar unsere Verehrung im Gottesdienst erweisen wollen, oder wenn wir das Gegenteil behaupten und uns auf einer Seite unserer lebenslangen Reise zu sehr belasten, werden wir so oder so in unser Verderben wanken."

Worin besteht also die Botschaft des Hinduismus? Wenn er überhaupt eine Botschaft verkünden will, dann dürfte sie folgendes beinhalten: den *dharma,* der im Gewissen eingebettet ist, leben, tun, was man instinktiv für richtig befindet, und dadurch mit dem *dharma* aller Dinge in Einklang leben, so daß man endlich alle Dinge in sich und sich selbst in allen Dingen sehen und dadurch in den ewigen und zeitlosen Frieden eingehen kann, welcher der *dharma* der *moksha* ist, das ‚Gesetz‘ der ‚Freiheit‘, dessen Sein jenseits von Raum und Zeit liegt und doch beides umfaßt und heiligt.

ZUR ÜBERSETZUNG

Die Übersetzungen einiger Quellentexte
wurden mit freundlicher Genehmigung der Verlage folgenden
Werken entnommen:

Der Rig-Veda. Übersetzt von Karl Friedrich Geldner. Harvard University Press, Cambridge, Mass. 1951 (zitiert: RV)

Paul Deussen, Sechzig Upanishad's des Vega. Verlag F. A. Brockhaus, Leipzig, 3. Aufl. 1921 (zitiert: Deussen)

Walter Ruben, Beginn der Philosophie in Indien. Philosophische Studientexte. Akademie-Verlag, Berlin 1956 (zitiert: Ruben)

Upanishaden. Altindische Weisheit aus Brāhmanas und Upanishaden. Übertragen und eingeleitet von Alfred Hillebrandt. Eugen Diederichs Verlag, Düsseldorf 1958 (zitiert: Hillebrandt)

Karl Friedrich Geldner, Vedismus und Brahmanismus. Religionsgeschichtliches Lesebuch 9. Verlag von J. C. B. Mohr (Paul Siebeck), Tübingen 1928 (zitiert: Geldner)

Die Hymnen des Mānikka Vāśaga (Tiruvāśaga). Aus dem Tamil übersetzt von Hilko Wiardo Schomerus. In: Religiöse Stimmen der Völker. Texte zur Gottesmystik des Hinduismus. Band 1. Eugen Diederichs Verlag, Jena 1923 (zitiert: Schomerus)

Die Bhagavad-Gītā. Sanskrittext mit Einleitung und Kommentar von Sarvepalli Radhakrishnan. Deutsch von Siegfried Lienhard. Holle-Verlag, Baden-Baden 1958 (zitiert: BG)

Jakob Wilhelm Hauer, Der Yoga. Verlag W. Kohlhammer, Stuttgart, 2. Aufl. 1958 (zitiert: Hauer)

BIBLIOGRAPHIE

Allgemeine Darstellungen

P. J. Abs, Indiens Religion, der Sanātana Dharma. Eine Darstellung des Hinduismus. Bonn 1923

A. L. Basham, The Wonder that was India. London 1954

J. Dowson, A classical Dictionary of Hindu Mythology and Religion. London 7. Aufl. 1950

M. Eliade, Traité d'histoire des religions. Paris 1953
(deutsch: Die Religionen und das Heilige. Salzburg 1954)

J. N. Farquhar, A Primer of Hinduism. London 1912

H. v. Glasenapp, Die fünf großen Weltreligionen, 2 Bde., 3. Aufl. 1958

– Die Religionen der Menschheit, ihre Gegensätze und ihre Übereinstimmungen. 1954

– Die Religionen Indiens. Stuttgart 2. Aufl. 1956

– Unsterblichkeit und Erlösung in den indischen Religionen. Halle 1938

– Der Hinduismus. München 1922

– Brahma und Buddha. Berlin 2. Aufl. 1936

J. Gonda, Die Religionen Indiens. 2 Bde. Stuttgart 1960–1963

R. Guénon, Introduction générale à l'étude des doctrines hindoues. Paris 1922

J. Herbert, Spiritualité hindoue. Paris 1947

E. W. Hopkins, The Religions of India. Boston 1895

P. Johanns, La pensée religieuse de l'Inde. Namur 1952

W. Kirfel, Der Hinduismus. Leipzig 1934

S. Lemaître, Der Hinduismus oder Sanātana Dharma. Aschaffenburg 1958

J. Mansion, L'intellectualité hindoue. Louvain 1932

K. W. Morgan (Hrsg.), The Religion of the Hindus. New York 1953

R. Otto, Die Gnadenreligion Indiens und das Christentum. 1930

C. B. Papali, Hinduismus. 1960

M. Queguiner, Introduction à l'hindouisme. Paris 1958

S. Radhakrishnan, Die Lebensanschauung des Hindu. Leipzig 1928

L. Renou, L'Hindouisme. Paris 1951

– Religions of Ancient India. London 1953

L. Renou et J. Filliozat, L'Inde classique. Bisher 2 Bde. Paris 1947–1953

F. O. Schrader, Der Hinduismus. Tübingen 1930

D. S. Sharma, A. Primer of Hinduism. Madras 1929

Swami Vivekananda, Erkenntnisse des Hinduismus. Wien/Berlin 1953

M. Weber, Hinduismus und Buddhismus. Tübingen 1923

Das vor-arische Indien

E. Mackay, Early Indus Civilizations. London 2. Aufl. 1948

S. Piggott, Prehistoric India. Harmondsworth 1950

M. Wheeler, The Indus Civilization. Cambridge 1953

Veda, Upanishaden und Gītā

A. Bergaigne, Religion védique. 4 Bde. 1878–1898

M. Bloomfield, The Atharva-Veda. Straßburg 1899

P. Deussen, The Philosophy of the Upanishads. Edinburgh 1919

J. Gonda, Notes on Brahman. Utrecht 1950

A. Hillebrandt, Vedische Mythologie I–II. Breslau 2. Aufl. 1927–1929

A. B. Keith, The Religion and Philosophy of the Veda and Upanishads. 2 Bde. London 1925

H. Lüders, Varuna. Göttingen 1951–1959

A. A. Macdonell, Vedic Mythology. Straßburg 1897

P. D. Mehta, Early Indian Religious Thought. London 1956

H. Oldenberg, Die Lehre der Upanishaden und die Anfänge des Buddhismus. Göttingen 1923

– Die Religion des Veda. Stuttgart 4. Aufl. 1923

– Die Weltanschauung der Brahmana-Texte. Göttingen 1919

R. Pischel / K. F. Geldner, Vedische Studien. 3 Bde. Stuttgart 1889–1901

L. Renou, Etudes védiques et pāṇinéennes I. 1955 ff.

R. C. Zaehner, Hindu and Muslim Mysticism. London 1960

Philosophie

S. N. Dasgupta, A History of Indian Philosophy. 5 Bde. Cambridge 1951

– Hindu Mysticism. Chicago 1927

P. Deussen, Allgemeine Geschichte der Philosophie I 1–3. Leipzig 5. Aufl. 1922

E. Frauwallner, Geschichte der indischen Philosophie. Bisher 2 Bde. Salzburg 1953 ff.

H. v. Glasenapp, Die Philosophie der Inder. Stuttgart 1949

– Entwicklungsstufen des indischen Denkens. 1940

M. Hiriyanna, The Essentials of Indian Philosophy. London 1949

W. Kirfel, Symbolik des Hinduismus und des Jinismus. Stuttgart 1959

P. Masson-Oursel, Esquisse d'une histoire de la philosophie indienne. 1923

R. Otto, West-östliche Mystik. Gotha 1926

S. Radhakrishnan, Indian Philosophy. New York/London 1923 (deutsch: Indische Philosophie. Darmstadt 1956)

O. Strauss, Indische Philosophie. 1925

H. Zimmer, Philosophies of India. New York 1951
(deutsch: Philosophie und Religion Indiens. Zürich 1961)
– Maya, der indische Mythos. Stuttgart 1936

Sāmkhya:

R. Garbe, Sāṁkhya-Philosophie. 2. Aufl. 1917
A. B. Keith, The Sāṁkhya System. London 1918

Yoga:

S. N. Dasgupta, Yoga as Philosophy and Religion. London 1924
M. Eliade, Le Yoga immortalité et liberté. Paris 1954
(deutsch: Yoga: Unsterblichkeit und Freiheit. Zürich 1960)
– Yoga. Essai sur les origines de la mystique indienne. Paris 1936
– Techniques du Yoga. Paris 1948
J. W. Hauer, Der Yoga. Stuttgart 1958

Vedānta:

P. Deussen, Das System des Vedānta. 1883
V. S. Ghate, Le Vedānta. Paris 1918
H. v. Glasenapp. Vedānta und Buddhismus. 1950
– Der Stufenweg zum Göttlichen. Baden-Baden 1948 (über Vedānta)
R. Guénon, L'homme et son devenir selon le Vedānta. Paris 1925
O. Lacombe, L'Absolu selon le Vedānta. Paris 1937

Die Epen

H. v. Glasenapp (Hrsg.), Die Literaturen Indiens von ihren Anfängen bis zur Gegenwart. Potsdam 1929
G. J. Held, The Mahābhārata. Amsterdam 1935
E. W. Hopkins, Epic Mythology. Straßburg 1915
– The Great Epic of India. New York 1901
H. Jacobi, Mahābhārata. Bonn 1903
– Das Rāmāyana. Bonn 1893
M. Winternitz, Geschichte der indischen Literatur, 3 Bde. Leipzig 1908–1920

Der Aufstieg des Theismus

A. Avallon, Shakti and Shākta. Madras 1929
R. G. Bhandarkar, Vaiṣṇavism, Śaivism and Minor Religious Systems. Straßburg 1913
J. C. Carpenter, Theism in Medieval India. London 1926
J. C. Chatterji, Kashmir Śaivism. Srinagar 1914
H. v. Glasenapp, Madhva's Philosophie des Vishnu-Glaubens. Bonn 1923

J. Gonda, Aspects of Early Viṣṇuism. Utrecht 1954
R. Otto, Vishnu-Nārāyana. Jena 1917
H. W. Schomerus, Çaiva Siddhānta. Leipzig 1912

Die Bhakti-Kulte

W. Eidlitz, Die indische Gottesliebe. Olten 1955
W. D. P. Hill, The Holy Lake of the Acts of Rāma. Oxford 1952 (Übersetzung mit Einführung)
J. S. M. Hooper, Hymns of the Ālvārs. London 1929 (Anthologie mit Einführung)
M. T. Kennedy, The Caitanya Movement. Kalkutta 1925
F. Kingbury and G. E. Phillips, Hymns of the Tamil Śaivite Saints. London 1921 (Anthologie mit Einführung)
N. Macnicol, Psalms of Marātha Saints. London o. J. (Anthologie mit Einführung)
G. U. Pope, The Tiruvacagam. Oxford 1900 (Übersetzung mit Einführung in den Sivaismus des südlichen Indien)
R. D. Ranade, Pathway to God. Allahabad 1954
– Mysticism in Mahārāshtra. Poona 1933
Khushwant Singh, The Sikhs. London 1953
E. J. Thompson, Bengali Religious Lyrics, Śākta. Kalkutta 1923 (Anthologie mit Einführung)
W. H. Westcott, Kabir and the Kabir Panth. Kalkutta 2. Aufl. 1953

Kasten, Kulte und Bräuche

J. A. Dubois, Moeurs, institutions et cérémonies des peuples de l'Inde. Pondichéry 1921
H. v. Glasenapp, Die Religion im täglichen Leben der Hindus. Berlin 1919
J. H. Hutton, Caste in India. Cambridge 1946, Neudruck Oxford 1951
L. S. S. O'Malley, Indian Caste Customs. Cambridge 1932
– Popular Hinduism. The Religion of the Masses. New York/Cambridge 1935

Die Neuzeit

Sri Aurobindo, The Life Divine. Pondicherry 1955
J. N. Farquhar, Modern Religious Movements in India. New York 1919
A. Krämer, Christus und Christentum im Denken des modernen Hinduismus. Bonn 1958
S. Radhakrishnan, Die Gemeinschaft des Geistes. 1952
– Eastern Religions and Western Thought. Oxford 1939
D. S. Sharma, The Renaissance of Hinduism. Benares 1944
– Hinduism through the Ages. Bombay 1956

Gandhi

C. F. Andrews, Mahātma Gandhi's Ideas. London 1929

L. Fischer, Das Leben des Mahātma Gandhi. München 1951

Mahātma Gandhis Autobiographie. Die Geschichte meiner Experimente mit der Wahrheit. Freiburg/München 1960

M. K. Gandhi, Hindu Dharma. Ahmedabad 1950

H. v. Glasenapp, Von Buddha zu Gandhi. 1934

W. E. Mühlmann, Mahātma Gandhi. 1951

Rabindranath Tagore

R. Tagore, The Religion of Man. London 1931 (deutsch: Die Religion des Menschen. Freiburg 1962)

– Sādhanā. London 1915 (deutsch: Sādhanā. Der Weg zum wahren Leben. Freiburg 1960)

– Towards Universal Man. London 1961

K. Kripalani, Rabindranath Tagore: A Biography. London 1962

R. Otto, Rabindranath Tagores Bekenntnis. 1931

M. Winternitz, Rabindranath Tagore. Religion und Weltanschauung des Dichters. Prag 1936

VERZEICHNIS DER WICHTIGSTEN NAMEN UND BEGRIFFE